Kompetenzerwerb

Grundlagen, Didaktik, Überprüfbarkeit

Von
Professor
Dr. Eberhard Jung
Pädagogische Hochschule Karlsruhe

Oldenbourg Verlag München

Bibliografische Information der Deutschen Nationalbibliothek

Die Deutsche Nationalbibliothek verzeichnet diese Publikation in der Deutschen Nationalbibliografie; detaillierte bibliografische Daten sind im Internet über <http://dnb.d-nb.de> abrufbar.

© 2010 Oldenbourg Wissenschaftsverlag GmbH
Rosenheimer Straße 145, D-81671 München
Telefon: (089) 45051-0
oldenbourg.de

Das Werk einschließlich aller Abbildungen ist urheberrechtlich geschützt. Jede Verwertung außerhalb der Grenzen des Urheberrechtsgesetzes ist ohne Zustimmung des Verlages unzulässig und strafbar. Das gilt insbesondere für Vervielfältigungen, Übersetzungen, Mikroverfilmungen und die Einspeicherung und Bearbeitung in elektronischen Systemen.

Lektorat: Wirtschafts- und Sozialwissenschaften, wiso@oldenbourg.de
Herstellung: Anna Grosser
Coverentwurf: Kochan & Partner, München
Gedruckt auf säure- und chlorfreiem Papier
Gesamtherstellung: Grafik + Druck GmbH, München

ISBN 978-3-486-59073-9

Vorwort

Der Siegeszug der Kompetenz verläuft durch nahezu alle Lebensbereiche. Kompetenzen dienen der erfolgreichen Bewältigung von Lebens-, Arbeits- und Lernherausforderungen und sind erlern- und entwickelbar. Deshalb definieren Personen und Institutionen ihre Leistungsfähigkeit und Innovationsfreude immer mehr über diesen Begriff. Dabei stört es wenig, dass es weder eine einheitliche Definition noch Königswege der Operationalisierung und Messung von Kompetenzen gibt. Eine ständig wachsende Zahl von Kompetenzcentern verweist auch auf das begrifflich Wesentliche. Hier wird nicht nur „gewusst", sondern Wissen erschlossen, weiterentwickelt und problemlösend angewandt. Damit impliziert der Begriff ein *bereit, fähig und in der Lage zu sein,* Herausforderungen auf höchstem Niveau bewältigen zu können und schließt den tatsächlichen Vollzug sowie die Reflexion über Ziele, Ergebnisse und Wege ein.

Die wachsende Bedeutung von Kompetenzen ist als eine Reaktion auf die beschleunigte Innovationsdynamik zu verstehen, wonach sich privates und berufliches Leben immer komplexeren Anforderungen ausgesetzt sieht. Hier gilt es über adäquate Lern-, Koordinations-, Kommunikations-, Handlungs- und Reflexionsformen zu verfügen, um die damit einhergehenden Herausforderungen bewältigen zu können. Deshalb werden Kompetenzen auch als Dispositionen zur Selbstregulation verstanden, die selbst organisiertes Handeln unter nicht eindeutigen Rahmenbedingungen ermöglichen. Darüber hinaus hat sich der Kompetenzbegriff in Deutschland – von der Pisa Debatte ausgelöst – nahezu durchgängig als Referenzbegriff für die Leistungsfähigkeit des Bildungssystems durchgesetzt und damit einen umfassenden Modernisierungsprozess angestoßen.

Angesichts der Literaturfülle zum Thema kann ein Buch mit dem Titel: *Kompetenzerwerb: Grundlagen – Didaktik – Überprüfbarkeit* nur das kompetenztheoretisch und -praktisch Grundlegende bündeln. Kompetenz und Kompetenzentwicklung werden als bedeutende gattungsspezifische Alleinstellungsmerkmale begründet, die sich über den Erwerb, die Anwendung und Weiterentwicklung von Aspekten des Wollens, Wissens, Könnens und Reflektierens konstituieren. Es gilt das lebens-, lern- und arbeitsweltliche Phänomen grundlegend zu erläutern und von anderen bedeutsamen pädagogischen Leitbegriffen (Bildung, Intelligenz, Qualifikation) abzugrenzen.

Dieser Einteilung entsprechend, verläuft die Erkenntnisfindung in drei interdependenten Pfaden. Kompetenz und Kompetenzentwicklungen werden (*erster Pfad*) als menschheitsgeschichtlich und lebensweltlich bedeutsame Phänomene erschlossen, die Elemente von Innovation und Kreativität implizieren und damit die Grundlagen für Fortschritt und Weiterentwicklungen bilden. Diese Bedeutung erfordert es, sich intensiv mit Prozessen des Kompetenzerwerbs auseinanderzusetzen. Deshalb sind entsprechende Konzeptionen und Modelle vertieft zu diskutieren und der Didaktik und Methodik des Kompetenzerwerbs einen besonderen Stellenwert zuzugestehen. Es gilt individuelle Entwicklungsprozesse zu reflektieren, Kompetenzstrukturen und Entwicklungsverläufe zu modellieren und didaktische Konzepte zu reflektieren. Daher beinhaltet der *zweite Pfad* die Aneignungsprozesse, wobei zwischen angeleitetem und selbst organisiertem Kompetenzerwerb unterschieden wird. Der *dritte Pfad* erschließt wesentliche Aspekte der Kompetenzdiagnostik, die in Zeiten von internationalen Schulleistungstests höchste Aktualität besitzen.

Obwohl der „aktuelle Stand" oft sehr speziell und aus der Perspektive unterschiedlicher Wissenschaftsdisziplinen entfaltet wird, soll das Buch als Grundlagenwerk verstanden werden, welches wesentliche kompetenztheoretische und -praktische Grundlagen für weitere domänenbezogene Aktivitäten vor- und aufbereitet. Das Buch wendet sich an alle mit Kompetenz und Kompetenzerwerb Befassten in Hochschulen, Studienseminaren, Schulen, der Arbeitswelt sowie der Fort- und Weiterbildung. Dabei wird der Anspruch erhoben, kompetenztheoretisch Bedeutsames aus der lebens-, lern- und arbeitsweltlichen Perspektive zu identifizieren und konzeptionell zu bündeln, Prozesse des Kompetenzerwerbs zu erschließen und tiefere Einblicke in derzeitige Kompetenzdiskurse zu vermitteln. Damit liefert es die Basisausstattung für eine vertiefte Auseinandersetzung mit einem aktuellen, bedeutsamen und facettenreichen pädagogisch-didaktischen Konstrukt.

> Zur besseren Strukturierung des interdisziplinär Erschlossenen finden sich im Text grau hinterlegte Boxen, in denen für den Leser wichtige Beispiele sowie Texte von besonderer Beachtung zu finden sind. Weiterhin sind an einigen Stellen Icons ☞ eingefügt, welche auf wichtige Definitionen und Begriffsklärungen aufmerksam machen.

Inhaltsverzeichnis

1	**Einleitung**	**1**
1.1	Kompetenzen in Bildung, Arbeit und Leben	1
1.2	Zum Inhalt	6
2	**Kompetenztheoretische Grundlagen**	**9**
2.1	Anmerkungen zum Kompetenzbegriff	9
2.2	Zeitgemäße Kompetenzaspekte	10
2.3	Kompetenz als Befähigung zur Bewältigung	13
2.4	Merkmale kompetenter Persönlichkeiten	14
2.5	Fähigkeit – Qualifikation – Kompetenz	18
2.6	Das allgemeine Kompetenzmodell	24
2.7	Das Zusammenwirken der Kompetenzfacetten	26
2.8	Der Prozess der Kompetenzentwicklung	28
2.8.1	Qualitatives Lernen	28
2.8.2	Systemisches Verändern	31
2.8.3	Domänenbezogene Kompetenzentwicklung	34
3	**Exkurs I: Gesellschaftliche und arbeitsweltliche Implikationen**	**37**
3.1	Wissens- oder Kompetenzgesellschaft?	37
3.2	Selbstorganisationspotentiale: Zwischen Marktliberalität und Emanzipation	41
3.3	Kompetenzerfordernis als Resultat arbeitsweltlicher Veränderungen	42
3.4	Kompetenzentwicklung als Gattungsmerkmal	45
3.5	Folgen für das Bildungs- und Ausbildungssystem	47

4	**Der Kompetenzbegriff in der pädagogischen Theoriebildung**	**49**
4.1	Vertiefende Anmerkungen zur Begriffsgenese	49
4.2	Die Rezeption des Rothschen Kompetenzmodells	55
4.3	Das Konzept beruflicher Handlungskompetenz	57
4.4	Konzepte beruflicher Handlungskompetenz	58
4.5	Zur Kritik berufspädagogischer Kompetenzkonstrukte	62
4.6	Aspekte des aktuellen Diskurses	64
5	**Partielle Kompetenzkonzepte**	**73**
5.1	Moralisch-sittliche Kompetenz	74
5.2	Sozialkompetenz	75
5.3	Partizipationskompetenz	77
5.4	Arbeits- und Berufsfindungskompetenz	81
5.5	Zur Kritik kompetenzbezogener Partialkonzepte	84
6	**Die Klieme-Expertise und der initiierte Reformprozess**	**87**
6.1	Begriffe und Instrumente der Klieme-Expertise	88
6.2	Anmerkungen zum Stand der Umsetzung	92
6.3	Diagnostische Präzisionen und Abgrenzungen	93
6.3.1	Kompetenz - Intelligenz	95
6.3.2	Kompetenz – Bildung	96
6.4	Von der Facette zum Modell	98
6.5	Die Gestuftheit des Kompetenzerwerbs	100
6.6	Einordnung und Diskussion des Stufenmodells	105
6.7	Die Reduzierung der Komplexität	109
7	**Exkurs II: Die Artikulation des Kompetenzerwerbs**	**113**
7.1	Ist Kompetenzerwerb strukturierbar?	113
7.2	Taxonomien als Klassifizierungssysteme	114
7.3	Die Taxonomie von Anderson und Krathwohl	118

7.3.1	Die kognitive Prozessdimension	119
7.3.2	Die Dimension Wissen	124
7.4	Über die Bedeutung von Kompetenztaxonomien	126
8	**Kompetenzmodelle ausgewählter fachdidaktischer Disziplinen**	**129**
8.1	Das Kompetenzmodell der politischen Bildung	130
8.2	Das Kompetenzmodell der ökonomischen Bildung	132
8.3	Das Geographie-Kompetenzmodell	134
8.4	Das KecuBHTW-Kompetenzmodell	137
8.5	Anmerkungen zu den fachdidaktischen Kompetenzmodellen	139
8.6	Aktuelle Anmerkungen	142
9	**Didaktisch-methodische Aspekte des Kompetenzerwerbs**	**145**
9.1	Legitimatorische Aspekte	147
9.2	Lerntheoretische Erfordernisse	149
9.3	Selbstkonzept und Kompetenzerwerb	152
9.4	Kontrollüberzeugung/Kontrollbewusstsein	153
9.5	Das didaktische Prinzip Kompetenzorientierung	155
9.6	Das didaktische Prinzip Handlungsorientierung	157
9.7	Das konstitutive Prinzip Selbsttätigkeit	159
9.8	Der didaktische Ansatz	163
9.9	Reflexion und Diskussion	166
9.10	Die Gestaltung des Kompetenzerwerbs	167
9.11	Methodische Generierungen	170
9.11.1	Das Gestaltungslernen	171
9.11.2	Projektpädagogik und Kompetenzerwerb	174
	Projektpädagogische Grundlagen	175
	Projektmerkmale	176
	Lernergebnis und Verläufe	178
	Kompetenzdidaktische Bewertung	179

10	Überprüfung des Kompetenzerwerbs	183
10.1	Vorbemerkungen	183
10.2	Lebens- und arbeitsweltliche Überprüfungen	184
10.3	Didaktisch-methodische Kompetenzüberprüfungen	185
10.4	Grundlagen der Kompetenzdiagnostik	188
10.4.1	Vorbemerkungen	188
10.4.2	Der Kontextbezug	190
10.4.3	Vokabular und Struktur	191
10.4.4	Gütekriterien	193
10.4.5	Kriteriumsorientierte Testwertinterpretation	196
10.4.6	Strategien der Testkonstruktion	197
10.4.7	Antwortformate und Aufgabenmerkmale	198
10.4.8	Psychometrische Modelle	201
10.4.9	Die Modellierung von Kompetenzniveaus	202
10.4.10	Beispiel: Arbeits- und Berufsfindungskompetenz	204
10.4.11	Testaufgabe	209
10.5	Zusammenfassung	213
11	**Literatur**	**215**
12	**Index**	**235**

1 Einleitung

1.1 Kompetenzen in Bildung, Arbeit und Leben

Der Begriff Kompetenz hat im letzten Jahrzehnt den Qualifikationsbegriff als pädagogischen Leitbegriff abgelöst (Arnold 1998: 496f) und darüber hinaus in den wissenschaftlichen, betrieblichen und alltäglichen Bereich Einzug gehalten. Jedoch ist der Begriff nicht eindeutig definiert. Er wird uneinheitlich verwandt und spaltet die Rezipienten in Skeptiker und Befürworter. Von den Skeptikern wird Kompetenz als Modewort, als Zeitgeist- oder Containerbegriff mit einem ausufernden Handlungsbezug abgetan (z.B. Hufer 2008: 12f.). Andere erachten Kompetenzkonzeptionen als überflüssig, da das vorhandene Vokabular zur Beschreibung des Gemeinten ausreiche (Mulders 2007). Hingegen gestehen die Befürworter der Kompetenz – ähnlich der Intelligenz – eine wesentliche Bedeutung im Zusammenhang mit der menschlichen Leistungsfähigkeit zu. Jedoch wird darauf verwiesen, dass sie nicht als eine beliebige Handlungsfähigkeit in allen denkbaren Lern- und Handlungsgebieten zu verstehen ist (Hartig/Klieme 2006: 128). Vielmehr umfasst sie solche Dispositionen, die ein fruchtbares Handeln in offenen, komplexen und zum Teil ungeordneten Situationen erlauben. Damit ermöglichen Kompetenzen selbst organisiertes Handeln unter nicht eindeutigen Rahmenbedingungen (Erpenbeck/v. Rosenstiel: 2007, XI).

Im Rahmen einer zwischenzeitlich ins Unüberschaubare angewachsenen Literaturfülle zum Thema[1] überschlagen sich die begrifflichen Füllungen und Dimensionierungen. Kompetenzen werden erworben, entwickelt, gemessen, bewertet, beschrieben, erhoben, standardisiert, bilanziert, diagnostiziert, zertifiziert und gemanagt (Linten/Prüstel 2008: 3). Im Spektrum verschiedener Definitionen erweist sich die aus der pragmatisch-funktionalen Perspektive getroffene als grundlegend, weitgehend stabil und pädagogisch-didaktisch wertvoll. Vom Wortstamm abgeleitet, wird Kompetenz als die grundsätzliche Befähigung zur Bewältigung verstanden, wobei das Erzeugen entsprechender Situationen zumeist einbezogen wird.

---

[1] Auf das Jahr 2008 bezogen werden 8.889 Kompetenzeinträge in der Literaturdatenbank Bildung des Fachinformationssystems (FIS) Bildung des Deutschen Instituts für Internationale Pädagogische Forschung (DIPF) belegt (Hartig 2008: 14). Die Datenbank PsycInfo enthält für den Zeitraum 1985-2008 27.255 Eintragungen, was drei bis vier Veröffentlichungen pro Tag entspricht.

In der Psychologie spielt Kompetenz immer dann eine Rolle, wenn die Leistungsfähigkeit aus der anwendungsorientierten Perspektive betrachtet wird. Darüber hinausgehend hat der Begriff in der pädagogischen Psychologie und der Bildungsforschung in den letzten Jahren eine große Bedeutung gewonnen. Er wird mit Blick auf die Ziele des Bildungssystems als *„kontextspezifische kognitive Leistungsdispositionen"* definiert, die sich funktional auf bestimmte Klassen von Situationen und Anforderungen beziehen (Hartig/Klieme 2006: 128f.). Damit ergänzt ein entsprechend verstandener Kompetenzbegriff andere bedeutsame erziehungswissenschaftliche Kategorien wie Bildung, Intelligenz, Wissen und Lernen.

Kompetenzen entwickeln sich in individuellen und/oder kollektiven Lern- und Entwicklungsprozessen, die nicht leicht darzustellen sind und deren erfolgreicher Verlauf nur schwer zu messen ist. Sie basieren auf An- und Herausforderungen in der Lebens-, Lern- oder Arbeitswelt, die es anzunehmen und zu bewältigen gilt. Dabei beinhaltet der Vorgang *„des Bewältigens"* ein komplexes Zusammenwirken unterschiedlicher Dispositionen (Motive, Ziele, Kenntnisse und Fertigkeiten), die auf die Regulierung der verursachenden situativen An- oder Herausforderung ausgerichtet sind. Kompetenz definiert sich damit als menschliche Befähigung des komplexen zielgerichteten Zusammenwirkens von Aspekten des *Wissens, Wollens, Handelns* und des *Reflektierens*. Durch diese prozessuale Verknüpfung bekannter Eigenschaften tendiert der Kompetenzbegriff danach, altbekannte Widersprüche der Bildungsforschung zu überwinden. In ihm scheinen *„die Gegensätze von Denken und Handeln, Lernen und Arbeiten, Subjekt und Tätigkeitsanforderungen, allgemeiner und beruflicher Bildung aufgehoben zu sein"* (Clement 2008).

Aus der didaktischen Perspektive ist die für den Kompetenzbegriff konstitutive Selbstorganisationsfähigkeit von besonderer Bedeutung. Diese umschreibt einen komplexen subjekt-/objektbezogenen Vorgang, der sich durch den zielgerichteten autonomen Erwerb, die Anwendung und Weiterentwicklung der genannten Aspekte kennzeichnet. Da Kompetenzerwerb an der Reflexion bestehender Umstände ansetzt, besitzt er einen dynamischen Charakter, der flexible Reaktionen auf wahrgenommene Herausforderungen ermöglicht. Damit bilden Prozesse des Kompetenzerwerbs den Schlüssel für alle problemlösenden und innovativen Prozesse.

Menschheitsgeschichtlich war und ist Kompetenzerwerb zuerst ein lebensweltliches Phänomen, das durch die Entwicklung spezieller Formen von Arbeitsteilung und der Trennung von Lebens- und Arbeitswelt immer mehr zu einem berufs- und arbeitsweltlichen wurde. Durch die zunehmende Komplexität von Lebens-, Lern- und Arbeitswelt entstand eine Notwendigkeit nach ganzheitlichem Erwerb des benötigten Wissens, Könnens und Reflektierens, was Kompetenzerwerb auf allen Stufen und in allen Formen des Bildungssystems erforderte. Heute gilt es, in Bildung, Forschung, Entwicklung und Produktion Wissen und Können zu erwerben und weiter zu entwickeln, um es zur Verbesserung der Lebensbedingungen und zur Entwicklung marktfähiger Produkte, deren Produktion, Vertrieb und Entsorgung, anzuwenden. Damit kennzeichnen sich *Kompetenz* und *Kompetenzerwerb* als gattungsspezifische Alleinstellungsmerkmale.

Das hier Umrissene kennzeichnet Kompetenzerwerb als lebens-, lern- und arbeitsweltliches Phänomen, welches mit der Vorstellung verknüpft ist, dass über den Verlauf etwas Besseres bzw. Höherwertiges angestrebt wird und auch entsteht. Durch den implizierten technischen Fortschritt und die Geschwindigkeit der vollzogenen Veränderungen erfordert die Bewältigung des als normal zu bezeichnenden Lebens ein ständig höheres Maß an kompetentem Verhalten. Dieses kennzeichnet sich durch zeitgemäße Wissens- und Könnenszuwächse, was anhand einiger Beispiele exemplarisch verdeutlicht werden soll:

Die umfassende Bedienung eines Kraftfahrzeugs reicht aufgrund der Fülle technisch-innovativer Möglichkeiten weit über das traditionelle „*Auto fahren*" hinaus und beinhaltet die sachgerechte Anwendung und Nutzung vielfältiger sicherheits-, umwelt- und unterhaltungstechnischer Möglichkeiten.

Die digitale Fotografie schließt, neben der Beherrschung der Programmvariationen des Fotoapparats, Möglichkeiten der Bildbearbeitung auf dem Niveau klassischer Fotolabors ein und ermöglicht Ausdrucke von ansehnlicher Qualität mit heimischer Ausstattung.

Der Besuch einer Bibliothek, die (elektronische) Auswahl oder die Vorbestellung eines gewünschten Buches (ggf. Fernleihe) wurde durch die Verwendung neuer technologischer Möglichkeiten und die von ihnen bewirkten geänderten Handlungsabläufe in eine neue Qualität übergeleitet. Hinzu kommt die flankierte Informationsbeschaffung durch elektronische Bildungsmedien (z.B. Internet, CDs, interaktive Lehrprogramme).

Die Verwaltung des eignen Aktiendepots und die Beobachtung der Wertentwicklung eines als Altersversorgung geplanten internationalen Investments sind von dem heimischen Computer aus möglich. Der interessierte Bürger eignet sich die erforderlichen fachlichen Kenntnisse und informationstechnischen Handlungsweisen an.

Aus der wirtschaftlichen Perspektive sind im Rahmen globaler Konkurrenzverhältnisse Kompetenzentwicklungen auf höchstem Niveau erforderlich, die spezielles Wissen und Können zu innovativen Produkten generieren, den Nutzen auf neue Ebenen überleiten und bessere Produkt- und Prozessqualitäten sichern. So sind es die innovativen arbeitsweltlichen Entwicklungen, die über die Schaffung weltmarktfähiger Produkte erheblich zur Sicherung von Wohlstand und Lebensqualität beitragen und so den Wettbewerb zwischen Herstellern, Regionen und Nationen beleben. Diese Entwicklungen verweisen auf die wachsende Bedeutung von Kompetenz als lernweltliches Phänomen. Denn wenn Kompetenz und Kompetenzerwerb die wesentlichen Merkmale bilden, um Herausforderungen in der Lebens- und Arbeitswelt durch zeitgemäßes Wissen und Können bewältigen zu können, dann sind Fragen nach den individuellen Voraussetzungen und den Strategien und Methoden des Kompetenzerwerbs als Aufgaben des Bildungssystems erlaubt. Das hier Erforderliche bedarf einer bildungstheoretischen und -praktischen Infrastruktur, die weitgehend noch zu schaffen ist. Aufgrund der Fülle, Intensität, Komplexität und hochgradigen Spezialisierung kann Kompetenz nicht in traditionellen, systematisch aufeinander aufbauenden formalen Lernprozessen erworben werden. Deshalb hat das Bildungssystem die wesentlichen allgemeinen Grundlagen für einen lebenslangen Kompetenzerwerb zu vermitteln und damit die Basis für einen spezielleren (zumeist Domänen bezogenen) Kompetenzerwerb zu legen. Beides geht mit höchsten Anforderungen an das *Bildungssystem* und die *zu Bildenden* einher.

Voranzustellen ist weiterhin, dass in diesem Werk die Begriffe Kompetenzerwerb, Kompetenzvermittlung und Kompetenzentwicklung nicht synonym verwandt werden. Die Bezeichnung Kompetenzerwerb bildet den Überbegriff und beschreibt quantitative und/oder qualitative Zunahmen im kompetenten Verhalten. Unterhalb dessen werden die beiden anderen Begriffe durch die Aneignungsformen unterschieden. Die Kompetenzvermittlung beschreibt einen eher angeleiteten, die Kompetenzentwicklung einen eher selbst gesteuerten Prozess. Im ersten überwiegt die Instruktion, im zweiten die Konstruktion. Auf Bildungsprozesse bezogen, ist die Kompetenzvermittlung als Vorstufe der -entwicklung anzusehen. Dabei verläuft der Bildungserwerb von der Anleitung des Vermittelnden (Instruktion), über dessen mithelfende Unterstützung zu immer mehr Eigenständigkeit. Dies erfordert – wie noch näher darzustellen ist – eine geänderte Lernkultur, in der der Selbsttätigkeit und Selbstverantwortung eine größere Beachtung beizumessen ist.

Damit mutiert das ehemals lebens- und arbeitsweltliche Phänomen des Kompetenzerwerbs zu einer bedeutenden Zielsetzung des Bildungssystems, die angesichts praktizierter Umgangsformen und überwiegend angewandten methodischen Verfahrensweisen als pädagogisch-didaktische Herausforderung wahrzunehmen ist. Deshalb gilt es, wesentliche Grundlagen und Befähigungen eines weitgehend selbst gesteuerten und selbst verantworteten *„An- und Herausforderungen Bewältigens"* zu erlernen, was besondere Herausforderungen an die Schulorganisation, die Qualität der Lehr-Lernarrangements und die Persönlichkeit der Lehrenden stellt.

Kompetenzen in Bildung, Arbeit und Leben

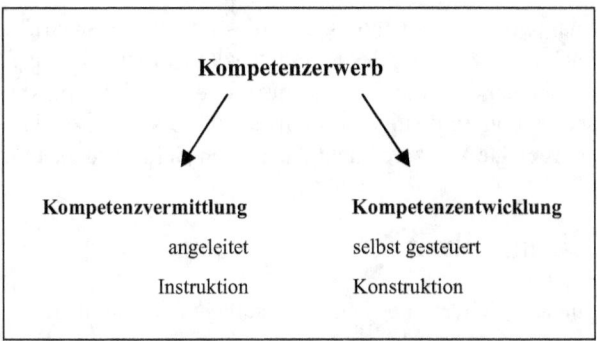

Abb. 1.1: Kompetenzerwerb – Kompetenzvermittlung – Kompetenzentwicklung[2]

Von der Pisa Debatte ausgelöst, hat sich der Kompetenzbegriff in Deutschland als Referenzbegriff für die Charakterisierung der Ergebnisse von Bildungsprozessen durchgesetzt. Ziel ist, ihn auf den Kontext konkreter empirischer Fragestellungen und Untersuchungen zu präzisieren (Hartig 2008:15). Unter Rezeption der Weinertschen Kompetenzdefinition („kontextspezifische kognitive Leistungsdispositionen") gelang es die pädagogische Kompetenzdiskussion in eine neue Phase überzuleiten. Dabei nahm die Expertise *Zur Entwicklung nationaler Bildungsstandards* (Klieme u. a. 2003) eine inhaltliche und funktionale Schlüsselstellung ein.[3] Das von ihr initiierte Innovationsprogramm dominierte fortan die erziehungswissenschaftlichen und fachdidaktischen Diskurse in allen Phasen der Lehramtsbildung und hat über die Kultusadministrationen Einzug in die Schulen gehalten. Ebenfalls erweiterte sich der Aufgabenkanon der Bildungsforschung hinsichtlich der „Re-Konzeptualisierung und Operationalisierung von Bildungszielen unter dem Leitbild von Kompetenz sowie verwandter Konzepte wie literacy und life skills". Deshalb gilt es, bestehende Inhalte und Diskurse von Erziehungswissenschaft, Didaktik und Psychologie neu zu fassen und für empirische Untersuchungen aufzubereiten (Klieme u.a. 2007: 9).

☞ Angesichts dieser Aufgabenfülle ist die Zahl der produzierten Quellen zum Thema Kompetenz nahezu ins Unüberschaubare gewachsen. Der „Siegeszug der Kompetenz" bündelt die Aktivitäten von 22 Fachdidaktiken, der Pädago-

---

[2] Alle nicht mit einer Quelle belegten Abbildungen stammen vom Autor.
[3] Sie ist als Bewältigungsstrategie auf die Überwindung aktueller Befunde (PISA, TIMMS) gerichtet und definiert wesentliche Begrifflichkeiten und Verfahrensweisen eines pädagogischen Reformprogramms.

gik/Berufspädagogik, Lernpsychologie und Arbeitswissenschaft.[4] Jedoch erfordert die umfangreiche Verwendung des Kompetenzkonstrukts im Alltags- und Arbeitsleben, auf allen Ebenen des Bildungssystems und der Bildungspraxis ein klares Kompetenzverständnis und eindeutige Abgrenzungen zu anderen pädagogischen Leitbegriffen. Das vorgelegte Werk versucht dazu einen Beitrag zu leisten.

1.2 Zum Inhalt

Das Buch gliedert sich in die Teile: Grundlagen, Didaktik und Überprüfbarkeit. Damit werden drei sich wechselseitig beeinflussende Perspektiven eingenommen: die alltagstheoretische, die pädagogisch-didaktische und die messpsychologische. Jedes der zehn Kapitel wurde als eigenständiger Teil verfasst, was bestimmte Hinführungen und Querverweise erforderte. Die den Erkenntnisprozess leitenden Fragen lauten: Was ist Kompetenz? Welche Bedeutung besitzt der Kompetenzerwerb in der heutigen Zeit? Auf welche Weise werden Kompetenzen erworben? Welchen Anforderungen hat eine Kompetenzdidaktik zu entsprechen? Gibt es Lehr-Lernarrangements, die sich für den Kompetenzerwerb in besonderer Weise eignen? Wie lässt sich Kompetenzerwerb überprüfen?

Dieser Fragestellung folgend, bündelt *Kapitel 2* bedeutende kompetenztheoretische Grundlagen. Von der etymologischen Bedeutung des Begriffs und den Merkmalen kompetenter Persönlichkeiten ausgehend, wird Kompetenz in der Tradition des *funktional-pragmatischen Kompetenzbegriffs* als zielgerichtetes Zusammenwirken situativer Herausforderungen und innerer Befähigungen und als grundsätzliche *Fähigkeit zur Bewältigung von Herausforderungen* erschlossen. Beide Ebenen sowie die das Zusammenwirken der Kompetenz konstituierenden Aspekte stehen im Mittelpunkt der Erkenntnisfindung. Darüber hinaus wird ein allgemeingültiges (domänenübergreifendes) Kompetenzerwerbsmodell entworfen, welches die Grundlage für weitere Erkenntnisprozesse bildet.

Von der Frage ausgehend, ob die aktuelle Gesellschaftsformation eine Wissens- oder eine Kompetenzgesellschaft darstellt, werden in *Kapitel 3* die gesellschaftlichen und arbeitsweltlichen Rahmenbedingungen und Erfordernisse des Kompetenzerwerbs reflektiert. Dabei kann das kompetenzkonstitutive Element der Selbststeuerung aus einer kritischen Betrachtungsweise herausgelöst und in der Tradition einer

---

[4] Darauf hinzuweisen bleibt, dass nicht alles, was durch Bildungsprozesse zu bewirken ist, unbedingt Kompetenzen sein müssen. Werthaltung und Einstellungen können nur begrenzt in *kognitive Leistungsdispositionen* gefasst werden, auf die die Expertise den Kompetenzbegriff aus diagnostischen Gründen begrenzt. Deshalb ist Kompetenz ein wichtiges und zentrales Kriterium bei der Untersuchung der Ergebnisse von Bildungsprozessen, aber keinesfalls das einzige (Hartig 2008: 22).

emanzipatorischen Erziehung begründet werden, was den Blick auf das Bildungssystem lenkt.

In *Kapitel 4* wird das Kompetenzkonstrukt aus der Perspektive pädagogischer und berufspädagogischer Theoriebildung erschlossen und reflektiert. Dabei werden wesentliche Aspekte grundlegend erläutert und für aktuelle Diskurse aufbereitet. Eine breitere Darstellung und Diskussion genießt das als *berufs- und wirtschaftspädagogisch* bezeichnete Modell, dem durchaus eine Pionierleistung zugestanden werden kann. Jedoch werden Intention und Inhalt von dem eher diagnostischen Kompetenzverständnis der Klieme-Expertise unterschieden.

In *Kapitel 5* werden vier *kompetenztheoretische Partialkonzepte* intentional begründet und erläutert. Sie verdichten das allgemeine Kompetenzverständnis auf spezielle Teilbereiche. Diese sind auf eine abgrenzbare Gruppe besonderer Herausforderungen bezogen und bedürfen spezieller Bewältigungsstrategien. Als beispielhaft werden die *moralisch-sittliche Kompetenz*, die *Sozialkompetenz*, die Partizipationskompetenz und die *Arbeits- und Berufsfindungskompetenz* erschlossen.

Kapitel 6 beinhaltet den aus fachdidaktischer Perspektive zentralen Gegenstand des Buches. Es dokumentiert Intention, Inhalt und Verfahrensweisen der Klieme-Expertise, die eine neue Phase im pädagogisch-didaktischen Kompetenzverständnis und ein umfangreiches Innovationsprogramm innovierte. Zentrale Begriffe bilden Kompetenz, Kompetenzmodelle und Bildungsstandards, wobei das verwandte Kompetenzverständnis auf die Messbarkeit im Rahmen nationaler und internationaler Vergleichsstudien („Large-Scale-Assessment") ausgerichtet ist. Des Weiteren erfolgen Anmerkungen zum Stand der Umsetzung und diagnostische Präzisionen und Abgrenzungen. Dabei werden die bildungsbezogenen Leitbegriffe Bildung und Intelligenz grundsätzlich von Kompetenz unterschieden. Über den Inhalt der Expertise hinausgehend werden spezielle konzeptuelle Konkretisierungen geleistet, die a) Kompetenzfacetten zum Kompetenzmodell generieren und b) die Gestuftheit des Kompetenzerwerbs begründen.

Hinsichtlich der Gestuftheit des Kompetenzerwerbs werden in *Kapitel 7* bekannte Artikulationen dargestellt und kritisch reflektiert. Denn wenn der Kompetenzerwerb individuelle Lern- und Entwicklungsprozesse umschreibt, sind Fragen nach immanenten Entwicklungsstufen oder -phasen berechtigt. Ziel ist es, einer komplexen Befähigung (Kompetenz), die selbst organisiertes Handeln in offenen, komplexen und ungeordneten Situationen ermöglichen soll, eine gewisse Struktur zu geben. Damit soll ein genetisches Verständnis über das synergetische Zusammenwirken unterschiedlicher, mehrdimensional zu verortender Faktoren erlangt werden, was bei der Inszenierung von Erwerbsprozessen hilfreich erscheint.

In *Kapitel 8* werden die Kompetenzmodelle ausgewählter fachdidaktischer Disziplinen dargestellt, wobei sich die Auswahl eher zufällig auf den sozialwissenschaftlichen Bereich begrenzt. Ziel ist es, die zwischen den beteiligten Expertinnen und Experten einer Domäne diskursiv und konsensuel vereinbarten *Modelle* gemäß der durch die Klieme-Expertise definierten Grundsätze kritisch zu reflektieren. Damit dokumentiert jeder Entwurf auch eine eigenständige fachdidaktische Tradition in selbstbewusster Weise.

Gemäß der Definition von Kompetenzen als *erlernbare kognitiv verankerte Befähigungen*, die zu erfolgreichen Bewältigungen von An- und Herausforderungen befähigen, wird in *Kapitel 9* den Aneignungsprozessen eine besondere Aufmerksamkeit gewidmet. Die Legitimation des didaktischen Ansatzes erfolgt aus individueller, gesellschaftlicher und arbeitsweltlicher Perspektive. Der Ansatz basiert auf den in Kapitel 2 entfalteten Grundlagen und konstituiert Kompetenzerwerb im Wechselbezug individueller Lern- und systemischer Handlungsprozesse. Darüber hinaus werden methodische Aspekte/Konzepte kompetenzförderlicher Lehr-Lern-Arrangements erschlossen, die ein zielgerichtetes Zusammenwirken von Aspekten des Wollens, Wissens, Könnens und Reflektierens ermöglichen.

Von der Erkenntnis ausgehend, dass es keinen einheitlichen Kompetenzbegriff und keine Königswege der Operationalisierung und Messung von Kompetenz gibt, behandelt *Kapitel 10* die Überprüfbarkeit des Kompetenzerwerbs. Die Erkenntnisfindung folgt auch hier den drei bekannten, sich wechselseitig bedingenden Pfaden (lebensweltlich-phänomenal, didaktisch-methodisch, diagnostisch). Zum Beschreiten des letzten Pfades ist der Kompetenzbegriff in Hinsicht auf seine Verwendung im Rahmen der *Charakterisierung von Ergebnissen von Bildungsprozessen* – den Kontext konkreter empirischer Fragestellungen und Untersuchungen – zu präzisieren, wodurch Kompetenz mit üblichen an die Intelligenzmessung angelehnten Verfahren messbar wird. Das Kapitel dokumentiert wesentliche kompetenzdiagnostische Grundlagen und Anwendungen.

Damit schließt sich der auf Kompetenzerwerb bezogene Erkenntnisprozess, der von den theoretischen Grundlagen bis zur Überprüfbarkeit verläuft. Kompetenzerwerb wird als Herausforderungsbewältigung in unterschiedlichen Bereichen (Lebens-, Arbeits- und Lernwelt) verstanden, die wiederum in spezielle Domänen (Fachgebiete) gegliedert sind. Ein besonderes Augenmerk ist auf die pädagogisch-didaktische Perspektive gerichtet.

2 Kompetenztheoretische Grundlagen

2.1 Anmerkungen zum Kompetenzbegriff

In der Alltagssprache besitzt der Begriff Kompetenz (lat. competentia) eine mehrfache Bedeutung. Einerseits beschreibt er die Befähigung von Personen Anforderungen zu bewältigen, andererseits die Legitimation und/oder Autorität für bestimmte Handlungsvollzüge befugt und zuständig zu sein (Mulder 2007). Im pädagogischen Kontext dominiert die erste Bedeutung, die auch im Zentrum der weiteren Betrachtungen steht. Beide Bedeutungen umfassen nicht nur latente Potentiale, sondern beziehen reale Vollzüge ein. *Zuständig* und *befugt* (a) sowie *sachverständig* und *fähig* (b) kennzeichnen die doppelte alltagstheoretische Bedeutung von Kompetenz.[5] Eine Sonderform *„des befugt seins"* bildet die Zuständigkeit aufgrund eines Amtes, eines zertifizierten Bildungs- oder Ausbildungsabschlusses (Michel 1977:178f.). Demnach sind Richter legitimiert Recht zu sprechen, Ärzte Heil- und Hilfsmittel zu verschreiben, Lehrer Noten zu vergeben und Handwerksbetriebe z.B. Reparaturarbeiten an der Strom- oder Wasserversorgung vorzunehmen. Im Idealfall fließen beide Bedeutungen ineinander.[6] Die jeweilige Legitimation für befugtes Handeln wird im Rahmen geordneter Verfahren (Bildungsgang, Ausbildung, Arbeitstätigkeit) erworben, in denen das erforderliche Wissen und Können als zu beherrschende Fähigkeiten, Fertigkeiten und Kenntnisse erworben und ggf. durch Prüfungen nachgewiesen werden.[7]

Dieser Begriffsinhalt leitet zum dritten, psychologisch-pädagogischen Kompetenzverständnis über. Dieses basiert auf angeborenen und/oder erworbenen Fähigkeitsbündeln, die situativ und zielgerichtet aktiviert, eingesetzt und überprüft werden. Der im Weiteren verwandte Kompetenzbegriff versteht sich weniger im Sinne eines

---

[5] So ist z.B. ein Parkplatzwärter befugt, den Parkenden Anweisungen zu geben und die festgelegten Gebühren abzuverlangen.

[6] So wird ein Kraftfahrzeugmeister als kompetent erachtet, z.B. den Zustand der Bremsen eines Kraftfahrzeuges oder auch dessen Schadstoffausstoß zu beurteilen und ggf. zu zertifizieren. Dabei handelt er auf der Grundlage aktueller technischer und administrativer Vorgaben.

[7] Den Sachverhalt beschrieb Marquard (1981: 24): „Kompetenz hat offenbar irgendwie zu tun mit Zuständigkeit und mit Fähigkeit und mit Bereitschaft und damit das Zuständigkeit, Fähigkeit und Bereitschaft sich in Deckung befinden" (zitiert nach Klieme/Hartig 2007:12).

„befugt seins", sondern meint die individuelle (bzw. kollektive) Eigenschaft zur Selbstregulation von Situationen. Hierbei wirken wachstumsbezogene Aspekte, wie quantitative und qualitative Ausweitungen des Wissens, der eingesetzten Fähigkeiten (Könnens) und Formen von Reflexion und Evaluation zielgerichtet zusammen. Es gilt individuell oder auch kollektiv hinzu zu lernen, erworbenes Wissen anzuwenden und zu erproben, um die An- bzw. Herausforderungen bewältigen zu können. Im Verfahren sind Lösungswege zu entwickeln und zu überprüfen sowie strategische Entscheidungen zu treffen. Darüber hinaus sind der gesamte Prozess und die erzielten Ergebnisse kritisch zu reflektieren: hinsichtlich des Grades der Zielerreichung, der Qualität der vollzogenen Lösungswege und der Einhaltung der angestrebten Werte.

2.2 Zeitgemäße Kompetenzaspekte

Auf der Suche nach einem zeitgemäßen Kompetenzverständnis stößt man auf vielfältige *Definitionen*:

Zeitgemäße Kompetenzdefinitionen

Im Allgemeinen wird unter Kompetenz die menschliche Befähigung zur Bewältigung von Herausforderungen verstanden (Wollersheim 1993).

Ebenfalls werden Kompetenzen als Konfigurationen von strukturellen und funktionellen Personenmerkmalen bezeichnet, *„die es dem Individuum in komplexen Situationen ermöglichen, Anforderungen zu bewältigen"* (Franke 2005: 35).

In einer auf die diagnostische Überprüfbarkeit von Lehr-Lernprozessen bezogenen Definition werden unter Kompetenzen die *„bei Individuen verfügbaren oder durch sie erlernbaren kognitiven Fähigkeiten und Fertigkeiten"* verstanden, *„um bestimmte Probleme zu lösen, sowie die damit verbundenen motivationalen, volitionalen* (willentliche E. J.) *und sozialen Bereitschaften und Fähigkeiten"* bereit zu stellen (Weinert 2001: 27f.).

In Hinsicht auf ein sinnvolles und fruchtbares Handeln in offenen und komplexen Situationen werden Kompetenzen als *„Selbstorganisationsdispositionen des gedanklichen und gegenständlichen Handelns"* definiert (Erpenbeck/v.Rosenstiel: 2007, XI).

Diese Definitionen verdeutlichen einen komplexen Begriffsgegenstand, der Potentiale von Wollen, Wissen und Handeln einschließt, ohne dass er sich auf diese reduzieren lässt. Ein tieferes Verständnis von Kompetenz erfordert einen Blick in die etymologischen Wurzeln. Beim Versuch sich dem Kompetenzbegriff aus der etymologischen Perspektive zu nähern, geraten seine lateinischen Wurzeln ins Zentrum der Betrachtung. „Competens" beschreibt im dargestellten Sinne ein *fähig und nach dem Gesetz zuständig* zu sein, „competentia" die Befähigung und Befugnis (Mulder 2007). Ebenfalls stößt man auf das Verb competere, das soviel wie zusammentreffen oder zusammenfallen bedeutet (His. Wörterbuch Philosophie 1976: 918; Erpenbeck/v.Rosenstiel: 2007, XVIII). Dieser Wortstamm erweist sich als begrifflich konstitutiv hinsichtlich eines zielgerichteten Zusammenwirkens zwischen a) den Erfordernissen äußerer Lebenssituationen (objektive Ebene) mit b) den inneren (individuellen) Befähigungen eines Individuums (subjektive Ebene). Das Zusammenwirken verläuft erfolgreich, wenn sich das Subjekt in der Lage sieht, die erlebte Situation in einen gewünschten Zustand zu überführen, womit es die ursächlichen Herausforderungen („kompetent") bewältigt (Wollersheim 1993: 89). Ein genaueres Verständnis dieses die Kompetenz konstituierenden prozessualen Zusammenwirkens lässt sich über eine genauere Analyse des Prozesses erzielen:

Situative Herausforderung und deren Bewältigung

Situationen umschreiben das Bezugsfeld für soziales Handeln und bedingen damit die Rahmenbedingungen des Denkens und Handelns. Hier wirken die tatsächlichen Gegebenheiten auf den Handelnden ein, der die Herausforderungen gemäß individueller Einstellungen unterschiedlich wahrnimmt, bewertet und dabei unterschiedliche Engagements entwickelt.

Kompetenzförderliche Situationen implizieren Herausforderungen, die eine latente oder manifeste Unzufriedenheit mit den realen Gegebenheiten zum Ausdruck bringen. Diese versucht das Individuum (die Gruppe) gemäß eigener Ziele, Wünsche, Interessen zu regulieren/bewältigen. Der dabei initiierte Prozess lässt sich zu einem exemplarischen Verlauf generalisieren, der auf nahezu alle Kompetenzerwerbsprozesse zu übertragen ist. Er basiert auf *„der Annahme"* der in der äußeren Situation impliziten (Lebens-, Lern- oder Arbeits-) Herausforderung und dem Bestreben, diese einer Lösung/Linderung zuzuführen.

Auf der Grundlage spezieller *Motive* und *Ziele* strebt die Kompetenzträgerin/ der Kompetenzträger danach, die erlebte Herausforderung ziel-, problem- oder aufgabenstellungsgemäß zu bewältigen. Dabei werden kognitive, soziale, strategische und handlungsbezogene Befähigungen aktualisiert, zielgerichtet eingesetzt und überprüft. Reicht das vorhandene Repertoire an Wissen und Können für die Bewältigung der erlebten Herausforderung nicht aus, muss neues erworben und erprobt werden, was mit ständigem Nachdenken und kontinuierlichem Verbessern einhergeht.

Im Wechselbezug zwischen *Wollen, Denken, Handeln,* der *Überprüfung* der Ergebnisse und Schritte des Handlungsvollzugs sowie der Reflexion des Gesamtprozesses wird die als herausfordernd erlebte Situation einer Regelung zugeführt. Diese entspricht den Motiven, Zielen und Werten des Kompetenzträgers und überwindet (oder mindert) die ursächliche Herausforderung (Jung 2006a: 53).

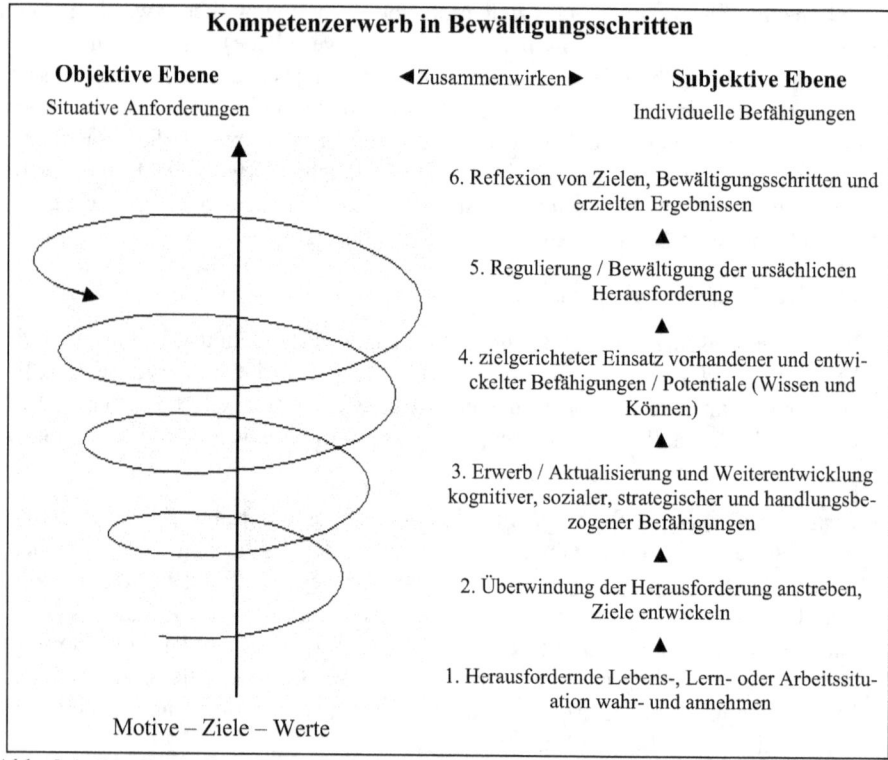

Abb. 2.1: Der Prozess des Kompetenzerwerbs (Jung 2007: 128)

☞ Der beschriebene Prozess des Kompetenzerwerbs kann (domänenspezifisch modifiziert) auf die Bewältigung (Regulierung) aller lebens-, lern- und arbeitsweltlichen Herausforderungen bezogen werden. Er lässt sich vereinfacht in der voranstehenden Schrittfolge darstellen.

2.3 Kompetenz als Befähigung zur Bewältigung

Wie durch das Vorangestellte deutlich wurde, wird in diesem Band von einem pragmatisch-funktionalen Kompetenzverständnis ausgegangen. Kompetenz definiert sich als die individuelle oder kollektive Befähigung eines Individuums kognitive, soziale und auch verhaltensmäßige Fähigkeiten, Fertigkeiten und Kenntnisse so zu *organisieren*, dass individuelle oder kollektive Wünsche, Ziele oder auch gestellte Aufgaben und Anforderungen erfüllt werden können (Frei u.a. 1993: 14). Damit definiert sich Kompetenz (im Allgemeinen) als menschliche Befähigung weitgehend selbständig Herausforderungen bewältigen zu können. Dies betrifft Situationen, die dem Anspruch einer hohen Komplexität, der Mehrdeutigkeit und Unbestimmtheit gerecht werden (Clement 2008: 14). Dabei liegt das Herausfordernde in dem als unstimmig, unteroptimal, defizitär, problemhaft, belastend und damit verbesserungswürdig Erlebten. Diese Unstimmigkeiten werden vom Subjekt (oder der Gruppe) im Verhältnis zu seiner (ihrer) sozialen und physikalischen Umwelt als herausfordernd empfunden. Bei gegebener Motivationslage und entsprechenden Umweltbedingungen wird versucht, die Herausforderung durch besondere Lern-, Anpassungs- und Veränderungsleistungen (durch Kompetenzerwerb) zu regulieren. In Bewältigungsprozessen wirken objektive Situationsmerkmale und deren subjektives Erleben zielgerichtet mit Veränderungsbereitschaften zusammen und verursachen damit reale Bewältigungsaktivitäten, die das als herausfordernd Erlebte überwinden oder zumindest lindern (Wollersheim 1993: 78).

Damit wird deutlich, dass Kompetenzen in Prozessen des Kompetenzerwerbs erworben und weiter entwickelt werden, die nach der Bewältigung wahrgenommener Herausforderungen streben. Die in der Definition verwandte Bezeichnung des *„Organisierens innerer Befähigungen"* meint den zielgerichteten und koordinierten (selbst organisierten) Erwerb, den Einsatz und die Weiterentwicklung von Aspekten des *Wollens* (Bereitschaft, Motivation), des *Wissens* (Fähigkeiten, Kenntnisse) und *Könnens* (Fertigkeiten) im Rahmen von Kompetenzerwerbsprozessen. Diese integrieren Motivations-, Zielfindungs-, Lern-, Handlungs- und Optimierungsprozesse, in denen motivationale, volitionale, fachliche, überfachliche, strategische und reflexive Persönlichkeitsaspekte zielgerichtet zusammenwirken und den Vollzug der Bewältigung bedingen. In Kompetenzerwerbsprozessen werden je nach Art und Weise der implizierten Herausforderung die genannten personalen Aspekte im jeweils unterschiedlichen Ausmaß aktiviert, eingesetzt, evaluiert und reflektiert, was die subjektive Ebene umschreibt. Deutlich wird, dass sich Prozesse der Kompetenzentwicklung aus unterschiedlichen, bekannten pädagogischen Aspekten konstituieren, die in der Regel getrennt voneinander behandelt werden. Dabei generieren sich – was im Weiteren noch genauer darzustellen ist – die konstitutiven Teilmengen (*Kompetenz-*

facetten) durch ein zielgerichtetes Zusammenwirken zum Prozess des Kompetenzerwerbs. In ihm werden die zumeist getrennt betrachteten Lernbereiche des affektiven, kognitiven und psychomotorischen Lernens mit dem sozialen und moralischen Lernen zusammen geführt. Im so verstandenen Sinne kennzeichnet sich Kompetenzentwicklung als höchste Ausprägung des ganzheitlichen Lernens. Das dabei zu vollziehende Verfahren lässt sich als interdependenter und erfahrungsbasierter Motivations-, Lern-, Handlungs-, Optimierungs- und Reflexionsprozess beschreiben. Gerade der Einbezug motivationaler und volitionaler Aspekte, des Vollzugs und der Reflexion von Ergebnis und Verlauf kennzeichnen Kompetenzerwerbsprozesse. Weder das reine Einüben einfacher Sachverhalte, das Verrichten repetitiver Teilarbeiten und das alleinige Anwenden von Wissen oder Regeln können dem Anspruch gerecht werden. Herausfordernde Situationen sind nur dann kompetenzentwicklungsförderlich, wenn aus ihnen der Wille nach einer positiven Bewältigung im Sinne einer angestrebten Überwindung der ursächlichen Herausforderung erwächst. Die Realisierung erfolgt über konkrete Denk-, Lern- und Handlungsprozesse, die strategische Zielplanungen, systematische Schrittfolgen der Zielerreichungen und permanente Reflexionen über die prozessualen Handlungsweisen implizieren. So lässt sich das erforderliche Wissen und Können aneignen und das Erlernte zielgerichtet und optimierend anwenden und überprüfen. Hinsichtlich des „positiven" Bewältigens ist anzumerken, dass die qualifikatorische Perspektive (Anforderung, Problem, Aufgabe) im Sinne der Zielsetzung zu lösen durch den Einbezug von Normen und Werten kompetenztheoretisch erweitert wird. Qualifiziertes Verhalten lässt sich auch unter Verletzung bestehender Normen und Werte realisieren. So erfüllen z.B. raffinierte Betrugsaktionen oder technisch versierte Einbrüche, bei denen hochwertige Sicherheitssysteme durch nahezu perfektes Denken und Handeln überwunden werden, höchste Ansprüche. Angesichts ihrer moralischen Verwerflichkeit können die vollzogenen komplexen Denk- und Handlungsweisen jedoch nicht als Kompetenzentwicklungen und „positive Bewältigungen" verstanden werden.

2.4 Merkmale kompetenter Persönlichkeiten

In nahezu jedem Lebensbereich beurteilen wir Menschen über direkte oder indirekte Kompetenzzuschreibungen. Das kompetente Verhalten des einen grenzt sich positiv von der Inkompetenz anderer ab. Mit dem positiven Urteil, dass der Handwerker, Chirurg oder Berufsberater „kompetent sei", meinen wir, dass wir auf der Grundlage unserer Erfahrungen einen Menschen als fähig und in der Lage erachten, die an ihn gerichteten An- und Herausforderungen nach „allen Regeln seiner Profession" zu bewältigen. Als Bewertungsmaßstab verwenden wir dabei das beobachtete Arbeitsergebnis und den Entstehungsvorgang. Uns fällt auf, dass die „kompetente Persön-

Merkmale kompetenter Persönlichkeiten 15

lichkeit" Lebens-, Lern- und Arbeitssituationen weitgehend selbst- und eigenständig gestaltet. Sie bewältigt/reguliert situative An- und Herausforderungen in einer Weise, die von Beurteilern als sachgerecht und korrekt (positiv) bewertet werden. Nachstehende Beispiele sollen wesentliche Eigenschaften kompetenter Persönlichkeiten verdeutlichen:

a) Der Heizungsmonteur ist an einem Winterwochenende zu einer defekten Heizungsanlage gerufen worden. Der Betreiber ist kein Kunde. Brenner und Reglungstechnik sind keine Produkte „seiner" Lizenzfirmen, sondern von so genannten Fremdherstellern. Da in den zuständigen Servicebetrieben der näheren Umgebung niemand erreichbar ist, ist seine Hilfe erforderlich. Durch ein zielgerichtetes Vorgehen grenzt er die Fehlerursache ein und improvisiert (ohne Originalteile) eine Lösung, die über das Wochenende den Heizungsbetrieb sichert. Für den zuständigen Fachbetrieb notiert er kurz die Fehlerursache und skizziert seine Improvisationslösung.

b) Die BA-Studierende finanziert ihr Studium teilweise durch Nebenjobs, denen sie weitgehend außerhalb der Vorlesungszeiten und in der vorlesungsfreien Zeit nachgeht. Die Anforderungen der Doppelbelastung sind hoch. Sie kompensiert diese durch zielstrebiges Verhalten und ein klares Zeitmanagement. Sie besucht die Lehrveranstaltungen (Vorlesungen, Seminare, Übungen, Tutorien) nach Möglichkeit regelmäßig und nimmt durch Fragen und Wortmeldungen aktiv teil. Die Inhalte „schwerer Lehrveranstaltungen" werden in speziellen Lerngruppen außerhalb der Lehrveranstaltungen nachbereitet (diskutiert, reflektiert, geübt, angewandt), in denen auch eine nicht besuchte 90 min.-Veranstaltung kompensiert werden kann. Besonderen Wert legt sie auf das Durcharbeiten vorhandener Skripte und der empfohlenen Literatur, mit der sie sich bereits in der vorlesungsfreien Zeit intensiv beschäftigt. Die bisherigen Ergebnisse der Modulprüfungen sieht sie als erfolgreich und als Bestätigung ihrer Leistungen an, weiß aber, dass sie irgendwann auf den Nebenjob verzichten muss.

c) Der Schüler der Jahrgangsstufe 9 Hauptschule wurde zum Auswahltest in einen metallverarbeiteten Betrieb eingeladen. Damit es dazu kommen konnte, hatte er eine Bewerbungsmappe eingereicht, deren Inhalt er mit dem Berufsorientierungslehrer genau besprochen hatte. In ihr brachte er u.a. seine Motivation und Neigung für den Beruf zum Ausdruck, wobei sein Praktikum (Maschinenbaubetrieb, Bescheinigung beigelegt), der Besuch von mehreren Ausbildungsmessen und die BIZ-Besuche (mit anschließender Beratung) hervorgehoben wurden. Er weiß genau, dass im Auswahltest seine mathematisch-naturwissenschaftlichen Leistungen und sein Deutsch-Können eine besondere Beachtung finden werden. Vor einem direkten Vergleich mit Realschülern schreckt er etwas zurück. Auch will er seine

Aufregung durch eine gute Vorbereitung minimieren. Deshalb hat er sich von seinen Lehrern (Mathematik, Deutsch, Physik) spezielle Aufgaben geben lassen, deren Lösung er als Übung in den Unterricht einbringt. Das Schreiben von ... hat er wiederholt geübt. Auch hat er sich bei einem Auszubildenden einer anderen Firma über dessen Auswahltest erkundigt, der ihm gut Auskunft geben konnte. Mit dem Vorstellungsgespräch – der hoffentlich nächsten Hürde – wird er sich nach dem Auswahltest beschäftigen.

d) Die Fremdenführerin zeigt den Besuchern die wesentlichen Sehenswürdigkeiten einer Stadt. Sie führt jeweils mit einem speziellen Beispiel ein, erläutert das Bedeutsame, beleuchtet dabei die historischen Hintergründe und legt Gegenwartsbezüge offen. Geschickt verpackt sie die Informationsfülle in interessante Episoden. Durch geschickte Fragen erhält sie Einblicke in den Kenntnisstand der Teilnehmer und bindet diese in Dialoge und Diskurse ein. Da manche Teilnehmer in einem besonderen Verhältnis zu der Stadt und ihren Menschen stehen, erhält sie gelegentlich neue Informationen, die sie mit Ihren Kolleginnen diskutiert, ggf. im Archiv nachbereitet und in zukünftige Führungen einbezieht. In der Bewertung der Teilnehmer werden ihre Führungen immer als sehr lehrreich, interessant und kurzweilig und sie als überaus kompetent beurteilt.

e) Der Coach berät Schülerinnen und Schüler im Rahmen der schulischen Berufsorientierung und begleitet deren Übergang ins Ausbildungssystem. Sein Ziel ist es, diese zu befähigen, den Prozess ihrer beruflichen Entwicklung zielstrebig und selbstständig zu gestalten. Hauptsächlich coacht er Jugendliche, die es nicht schaffen, sich eigenständig einen betrieblichen Praktikumsplatz zu suchen. Er weiß, dass sich seine Rolle durch seine Fragen und nicht durch seine Antworten auszeichnet. Deshalb arbeitet er durch eine hinführende Fragetechnik die Probleme gemeinsam mit den Jugendlichen heraus. Anstatt ihnen eine Praktikumsstelle zu beschaffen, hilft er Ihnen, durch sein methodenvielfältiges und zieltransparentes Vorgehen sich selbst zu organisieren. So gelingt es ihm, den Beratungsprozess zu steuern und die Schülerinnen und Schüler zu befähigen, sich selbst einen Praktikumsplatz zu suchen.

f) Dank eines fundierten Geschäftskonzeptes, ihres zielstrebigen Vorgehens und Wagemutes konnte die junge Selbständige ihren Traum vom eigenen Unternehmen verwirklichen. Sie wusste von Anfang an, dass viele kleine und oft auch mühsame Schritte nötig sind, um die Ideen erfolgreich in die Tat umzusetzen. Nicht nur eine gut durchdachte Geschäftsidee und eine sorgfältige Planung spielten dabei eine Rolle, auch das Erledigen behördlicher Formalitäten beinhaltete immer wieder neue Herausforderungen. Als Selbständige zeichnet sie sich durch

Sachverstand, Motivation, Überzeugungskraft, Fleiß und Kreativität aus. Auch weiß Sie, dass es unerlässlich ist, sich die angestrebten Ziele bewusst zu machen und gegebenenfalls zu überdenken. Inzwischen schreibt das Unternehmen im dritten Jahr schwarze Zahlen. Sie gibt ihr Wissen und Können sowie ihre bisherigen Erfahrungen an junge Existenzgründer weiter und hilft ihnen beim erfolgreichen Start in die Selbständigkeit.

Alle Beispiele umschreiben das Wirken kompetenter Akteure und umreißen damit ein *Menschenbild kompetenter Persönlichkeiten*. Diese nehmen gestellte Herausforderungen an, verfügen über das erforderliche Wissen und können dieses situativ und problemlösend einsetzen und dabei weiterentwickeln. Im Fokus stehen Befähigungen zur Selbstorganisation und -steuerung, die sich angesichts realer An- und Herausforderungen in deren Überwindung bzw. Linderung manifestiert. In der nachstehenden Darstellung werden die kompetenztheoretischen Gemeinsamkeiten zusammengefasst.

Merkmal kompetenter Akteure
- Alle Kompetenzträger sind besonderen An- oder Herausforderungen ausgesetzt.
- Sie sind bereit und in der Lage, diese anzunehmen und zielgerichtete Bewältigungsstrategien zu entwickeln.
- Auf affektiven Grundlagen (motivational, volitional) basierend wird fachliches, methodisches und strategisches Wissen und Können entwickelt, das zielgerichtet eingesetzt und evaluiert wird.
- Die Bewältigung der Herausforderung erfordert das zielgerichtete Zusammenwirken der unterschiedlichen Befähigungen.
- Die Kompetenzträger bewältigen die an sie gestellten An- und Herausforderungen in selbstorganisierter Weise.
- Angestrebte Ziele und vollzogene Wege der Zielerreichung werden hinsichtlich eines angestrebten Optimums reflektiert.
- Die Evaluation bezieht sich auf die Wirksamkeit und Sinnhaftigkeit sowie auf die Einhaltung von Normen und Werten.

Abb. 2.2: Gemeinsamkeiten kompetenten Verhaltens

☞ Wie die Merkmale belegen, bedeutet „kompetent sein" Herausforderungen wahr- und anzunehmen um Anforderungen auf einem angemessenen Niveau selbstständig (individuell oder kollektiv) bewältigen zu können. Das hier begründete Kompetenzkonstrukt beschreibt ein latentes Potential unterschiedlicher Befähigungen, das sich angesichts aktueller Herausforderung in konkreten Handlungsvollzügen manifestiert und dabei weiter entwickelt wird.

☞ Deutlich wurde auch, dass das „kompetente Handeln" eines Kompetenzträgers stark vom bisher bereits erreichten Kompetenzniveau und den dabei erworbenen Erfahrungen beeinflusst wird. Ebenso wurde auf den komplexen prozessualen Verlauf bereits mehrfach verwiesen.

☞ Die affektiv-volitionalen Aspekte sind über den gesamten Prozess zu aktivieren und aufrecht zu erhalten. Dabei spielt die jeweilige Motivationslage eine entscheidende Rolle. Das (progressive) Gefühl, vergleichbare Herausforderungen „gemeistert" (dabei „etwas bewegt" und „gestaltet") zu haben, motiviert zur Annahme neuer Herausforderungen und zur Übernahme größerer Aufgaben. Die Aussage *"Wer hat, dem wird gegeben"* – auch nach der biblischen Quelle „Matthäusprinzip" genannt (Matthäusevangelium 13, Vers 12) – beschreibt das Phänomen in treffender Weise. Andererseits führt das Fehlen entsprechender Erfolgserlebnisse (Verstärker), ggf. mit dem Gefühl einhergehend, das Problem nicht verstanden, die Ziele nicht erreicht und damit versagt zu haben, zu einem geringeren Engagement bis hin zur reduzierten Wahrnehmung (Ausblendung) möglicher Handlungs- und Gestaltungsspielräume (Jung 1999: 20f.).

☞ Im Sinne des hier entfalteten Kompetenzbegriffs streben „kompetente Individuen" nach der Erhaltung bzw. Weiterentwicklung von kognitiven, psychomotorischen und sozialen Befähigungen sowie nach neuen motivierenden und stimulierenden Aufgaben. Dabei entwickeln und kultivieren sie Möglichkeiten zur eigenverantwortlichen Arbeits- und Lebensgestaltung und sind zur Aufrechterhaltung realistischer Zukunftsperspektiven fähig (Wollersheim 1993:91). Dadurch sind sie in der Lage, ein positives Selbstbild zu generieren, weiter zu entwickeln, zu behalten oder ggf. wiederzuerlangen (Jung 1999: 18).

2.5 Fähigkeit – Qualifikation – Kompetenz

Der Kompetenzbegriff hat in jüngster Zeit den Qualifikationsbegriff als pädagogischen Leitbegriff abgelöst. Zuerst waren es Berufspädagogen, die nach einer langwierigen Schlüsselqualifikationsdebatte die berufliche Handlungskompetenz zum Leitbegriff erhoben, deren Erwerb heute als unumstrittenes Leitziel der Beruflichen Bildung gilt. Jedoch erschöpften sich die entwickelten Konzepte zu lange in der Differenzierung von Kompetenzdimensionen (Fach-, Methoden-, Sozial- und Personalkompetenz) und trugen eher zu wenig zum Kompetenzerwerb bei. Deshalb grenzten sich die Autoren der Klieme-Expertise *„von den aus der Berufspädagogik stammenden und in der Öffentlichkeit viel gebrauchten Konzepten der Sach-, Methoden-, Sozial- und Personalkompetenz"* ausdrücklich ab (Klieme u.a. 2003: 22). In der Folge der Expertise entstand ein breit angelegter *Kompetenzdiskurs*, der die

Erziehungswissenschaften und die Fachdidaktiken beflügelte und – durch die Bildungsadministration forciert – Einzug in die Schulen hielt. Trotzdem offenbaren sich in gegenwärtigen Debatten immer wieder kompetenztheoretische Defizite. Diese kennzeichnen sich durch:

- eine fehlende Trennschärfe zu anderen pädagogisch-didaktischen Leitbegriffen (Qualifikationen; Fähigkeiten, Fertigkeiten und Kenntnissen), die nahezu synonym verwendet werden;
- ein unzureichendes Kompetenzverständnis und eine weitgehende Eingrenzung des Kompetenzerwerbs auf Formen des kognitiven Lernens;
- eine mangelnde Gestuftheit des Kompetenzerwerbs und der entworfenen Kompetenzmodelle;
- eine weitgehende Beibehaltung des aus der Berufspädagogik stammenden Kompetenzmodells der Fach-, Methoden-, Sozial- und Personalkompetenz.

Hingegen erfordern die Intensität des Diskurses und seine Bedeutung für alle Ebenen des Bildungs- und Ausbildungssystems klare Definitionen der verwandten Begriffe. Hierzu gilt es die Blickweise interdisziplinär zu schärfen. Deshalb sollen in einem ersten Schritt die Begriffe Fähigkeit und Kompetenz abgegrenzt werden.

Fähigkeiten bilden die psychische und physische Voraussetzung für leistungsbezogenes Verhalten, das in bestimmten Lebenssituationen aktualisiert wird. Sie konstituieren sich durch anlagebedingte Dispositionen (Begabung, Talent, Reife) und werden in Sozialisations-, Lern- und Übungsprozessen entwickelt. Damit beschreiben sie ein „fähig", „bereit" und „in der Lage sein", Handlungen zu vollziehen. Da die Anzahl der Handlungen unbegrenzt ist, ist auch die Zahl der Fähigkeiten unbegrenzt. Während elementare Fähigkeiten wie „hören", „sehen" und „schmecken" überwiegend anlagebedingt sind, schließen entwickelte Fähigkeiten (z.B. musikalische, mathematische, handwerkliche) entsprechende Aneignungsprozesse (Lernen, Üben) ein. Damit zielen Fähigkeiten begrifflich auf das angelegte Potential, während bei den Fertigkeiten die handlungsregulierenden Komponenten dominieren und Kenntnisse eindeutig kognitiv determiniert sind. Deshalb umschreibt die begriffliche Trias: *Fähigkeiten, Fertigkeiten* und *Kenntnisse,* die durch Lehr-Lernprozesse angestrebten ganzheitlichen Verhaltensänderungen der Lernenden (Kompetenzentwicklung). Dabei hängt der Erfolg des Aneignungsprozesses nicht nur von den Befähigungen ab, sondern ist auch das Resultat von affektiven Komponenten (Motivation, Bereitschaft, Wille) sowie von Erfahrung und Übung. Der Erwerb neuer Fertigkeiten setzt grundlegende Befähigung (Fähigkeiten) voraus und baut auf den bisher erworbenen Fertigkeiten auf (Jung 2008a: 122).

Der Unterschied zwischen der Kompetenz (Competence) und der Fähigkeit (competency) wird als das Verhältnis des Ganzen zu seinen Teilen erklärt. In diesem

Sinne definiert Mulder (2007) die Kompetenz als die allgemeine Befähigung von Personen oder Organisationen, Leistungen zu erbringen (Probleme zu lösen, Tätigkeiten wahrzunehmen, Arbeiten auszuführen). Die Fähigkeit ist Teil einer ganzheitlichen Kompetenz, die sich, je nach Art der zu bewältigenden Herausforderung, aus verschiedenen Fähigkeiten konstituiert.

Die Klärung des Verhältnisses zwischen *Qualifikation* und *Kompetenz* ist schwieriger. Sie soll unter Einbezug linguistischer Erkenntnisse erfolgen. Wesentliche theoretische Fundierung erlangte der Kompetenzbegriff im Rahmen der mit dem Namen *Noam Chomsky* (1969: 13f.) verbundenen generativen Transformationsgrammatik. Diese beschreibt Kompetenz als ein kognitives Regelsystem, mit dessen Hilfe (sprachliche) Handlungen generiert werden können. Dabei wird zwischen der *Kompetenz* eines Sprechers/Hörers und dem tatsächlich wahrnehmbaren Sprachgebrauch (ihrer Anwendung), der *Performanz*, unterschieden, woraus zwei Ebenen menschlichen Handelns resultieren: Die *kognitive Tiefenstruktur* (Kompetenz) und die *empirisch wahrnehmbare Oberflächenstruktur* (Performanz), die auch als „*Welt des Geistes, der Kognition und der durch den Menschen bearbeiteten komplexen Realität*" unterschieden werden (Heursen 1989: 877). Lernprozessen, ganz besonders denen des formalen schulischen Lernens, werden die Funktion zugeschrieben, Vermittlungsinstanz zwischen der interdependenten Kompetenz und Performanz zu sein (Köck 1994: 378). Die dabei erforderliche Transformation zwischen der Tiefenstruktur (Kompetenz) und der Oberflächenstruktur (Performanz) wird strukturalistisch als „*Regelwerk*" beschrieben, welches sich sowohl aus individuellen Mustern (Motivation, Intentionalität, Wissensbestand) als auch aus den gesellschaftlichen Bedingungen (Normen, soziale Handlungserwartungen, institutionalisierte Kommunikationsmuster) konstituiert. Diese anthropologischen, psychischen und sozialen Variablen des Transformationsprozesses bedingen eine interindividuell unterschiedliche Ausprägung der Performanz. Ebenfalls wird vermutet, dass die Transformationsprozesse der Bereich seien, in dem pädagogisches Handeln wirksam werde, wenn nämlich „*über die Veränderung der ... individuellen, gesellschaftlichen und situativen Bedingungen dieser Transformationsprozesse auch die Veränderung der Performanz angestrebt werden kann*" (Heursen 1989: 879).

Die erläuterten Transformationsprozesse können in beide Richtungen verlaufen. Einerseits regeln sie die Überführung der Tiefenstruktur in die Oberflächenstruktur und verursachen das *Hervorbringen von Handlungen*. Andererseits führen sie Daten der Oberflächenstruktur in die Tiefenstruktur über, was als strukturelle Beschreibung des *Lernens* als Aufbau und Erweiterung der „*kognitiven Struktur von Individuen durch deren Auseinandersetzung mit der naturalen und sozialen Umwelt*" zu verstehen ist (ebd., dazu Lenzen 1976: 12f., 14f.).

Fähigkeit – Qualifikation – Kompetenz

Kompetenztheoretisch ist diese aus der Kommunikationswissenschaft stammende Unterscheidung zwischen Kompetenz und Performanz bedeutsam. Während Kompetenzen individuelle Dispositionen beschreiben, die Fähigkeiten, Fertigkeiten und Kenntnisse zur Lösung von Problemen beinhalten, zeigt sich Performanz in der Leistung, konkrete Aufgaben lösen zu können (Sloane/Dilger 2005:1). Dieses Verständnis belegt eine Nähe zum Qualifikationsbegriff, im Sinne einer konkreten Verfügbarkeit über bestimmte Fähigkeiten, Fertigkeiten und Kenntnisse. Deshalb kann der Wechselbezug zwischen der Tiefen- zur Oberflächenstruktur auch als begriffliche Unterscheidung von Kompetenz und Qualifikation herangezogen werden. Demnach umfasst Kompetenz die subjektiven Tiefenstrukturen, aus denen das Subjekt allgemein fassbare Oberflächenstrukturen (Qualifikationen) generiert. Diese ermöglichen äußeres Handeln bei vorgegebener Aufgabenstellung, wozu Fähigkeiten, Fertigkeiten und Wissen (Qualifikationen) aktiviert und eingesetzt werden. Nachstehende Abbildung verdeutlicht das Verhältnis von Kompetenz und Performanz sowie den Transformationsprozess zwischen Lernen und Handeln.

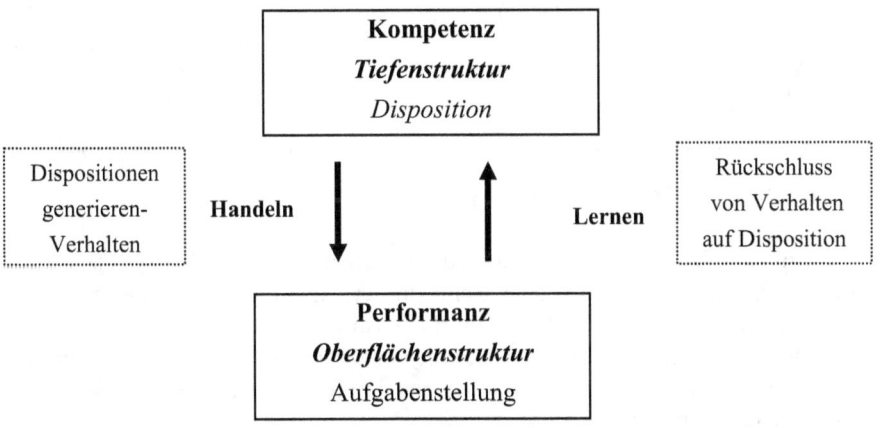

Abb. 2.3: Generatives Verhältnis: Handeln und Lernen als Transformationsprozess

In entsprechender Weise belegen Sloane/Dilger (2005: 7) ein generatives Verhältnis zwischen Kompetenz und Performanz, was sie als Befähigung, Aufgaben zu bearbeiten (allgemein: Herausforderungen bewältigen), definieren. Kompetenzen als personenbezogene Dispositionen äußern sich in der Bearbeitung konkreter Aufgaben, z.B. der Art und Weise der Herangehensweise, dem Einsatz und Erwerb des erforderlichen Wissens und Könnens, des Repertoires und Niveaus der implizierten

Problemlösung und der Intensität der Reflektion. Andererseits kann von diesem herausforderungsbewältigenden bzw. aufgabenlösenden Verhalten auf die Kompetenz geschlossen werden.

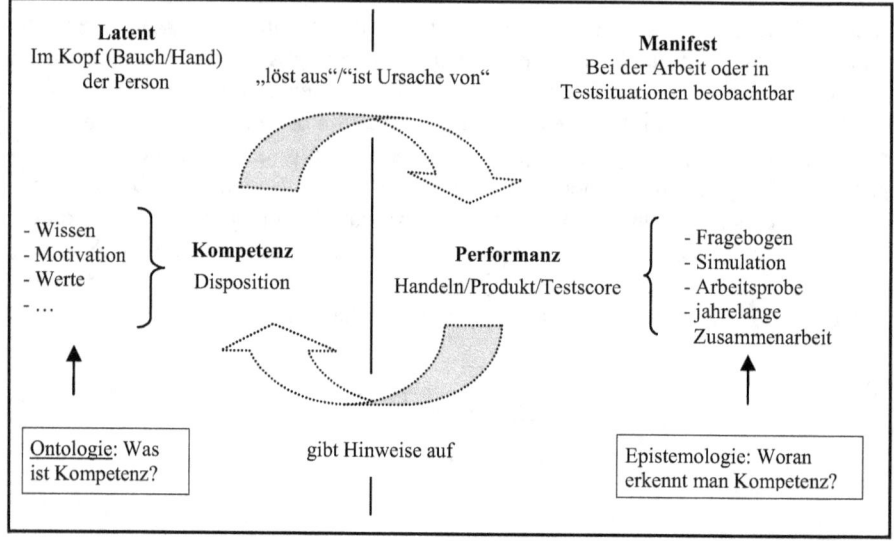

Abb. 2.4: Grundvorstellung Kompetenz/Performanz (Spöttl/Musekamp 2009:23)

Damit beinhaltet die performative Ebene die allgemein fassbare Oberflächenstruktur, die das Bewältigen der An- oder Herausforderungen (auch Aufgabenstellung) realisiert. Sie basiert auf der subjektiven Tiefenstruktur – der Kompetenz – und äußert sich durch deren Dispositionen. Um die konkrete An- und Herausforderungen bewältigen zu können, generiert das Subjekt aus ihr allgemein fassbare Oberflächenstrukturen (Qualifikationen).

Das Beschriebene verdeutlicht große Ähnlichkeiten und Überschneidungen zwischen der linguistischen Bezeichnung Performanz (*empirisch wahrnehmbare Oberflächenstruktur*) und der Qualifikationen als tätigkeitsregulierende (allgemein fassbare) Oberflächenstruktur. Diese umfasst den tatsächlich genutzten Teil der Dispositionen, also den Grad von Wissen, Fähigkeiten und Fertigkeiten, der zur Regulation/Bewältigung einer konkreten Herausforderung erforderlich ist.

Ein weiterer bereits verdeutlichter Bedeutungsumfang von Kompetenz ermöglicht Handlungsfähigkeit in offenen, unsicheren und komplexen Situationen. Er integriert verantwortete Regeln, Werte und Normen, die – als „Ordner" – das selbst organisierte soziale Handeln bündeln, ordnen und konsensualisieren (Erpenbeck/v.Rosenstiel 2007: XII, XX). Auch hier wird deutlich, dass Kompetenz die Persönlichkeit des Handelnden und die mit ihr verbundenen Wertvorstellungen und Motive mit einbezieht. Auch in diesem Verständnis bildet Kompetenz die Basis für die Befähigung zum Einsatz und zum Erwerb von Qualifikationen.

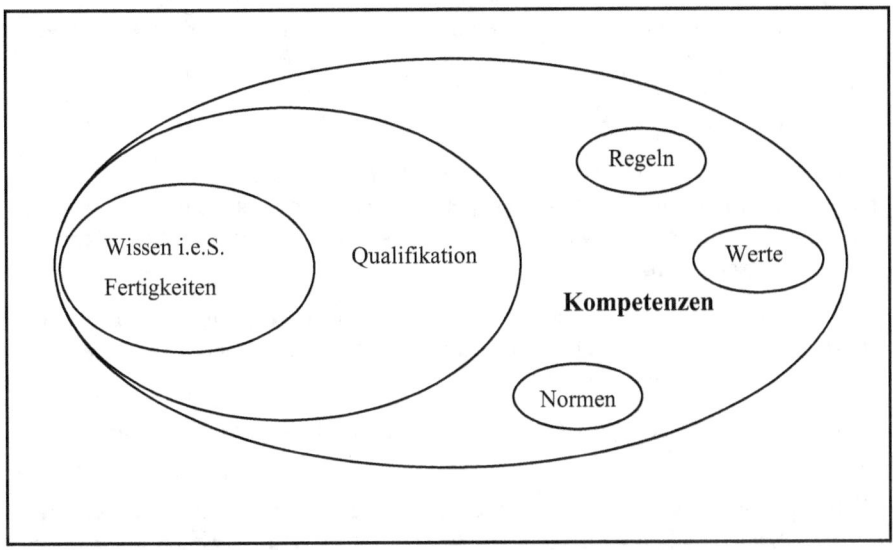

Abb. 2.5: Zum Verhältnis: Fähigkeiten/Fertigkeiten/Wissen – Qualifikation – Kompetenz (Erpenbeck/v.Rosenstiel 2007: XII)

☞ Für die im Weiteren zu begründenden Konkretisierungen des Kompetenzkonstrukts und von Prozessen der Kompetenzentwicklung bleibt festzuhalten, dass sich Kompetenz als Befähigung zur Bewältigung in Wechselbeziehung zwischen Wissen und Können sowie *Lernen* und *Handeln* konstituiert, wobei die subjektive (innere) und die objektive (äußere) Ebene zielgerichtet zusammen wirken. Es versteht sich als *ganzheitliches Konstrukt der Situationsbewältigung*, wobei in konkreten Situationen jeweilige Teilmengen des vorhandenen Potentials mit unterschiedlicher Intensität zu aktualisieren, einzusetzen und zu überprüfen sind. Erworbene Potentiale der *Befähigung zur Bewältigung* sind durch positive Lernprozesse im Rahmen lebenslanger Entwicklungsprozesse erweiterbar und können durch negative ausgeblendet werden. In positiver Idealvorstellung tendiert ein Kompetenzentwicklungsprozess danach, das eigene Leben als Lernprozess zu begreifen und die im Zusammenhang mit Arbeit, Beruf und sozialer Lage bestehenden Herausforderungen positiv zu bewältigen.

Unterscheidung der Begriffe *Kompetenz* und *Qualifikation*:

Kompetenz im hier vertretenen Sinne überragt die *Qualifikation* um den Bereich, der über den tatsächlich genutzten Teil des Umfangs angewandter Regelungen der Beziehungen eines Subjekts mit der Umwelt bzw. der Selbstregulation hinausreicht und *Werte, Einstellungen, Bedürfnisse, Erfahrungen* usf. umfasst (Frei u.a. 1984: 31ff.).

Erst unterhalb der Ebene einer *grundsätzlichen Befähigung zur Bewältigung* (Kompetenz) können vielfältige und spezielle *Qualifikationen* herausgebildet und zur Bewältigung der situativen An- und Herausforderung eigenständig und zielgerichtet eingesetzt werden.

Qualifikationen sind als die aktualisierten Teilmengen von *Kompetenzen* zu verstehen, die in der psychischen Regulierung von Herausforderungen tatsächlich realisiert werden (Frei u.a. 1984: 32).

Kompetenzen schließen *Qualifikationen* ein, lassen sich aber nicht auf sie reduzieren.

Während *Kompetenz* die Befähigung zur Bewältigung von herausfordernden Situationen, Sachverhalten oder Aufgaben umfasst, die dem Anspruch einer hohen Komplexität, Mehrdeutigkeit und Unbestimmtheit gerecht werden, bezieht sich *Qualifikation* auf die Eindeutigkeit, Abgrenzbarkeit und Bestimmtheit der An- und Herausforderung. Damit überragt und erweitert das Kompetenzkonzept das Qualifikationskonzept in entscheidender Weise (Clement 2008: 14).

2.6 Das allgemeine Kompetenzmodell

Im Rahmen der Begriffsgenese wurde Kompetenz als die generelle *Befähigung zur Bewältigung* komplexer Situationen, als Befähigung zur Selbstorganisation und Selbstregulation definiert. Wie bei allen Befähigungen wird auch hier angenommen, dass die gemeinten Dispositionen auf anlagebedingten Faktoren basieren und in vergangenen und/oder aktuellen Entwicklungsprozessen herausgebildet und verfeinert wurden. Auch können nicht nur Individuen als Kompetenzträger angesehen werden, vielmehr sind auch kollektive Handlungssubjekte wie Gruppen, Teams, Unternehmen, Institutionen usw. einzubeziehen. Bei der großen Vielfalt möglicher

Handlungsalternativen der Herausforderungsbewältigung können nicht immer alle Varianten bedacht und verfolgt werden. Deshalb sind im Rahmen des Kompetenzerwerbs zielführende „Pfade" einzuschlagen, die die Bewältigung der ursächlichen Herausforderung als machbar, realistisch und Erfolg versprechend erscheinen lassen (Erpenbeck/v.Rosenstiel: 2007, XI)[8].

Anforderungen an das allgemeine Kompetenzmodell

Da die zu bewältigenden Situationen von ihrer Anzahl und ihren Besonderheiten nicht zu begrenzen sind, müssen die einzuschlagenden Pfade im Rahmen der Bewältigung die jeweils erforderlichen Teilmengen kognitiver, sozialer und verhaltensgemäßer Persönlichkeitsdimensionen enthalten. Hier gilt es, vorhandene zu aktivieren, neue zu entwickeln und zielgerichtet zu bündeln.

Je nach Art der Herausforderung und der Komplexität der angestrebten Lösung sind jeweils unterschiedliche Anteile der einzelnen Kompetenzdimensionen (mental-affektiv, inhaltlich-fachlich, methodisch-strategisch, sozial-kommunikativ) zielgerichtet zu aktivieren, einzusetzen und weiterzuentwickeln.

Dieses Kompetenzverständnis kann darauf verzichten, alle differentiellen Kompetenzaspekte antizipierend zu definieren. Hingegen erfordert eine genaue Ausformulierung von Kompetenzaspekten den Einbezug der jeweiligen ursächlichen Herausforderung sowie die Berücksichtigung der Rahmenbedingungen der angestrebten Lösung (Kontextbezogenheit). Sie sind immer auf die jeweilige (Teil-) Lebenswelt, auf eine Domäne, bezogen.

Abbildung 2.6 dokumentiert ein allgemeines, auf alle Lebens-, Lern- und Arbeitsbereiche (Domänen) übertragbares Kompetenzmodell. Durch den konkreten Einbezug einer Domäne und des in ihr eingeschlagenen speziellen Pfades verwandelt sich das allgemeine Kompetenzmodell in ein spezielles. Die ursächliche Herausforderung begrenzt den Bewältigungsprozess (Kompetenzerwerb) auf eine Teildomäne, Domäne oder eine domänenübergreifende Problemstellung. Der eingeschlagene Pfad konkretisiert den Bedarf an einzubeziehendem Wissen und Können, begrenzt die Anzahl der Lösungswege und -strategien und die erforderlichen Reflexionsbereiche.

---

[8] Der Einbezug dieser Aspekte ermöglicht eine Verfeinerung der verwandten Definition: Danach sind Kompetenzen generalisierbare Selbstorganisationsdispositionen, die in Entwicklungsprozessen entstehen. Sie werden von menschlichen Individuen, aber auch in komplexen Systemen angewandt und weiter entwickelt. Sie befähigen zu reflexivem und kreativem Problemlösehandeln, in dem sie auf komplexe, selektiv bedeutsame Situationen (Pfade) bezogen werden (Erpenbeck/v.Rosenstiel: 2007, XI).

Kompetenz: Befähigung zur Bewältigung komplexer Situationen

Menschliche Eigenschaft, in Abhängigkeit von den individuellen Lebensbedingungen kognitive, soziale und verhaltensmäßige Fähigkeiten so zu organisieren und einzusetzen, dass Ziele, Interessen und Wünsche zu verwirklichen sind

---

Kompetenzdimensionen (wechselseitig beeinflussend)

inhaltlich-fachlich   methodisch-strategisch   sozial-kommunikativ   mental-affektiv

⇓   ⇓   ⇓   ⇓

Bewältigungsaspekte (Domänen bezogene)

- Bereitschaft entwickeln, Herausforderungen annehmen
- zielgerichtet Fähigkeiten, Fertigkeiten und Wissen erwerben
- Herausforderungen auf der Basis von Wissen und Können bewältigen
- Lösungsstrategien für gestellte Herausforderungen planen, durchführen, reflektieren und auf ihre Zielerreichung hin überprüfen
- gefundene Lösungen bewerten, um die eigene Handlungsfähigkeit weiterzuentwickeln
- Kommunikative Formen der Problemlösung entwickeln
- Kritik sachgerecht vortragen und empfangen
- Vielfältige Informationsangebote nutzen: Informationen eigenständig beschaffen, zielgerichtet auswerten, zu Erkenntnissen verdichten
- rationale Entscheidungen treffen, realisieren, bewerten
- Fähigkeit entwickeln, Kompromisse zu schließen, Selbstbewusstsein und Gelassenheit entwickeln
- Ziel und Verlauf des Kompetenzerwerbsprozesses kritisch reflektieren
- Kompetenzerwerb als Chance zur persönlichen Weiterentwicklung, Selbstverwirklichung und gesellschaftlichen Anerkennung verstehen
- ....

Abb. 2.6: Allgemeines Kompetenzmodell (Definition, Dimensionen, Aspekte)

2.7 Das Zusammenwirken der Kompetenzfacetten

Voranstellend wurde betont, dass Kompetenz als die *Befähigung zur Bewältigung komplexer Situationen* ein ganzheitliches Verständnis erfordert, das *emotionale, fachliche, strategische, methodische* und *soziale* Komponenten zielgerichtet integriere, wodurch ein Differenzieren in Kompetenzdimensionen (z.B. in Fach-, Methoden-, Personal- und Sozialkompetenzen) unbedeutend erscheint. Beim Bewältigen konkreter Herausforderungen bedingen sich die einzelnen Aspekte (Kompetenzfacetten) wechselseitig, sind miteinander verflochten und werden in unterschiedlicher Intensität beansprucht (Pätzold 1999: 57f.). Daraus resultiert ein ganzheitliches

Kompetenzverständnis, bei dem die *Befähigung zur Bewältigung* alle möglichen Lebens-, Arbeits- und Lernsituationen umfasst.

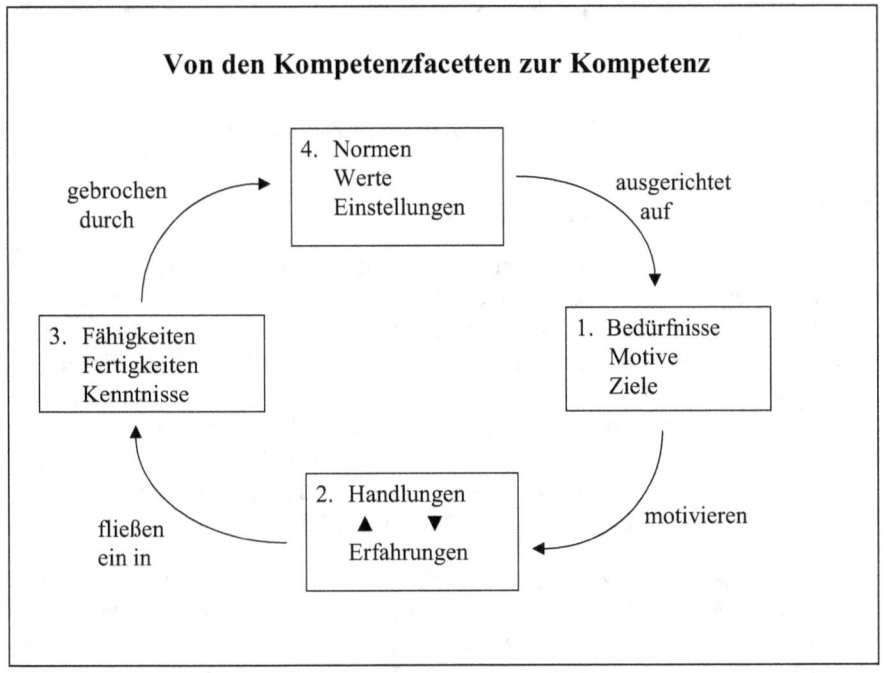

Abb. 2.7: Kompetenzentwicklung im Zusammenwirken von Kompetenzfacetten (Jung 2000: 115; 2008: 140)

Bei einer genaueren Betrachtung der Facetten, die in ihrem Zusammenwirken Kompetenzen konstituieren, wird deutlich, dass es sich um verschiedene, in der Regel getrennt voneinander behandelte (aber bekannte) pädagogische Faktoren handelt. Im Rahmen der Bewältigung konkreter Herausforderungen wie der Regulierung von speziellen Tätigkeiten werden sie aktualisiert und zielgerichtet miteinander verknüpft (Frei u.a. 1984: 31). Der Prozess bündelt die von Weinert genannten *Kompetenzfacetten:* Fähigkeit, Wissen, Verstehen, Können, Handeln, Erfahrung und Motivation (Klieme u.a. 2003: 73) in zirkulärer Weise.

☞ Für ein grundlegendes Verständnis von Kompetenz ist ein Verstehen des Zusammenwirkens der Kompetenzfacetten zum Prozess der Kompetenzentwicklung wesentlich. Die aus den Herausforderungen der Lebens- oder Arbeitswelt erwachsenden *Ziele, Bedürfnisse, Änderungswünsche* motivieren zu zielgerichteten (problemlösenden) *Handlungen*, in deren Vollzug *Erfahrungen* erworben werden. Durch das *Lernen aus Erfahrungen*, im Rahmen der angestrebten Bewältigung, entwickeln Individuen einerseits *Wissen, Fähigkeiten* und *Fertigkeiten*, andererseits ergeben sich *Werte* und *Einstellungen*, die wiederum die *Ziele* und *Interessen* beeinflussen (Jung 1999: 20).

2.8 Der Prozess der Kompetenzentwicklung

2.8.1 Qualitatives Lernen

Durch das Zusammenwirken der Kompetenzfacetten konnte der prozessuale Verlauf von Kompetenzerwerbsprozessen verdeutlicht werden, die sich im Bestreben nach Bewältigung situativer Herausforderungen konstituieren. Es wurde deutlich, dass sich Kompetenz im Rahmen von Lern- und Entwicklungsprozessen entwickelt, die keinesfalls als automatisch ablaufende Reifungsprozesse zu verstehen sind. Entsprechende Prozesse durchdringen das gesamte menschliche Leben. Sie werden von zwei, in einem dialektischen Verhältnis zueinander stehenden Vorbedingungen beeinflusst, a) der Möglichkeit zur Kompetenzentwicklung und b) der Bereitschaft zur Kompetenzentwicklung, die einer Erläuterung bedürfen.

Die *Möglichkeiten der Kompetenzentwicklung* – im Weiteren als objektive Komponenten bezeichnet (dazu Jung 1993: 185 ff.) – beruhen einerseits auf den biologischen Eigenschaften der Spezies (Mensch), die im Rahmen der Entfaltung des Kompetenzkonstrukts als die grundsätzliche Veranlagung beschrieben wurde, bestimmte Fähigkeiten (hier Bewältigungsstrategien) herausbilden zu können (Köck/Ott 1994: 377f.). Sie basieren auf anlagebedingten Faktoren und wurden in biographischen oder aktuellen Entwicklungsprozessen herausgebildet und verfeinert. Darauf aufbauend sind sie Resultate von in Lernprozessen erworbenen Erfahrungen. Dabei verfügt der Mensch über die Befähigung zur Aneignung von gesellschaftlichen Bedeutungen, in dem er sich die Vielfalt der Erfahrungen (Wissen, Können) und Dinge aneignet, die er im Laufe seiner phylogenetischen Entwicklung hervorgebracht hat (Frei u.a. 1984: 88ff. ;dazu Jung 1993: 185 ff.).

In diesem Sinne definiert Negt (1998: 33f.) Arbeitsprozesse als Subjekt-Objekt-Verhältnisse, die ein Drittes, nämlich Werkzeuge und Produktionsmittel hervorgebracht und zur Voraussetzung haben. Erworbene *Erfahrungen* generieren zu *Fähigkeiten, Fertigkeiten* und *Kenntnissen*, erworbene Einsichten zu *Ideen, Normen* und

Ideologien. Einen wesentlichen Anteil dabei bilden die Erkenntnisse, Technologien, Verarbeitungsweisen und Werkzeuge, die eine Gesellschaft zur Verbesserung der Lebensqualität ihrer Mitglieder durch Prozesse der Kompetenzentwicklung hervorgebracht hat und permanent weiter entwickelt. Das erreichte Niveau an Wissen und Können wird teilweise durch Sozialisationsprozesse im Rahmen der Lebensbewältigung tradiert, wobei das als wichtig empfundene in geordneten Lehr-Lernprozessen (Unterricht, Ausbildung, Unterweisung) dem betroffenen Personenkreis (nächste Generation, beruflicher Nachwuchs, interessierte Gruppe) vermittelt wird. Dazu hat sich in der Bildungsrealität hoch entwickelter Gesellschaften eine Differenzierung in Allgemeinbildung und berufliche Bildung (Grund- und Weiterbildung), im Sinne einer Spezialbildung mit Erwerbsanspruch, herausgebildet.

Die *Bereitschaft zur Kompetenzentwicklung* – im Weiteren subjektive Komponente des Kompetenzentwicklungsprozesses genannt – umschreibt die Neigung eines Individuums für vorhandene Möglichkeiten der Kompetenzentwicklung überhaupt empfänglich zu sein. Sie basiert auf motivationalen und volitionalen Aspekten und synthetisiert diese mit kognitiven Befähigungen des Erkennens und Beurteilens verbesserungswürdiger Situationen, der Entwicklung und Fixierung möglicher positiver Ziele und der Herausbildung von Handlungen (dazu Jung 1993: 190 ff.).

Hier scheint „der Schlüssel" zum Kompetenzerwerb zu liegen. Denn wer verbesserungswürdige Situationen nicht wahrnimmt und sich mit nicht optimalen Problemlösungen abfindet, der erscheint auch wenig in der Lage zu sein, Kompetenz entwickeln zu können.[9] Grundsätzlich sollten Kompetenzen, die immer auf die Stärkung der Befähigung zu selbst gesteuertem Handeln zielen, nicht von *„außen"* bewirkt oder von *„oben"* verordnet werden. Vielmehr müssen sie vom Individuum oder der Gruppe gewollt, angestrebt und vollzogen werden. Dies schließt externe Motivationen, Anregungen oder Aufträge nicht aus. Obwohl Kompetenzerwerbsprozesse immer auch eine quantitative Komponente besitzen (größere Herausforderungen bewältigen, mehr Wissen und mehr Können benötigen, komplexere Wege der Problemlösung gehen), umfassen die ablaufenden individuellen Lernprozesse viel mehr als reine Wissensanhäufungen oder das alleinige Üben von Fähigkeiten und Fertigkeiten. Sie beinhalten qualitative Veränderungen von kognitiven Strukturen wie z.B. die Befähigung auf Herausforderungen mit verschiedenen Lösungsstrategien (flexibel) zu reagieren oder Probleme optimierend zu lösen. Das hier beschriebene *Quali-*

---

[9] Hinsichtlich dieser Perspektive werden in Kapitel 9 (Didaktik) die differentialpsychologischen Persönlichkeitskonstrukte Selbstkonzept (Kap. 9.3; S.150ff) und *Kontrollbewusstsein* (Kap. 9.4; S. 152ff.) für den Kompetenzerwerb erschlossen.

tative Lernen ist durch das Zusammenspiel von drei aus der Entwicklungspsychologie stammenden Prozesse Wachstum, Differenzierung und Integration zu umschreiben, die im Austausch mit der sozialen oder physikalischen Welt stattfinden, aber auf der subjektiven Ebene vollzogen werden (Frei u.a. 1993: 22f.).

Qualitatives Lernen		
Wachstum	Differenzierung	Integration
- Neue Erfahrungen machen - In neue Situationen kommen - Neue Aufgaben übernehmen - Neuen Bedingungen gegenüberstehen - Neues Wissen aneignen	- Bekannte Dinge „in neuem Licht" sehen - Subtile Unterschiede wahrnehmen - Neue Eigenschaften an einer Person oder einer Sache entdecken - Bekannte Dinge neu beurteilen	- Grundlegende Ähnlichkeiten aufdecken in Menschen, Ereignissen oder Bedingungen, die oberflächlich betrachtet, unterschiedlich aussehen - Zusammenhänge erkennen - Verschiedene Aspekte eines Problems gleichzeitig in Betracht ziehen - Ganzheitlich denken

Abb. 2.8: Zusammenwirken von Wachstum, Differenzierung und Integration (Jung 1999a: 21)

Zusammenzufassend bleibt festzuhalten:

Qualitatives Lernen, also Prozesse des Wachstums, der Differenzierung und der Integration (WDI-Prozesse) laufen nicht immer bewusst ab.

Jedes Befassen mit einer herausfordernden Lebenssituation, jede angedachte Problemlösung und jedes Finden einer optimalen Lösung geht mit dem Ablauf entsprechender WDI-Prozesse einher.

WDI-Prozesse ereignen sich im Rahmen unserer Auseinandersetzungen mit den Ereignissen und Problemen der sozialen und physikalischen Umwelt, können auch parallel und ungeordnet verlaufen. Auch bedingen sie sich wechselseitig. In der Regel kann jedoch von einem hintereinander erfolgenden Ablauf (einer WDI-Schleife) ausgegangen werden (Jung 1999a: 21f.).

Der Prozess der Kompetenzentwicklung 31

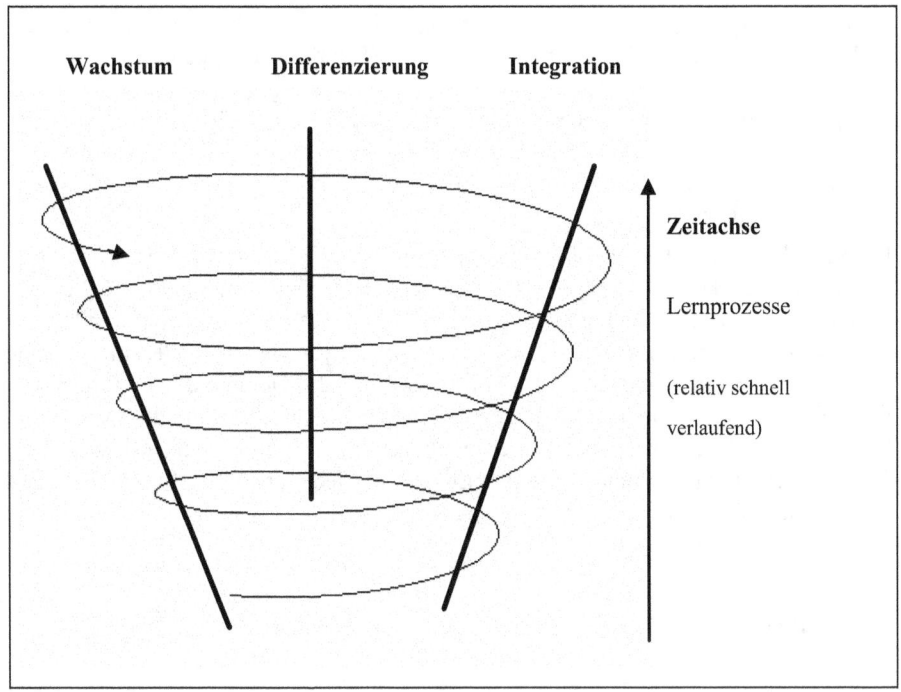

Abb. 2.9: Kompetenzaspekt Qualitatives Lernen (Jung 1999a: 22)

2.8.2 Systemisches Verändern

Sollen Aneignungsprozesse dem Anspruch der Kompetenzentwicklung entsprechen, dürfen die als „qualitatives Lernen" bezeichneten individuellen Lernprozesse nicht von der Umwelt isoliert betrachtet werden. Vielmehr ereignen sie sich im Rahmen unserer Auseinandersetzungen mit den Ereignissen und Problemen der sozialen und physikalischen Umwelt und verlaufen in *Systembezügen* oder *Domänen*. Diese stellen wesentliche Teilbereiche der Lebenswelt dar, die mit besonderen Herausforderungen einhergehen und spezielle Lösungen erfordern.

Die Herausforderungen können vielfältiger (fachlicher, methodischer, sozialer) Natur sein. Die betroffenen Individuen nehmen die Herausforderungen an und realisieren Entwicklungsprozesse, die auf die Erfordernisse der äußeren Situationen und die Bewältigung der implizierten Herausforderung gerichtet sind. Wie schon durch den Beleg der etymologischen Wurzeln des Kompetenzbegriffs deutlich wurde (Kap. 2.1: *competere* bedeutet zusammentreffen oder zusammenfallen), erfordern

Kompetenzentwicklungsprozesse eine zwingende Verschränkung der subjektiven und objektiven Ebene. Sie basieren auf aktuellen Herausforderungen in der Umwelt (objektive Ebene) und verlaufen über deren Annahme und den daraufhin initiieren Lernprozessen (subjektive Ebene), hin zur Bewältigung der ursächlichen Herausforderung. Erst durch diese Verschränkung der beiden Ebenen konstituieren sich Kompetenzentwicklungsprozesse mit allen ihren zielführenden, innovativen und kreativen Erscheinungsformen.

Um die spezifischen Herausforderungen bewältigen zu können, werden unterschiedlichste Lern- und Gestaltungsprozesse generiert. Es wird gelernt, um das als herausfordernd Erlebte bewältigen zu können, also um: zu lösen, an- oder abzuwenden, zu verändern, zu verbessern und zu gestalten. Als *positives Bewältigen* der implizierten Herausforderungen wurde das Lösen von Problemen, das Optimieren von Prozessen, das Beheben von Störungen und das Gestalten von Lebens-, Lern- und Arbeitssituationen verstanden, ohne dabei bestehende Werte und Normen zu verletzen. Der Prozess verläuft zirkulär und in drei Schritten. Nach jedem Durchlauf wird ein höheres Niveau erreicht.

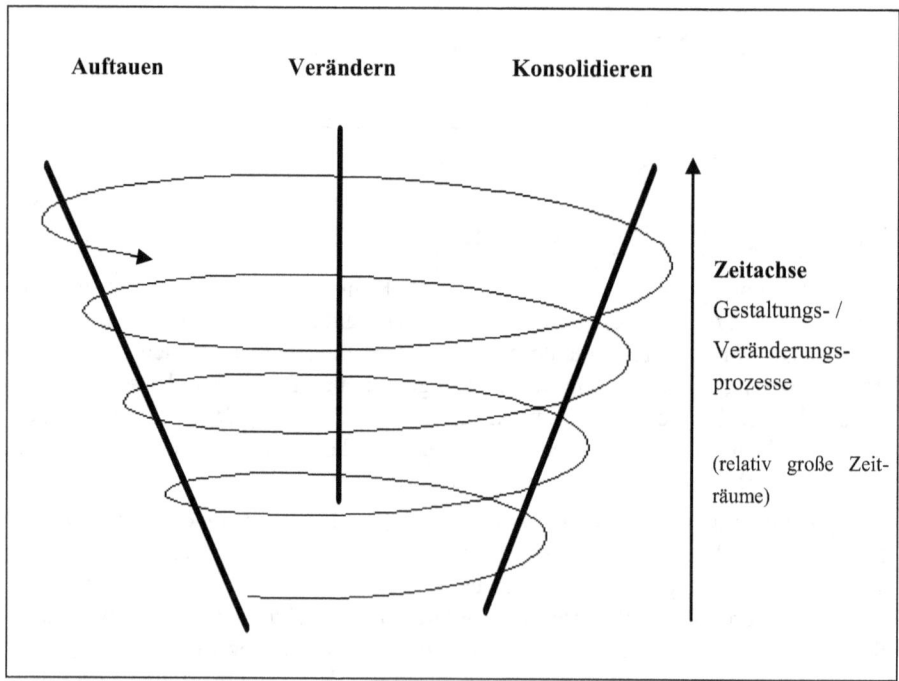

Abb. 2.10: Kompetenzaspekt Systemisches Handeln/Gestalten (Jung 1999a: 24)

Beispiel: Umgestaltung einer Lebenssituation[10]

Das allgemein Umschriebene soll anhand eines Beispiels verdeutlicht werden, in dem die soziale Dimension von Kompetenzerwerbsprozessen eine besondere Bedeutung besitzt. Dies ist z.b. der Fall, wenn zwischenmenschliche Beziehungen herausfordernd, unstimmig und belastend erlebt/erlitten werden. Die hier erforderliche *positive Bewältigung* zielt auf die Umgestaltung sozialer Bezüge und kann nach dem bekannten sozialpsychologischen Modell des *"Dreischritts der Veränderung sozialer Zustände"* (Lewin 1963: 262 f.) realisiert werden. Dieser konstituiert sich aus den drei aufeinander aufbauenden Phasen des *Auftauens*, des *Veränderns* und des *Konsolidierens* (dazu Frei, F. u. a. 1993: 25 f.; dazu Jung 1999a: 21 ff.). Wegen der relativen Trägheit von sozialen Systemen verlaufen die hier initiierten Veränderungsprozesse in größeren Zeiträumen.

1. Phase: In der Phase des „*Auftauens"* bzw. „*Auflockerns"* wird ein vorhandenes Niveau (bestehende Verhaltensweisen, Regelungen) zumeist durch eine (latente oder manifeste) Unzufriedenheit z.b. über den Umgang miteinander oder auch die bestehende Arbeitsorganisation in Frage gestellt. Die dargestellten WDI-Schleifen des individuellen Lernens richten sich auf die verbesserungswürdige Situation, „man" beschäftigt sich mit deren Überwindung. Erforderliche soziale Kontakte werden aufgenommen und Kommunikationsprozesse inszeniert, die sich um die Verbesserung des als defizitär Erlebten und um realistische Alternativen/Verbesserungen drehen. Dabei werden die Veränderungsmotive artikuliert und bessere Wege diskutiert. Es gilt klare Vorstellungen über die angestrebte Organisation zu erlangen, entsprechende Ziele zu definieren. „Was läuft falsch und belastet mich/uns in besonderer Weise?", „Welche Formen des Miteinanders sind inakzeptabel?", „Wie stellen wir uns ein besseres Miteinander vor?"

2. Phase: In der „*Phase des Veränderns"* gilt es, das konkrete Verhalten aller Mitglieder des sozialen Systems durch aktive Lernprozesse zu verändern und die verbesserungswürdige Situation in die neue Qualität überzuleiten. Hierzu sind z.B. neue Erkenntnisse zu erwerben, geänderte Handlungsspielräume zu erschließen und andere Formen des sozialen Verhaltens einzuüben. Bei allen Teilnehmern sind Prozesse des qualitativen individuellen Lernens (WDI-Schleifen) zu initiieren, die „zum Neuen", „zum Gewünschten", „zum Erforderlichen" überleiten. Dabei reicht es nicht aus, das erforderliche Wissen über bessere Formen des sozialen

---

[10] Im Prozess überlagern sich die *individuellen Lern- und Entwicklungsprozesse* („innere Helix") mit den *systemischen Veränderungsprozessen* („äußere Helix") zum Gesamtprozess (der Doppelhelix) der Kompetenzentwicklung, der als in sich gewendelten Wendel graphisch darstellbar wäre (Frei u.a. 1993: 27f.).

Miteinanders zu erwerben, vielmehr sind die neuen Formen einzuüben und zu praktizieren.

3. Phase: In der *„Phase des Konsolidierens"* erfolgt die Verfestigung des angestrebten neuen Niveaus, welches nach der Einführung Gefahr läuft, den Charakter des Neuen und Besseren wieder zu verlieren. Dabei nimmt der Grad der bewussten Reflexion über das eigene Verhalten und die individuellen Lernprozesse ab. Mit der Verfestigung des für die Zielerreichung (Umgestaltung des sozialen Systems) erforderlichen Verhaltens reduzieren sich die individuellen WDI-Schleifen. Ein Gleichgewichtszustand stellt sich solange ein, bis neue, intern oder extern angestoßene Umstände ein neues *„Auftauen"* bewirken. Wegen der relativen Trägheit sozialer Systeme verlaufen die hier initiierten Veränderungsprozesse in größeren Zeiträumen.

☞ Aufgrund der vorgenommenen Unterscheidung zwischen Kompetenzerwerb, Kompetenzvermittlung und Kompetenzentwicklung (s. Kap. 1.1, S. 4) erfolgt die Kompetenzvermittlung unter Einfluss eines externen Beraters (Mediator, Coach). Eine Inszenierung als Kompetenzentwicklung beruht auf selbst gesteuerten und selbst verantworteten Lern-, Gestaltungs- und Reflexionsaktivitäten der betroffenen Individuen.

2.8.3   Domänenbezogene Kompetenzentwicklung

Der dargestellte Kompetenzentwicklungsprozess bezog sich auf die Gestaltung sozialer Beziehungen, die nach dem bekannten Dreischritt *Auftauen – Verändern – Konsolidieren* erfolgte. Der Kompetenzerwerb verlief über die erlebten/erlittenen Herausforderungen, hier eines verbesserungswürdigen Miteinanders über die Annahme der Herausforderungen und den Erwerb von Wissen und Können hinsichtlich besserer Formen des Miteinanders, die es abzusichern (zu verfestigen) und zu reflektieren galt. Grundsätzlich stellt sich die Frage, ob dieser auf die Umgestaltung sozialer Beziehungen bezogene Verlauf Allgemeingültigkeit besitzt. Deshalb wird nachstehend versucht den *„Dreischritt der Veränderung sozialer Zustände"* in einen „Dreischritt des Kompetenzerwerbs" oder einen *„Dreischritt systemischer Veränderungen"* zu überführen. Dabei wird versucht, das bisher auf das soziale Teilsystem Bezogene systemübergreifend zu generalisieren. Im Rahmen des Dargestellten wurden soziale Beziehungen (um-)gestaltet. In anderen Domänen sind es fachliche, technische oder ökonomische Herausforderungen und Aufgaben. Hinsichtlich einer Generalisierung gilt es, den grundsätzlich ähnlichen Verlauf von Kompetenzerwerbsprozessen (s. Kap. 2.2; Abb. 2.2, S.12) zu berücksichtigen.

Der Prozess der Kompetenzentwicklung

Obwohl die einzelnen Kompetenzerwerbsprozesse - innerhalb einer Domäne in oder auch domainübergreifend - in Ziel, Strategie und Umfang erheblich variieren können, besitzen sie einen ähnlichen Verlauf. Dem stehen auch nicht die jeweils unterschiedlichen konstitutiven Anteile (Fachwissen, methodisch-strategische Verfahrensweisen, usw.) entgegen. Deshalb lässt sich – bei aller Verschiedenheit – das auf die objektive Seite des Kompetenzerwerbsprozesses bezogene Verfahren weitgehend generalisieren, selbst wenn die im Dreischritt vollzogenen Einzelschritte unterschiedlich zu bezeichnen sind.

Herausforderungsbewältigung durch Wissen und Können			
	Bewältigung in systemischen Dreischritten		
An- / Herausforderung	1. Schritt	2. Schritt	3. Schritt
Soziale Bezüge gestalten	Auftauen	Verändern	Konsolidieren
Probleme lösen	Problemstellung	Lösung	Evaluation
Aufträge erledigen	Auftrag annehmen	Erledigung	Kontrolle
Fachliche Aufgaben	Planen	Durchführen	Kontrollieren

Abb. 2.11: Systemisches Gestalten in Bewältigungsschritten

☞ Wie deutlich wurde, konstituieren sich Kompetenzerwerbsprozesse durch ein zielgerichtetes Zusammenwirken individueller Befähigungen mit den Erfordernissen äußerer Situationen. Dadurch unterscheidet sich Kompetenzerwerb grundlegend von anderen Lernformen.

☞ Selbst das dargestellte Qualitative Lernen umfasst – als überaus anspruchsvolle Lernform – nur die eine Seite (subjektive Ebene) des Prozesses. Dieser konstituiert sich in Interdependenz mit der objektiven Ebene – also von Lernen/Denken/Reflektieren einerseits mit Handeln/Anwenden/Verändern/Gestalten (systemischen Verändern) andererseits.

☞ Kompetenzerwerbsprozesse beinhalten immer ein zeitliches und intentionales Zusammenwirken beider Vorgänge. Dabei überlagern sich die individuellen Lern- und Entwicklungsprozesse mit systemischen Veränderungsprozessen zum kompetenztheoretischen Gesamtprozess (dazu Frei u.a. 1993: 27f..; Jung 1999a: 24).

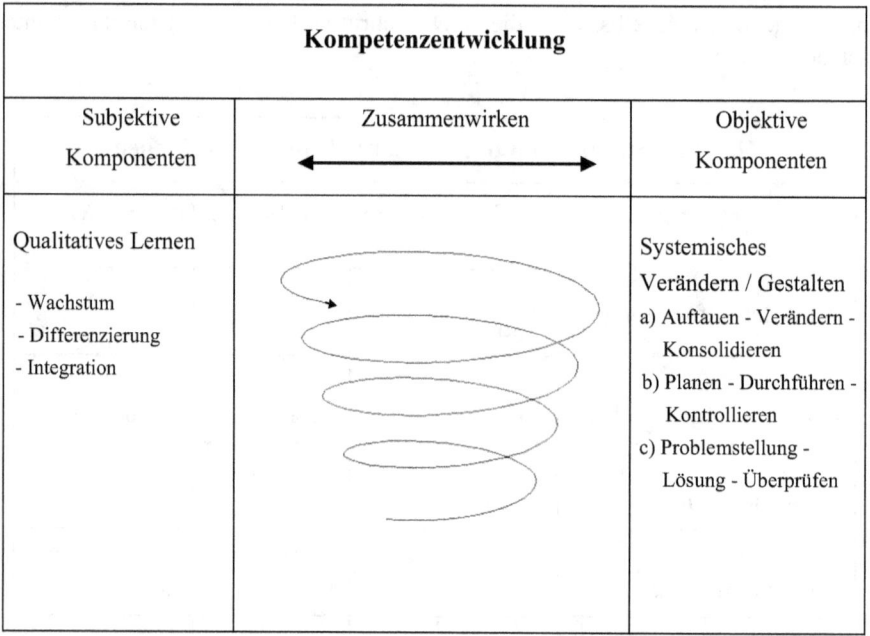

Abb. 2.12: Kompetenzentwicklung im Zusammenwirken subjektiver und objektiver Komponenten

3 Exkurs I: Gesellschaftliche und arbeitsweltliche Implikationen

3.1 Wissens- oder Kompetenzgesellschaft?

Obwohl die Bezeichnung *Wissensgesellschaft* bei der Beschreibung der aktuellen Gesellschaftsformation dominiert, ist unklar, ob das damit Gemeinte nicht eine Kompetenzgesellschaft beschreibt. Wissen definiert sich als Verfügung über Kenntnisse, die Sach- und Handlungszusammenhänge betreffen und wird unterschiedlich kategorisiert. Alltagswissen bezieht sich auf Informationen, die auf die Bewältigung des Alltäglichen zielen, Fachwissen ist auf das Fachgebiet (Domäne) bezogen. Aus der philosophischen Perspektive beschreibt Wissen eine begründete oder begründbare rationale Erkenntnis und grenzt diese von der Annahme, der Vermutung oder vom Glauben ab. Die pädagogisch-didaktische Kategorie Wissen erweist sich als überaus bedeutsam und facettenreich. Sie beruht auf neuropsychologischen Eigenschaften des Individuums, wird affektiv gespeist und umfasst hauptsächlich das Sammeln und Speichern von Informationen, deren *Bewertung* als Urteilen und deren *Anwendung* als Handeln bezeichnet wird. Jedoch wurde in Kapitel 2 verdeutlicht, dass die Befähigung zur Bewältigung von Herausforderungen mehr als Wissen erfordert. Selbst wenn Wissen als systematisch zusammenhängende Informationen definiert wird, deklaratives (Kenntnisse, Modelle, Theorien) vom prozeduralem (Methoden), konzeptuellem (Zusammenhänge, Wahrnehmungen, Deutungen) und weiteren elaborierten Wissensformen unterschieden wird, und die Relevanz von Wissen für Denken und Handeln einleuchtet, bleibt eine Erkenntnislücke. Darüber hinweg helfen auch keine Erklärungsversuche, dass prozedurales Wissen in kognitiven Netzwerken organisiert sei und *„den Individuen erfolgreiches Handeln und Lernen"* ermögliche (Richter 2008: 424).

☞ Wie sich auch immer bemüht wird: Wissen bleibt Wissen! Für die menschliche Befähigung des ganzheitlichen, komplexen und zielgerichteten Zusammenwirkens von *Wissen, Wollen, Handeln* und *Reflektieren* gibt es einen anderen Begriff, den der Kompetenz.

Hinzuzufügen ist, dass Wissen – wenn es kein „totes Wissen" sein soll – nach Anwendung strebt, was das Bemühen, (erforschtes) Grundlagenwissen zur Anwendung zu entwickeln, belegt. Obwohl in der Wissenschaft die Bereiche Grundladenforschung und Entwicklung weitgehend voneinander getrennt sind, offenbart sich auch dort, dass die Nutzung und Weiterentwicklung durch die Anwendungen definiert sind und der Erwerb von Grundlagenwissen die wesentliche Vorstufe darstellt. Ebenfalls entsteht eine Fülle neuer Erkenntnisse, im Zusammenhang mit zielgerichteten Entwicklungsprozessen, wie die Vielzahl angemeldeter Patente belegen. Ein mit Innovationen einhergehender Pioniergewinn motiviert zur Entwicklung neuer Produkte, sichert die Marktstellung und motiviert dazu, den Vorsprung im Wissen und Können aufrecht zu erhalten.

Zur Festigung des Begriffs Wissensgesellschaft hat Daniel Bell (1975) mit seinem Entwurf der *nachindustriellen Gesellschaft* erheblich beigetragen. Diese definierte er in doppelter Hinsicht: einerseits, weil Neuerungen mehr und mehr von Forschung und Entwicklung getragen würden, andererseits weil die Gesellschaft immer mehr Gewicht auf das Gebiet des Wissens lege (Bell 1975: 219). Wissen definierte er als „Sammlung in sich geordneter Aussagen über Fakten oder Ideen, die ein vernünftiges Urteil oder ein experimentelles Ergebnis zum Ausdruck bringen" und anderen durch ein Kommunikationsmedium übermittelt werden. Damit grenzte er den Wissensbegriff von belanglosen Informationsgehalten (Neuigkeiten, Nachrichten, Unterhaltung) ab und konkretisiert, dass es sich bei dem vom ihm gemeinten Wissen um neue Urteile (aus Forschung und Wissenschaft) oder um die Neuinterpretation vorhandener (älterer) Ansichten in Lehrbüchern und Unterricht handele. In Anlehnung an Machlub (1962: 21.f), von der Bedeutung des Gewussten für den Wissenden ausgehend, unterschied er die fünf Wissensformen: Praktisches Wissen, intellektuelles Wissen, Wissen zum Zeitvertreib und zur Zerstreuung, geistiges Wissen und Zufallswissen (Bell 1975: 180).

In ähnlicher Weise – das Gewusste und den Zustand des Wissens einbeziehend – verfährt Robert Lane, beim Versuch seiner erkenntnistheoretischen Fundierung des Begriffs der Wissensgesellschaft. In einem „ersten annähernden Definitionsschritt" bezeichnet er diese als Gesellschaftsformation, deren Mitglieder im Vergleich zu anderen Gesellschaften

a) „die Grundlagen ihrer Ansichten über Mensch, Natur und Gesellschaft erforschen;
b) sich (vielleicht unbewusst) von objektiven Maßstäben der Richtigkeit und Wahrheit leiten lassen und sich auf höheren Bildungsebenen bei Untersuchungen an wissenschaftliche Beweis- und Schlussfolgerungen halten;
c) beträchtliche Mittel für diese Untersuchungen aufwenden und sich so ein umfangreiches Wissen aneignen;

d) ihr Wissen im Bestreben zusammentragen, ordnen und interpretieren, um es sinnvoll auf die von Fall zu Fall auftauchenden Probleme anzuwenden und
e) dieses Wissen darüber hinaus dazu einzusetzen, um sich über Ihre Wertvorstellungen und Ziele klar zu werden, um sie voranzutreiben (oder gegebenenfalls zu modifizieren) ..." (Lane 1966: 21, zitiert nach Bell 1975: 181).

☞ Damit wird deutlich, dass das Zusammentragen, Ordnen und Interpretieren von Wissen mit dem Ziel der Lösung realer Probleme begründet wird (d), wobei Werte einzubeziehen sind (e). Dies entspricht dem vom Autor in Kapitel 2 entfalteten Kompetenzkonstrukt als zielgerichtetes Zusammenwirken von qualitativem Lernen (Wissenserwerb) und systemischem Gestalten (Können) und bekräftigt die Anwendungsbezogenheit von Kompetenzentwicklungsprozessen.

☞ In diesem Sinne definierte Bell die Technologie (griech. τεχνολογία *technologia* = die Herstellungs- oder Verarbeitungslehre) als die Achse der postindustriellen Gesellschaft und Wissen als das fundamentale Hilfsmittel (edd. 218). Deshalb umschreiben Wissen und Wissenserwerb, in allen genannten anspruchsvollen Formen nur einen wesentlichen Teil und das als *Wissensgesellschaft* Gemeinte kann nur die Kompetenzgesellschaft sein.

☞ Zu vermuten ist, dass Daniel Bell die Kompetenzgesellschaft meinte. Im Kapitel „Wer hat die Macht" (1975: 257 ff.) erläutert er deren legitimatorische Grundlagen der nachindustriellen Gesellschaft, in der „technisches Können die Grundlage und Bildung den Zugang zur Macht" darstellen. Hier wird „dem Können" der neuen Eliten eine große Bedeutung zugewiesen: Die Grundlagen von Macht und Status bildeten das Eigentum, aber auch die politische Stellung und das Können. Der Zugang erfolge traditionell über das Erbrecht, aber auch über das politische Amt und Mitgliedschaften, wobei die Bildung die wesentliche Voraussetzung bildet (ebd. 260 f.). Ebenfalls werden bereits bei der Darstellung der Industriegesellschaft, die er in Anlehnung an Saint-Simon als Technokratie beschreibt, in der „die Gesellschaft ihre Bedürfnisse formuliert und die Produktivkräfte zu deren Befriedigung organisiert", zwei Elemente als konstitutiv erachtet: Wissen und Organisation. Organisation wird im Zusammenhang mit der Funktionalität komplexer Systeme erläutert, in denen „jeder einzelne eine seiner Kompetenz gemäße Aufgabe" erfülle. Weiterhin begründet er die Autorität (den Führungsanspruch) der Führungseliten über deren Kompetenz, die aus deren Wissen und Können erwachse (ebd. 81 f.). In diesem Sinne wird Kompetenz als die „Conditio sine qua non", als unumgängliche Bedingung oder unerlässliche Voraussetzung für „Rang und Stellung" bezeichnet (ebd. 261).

Auf der Suche nach *jüngeren Akteursmodellen* geraten die drei Arbeitstypen von Robert Reich (1993: 191ff., 196ff.; routinemäßiger Produktionsarbeiter, kundenbezogener Dienstleister, Symbolanalytiker) in den Fokus der Betrachtung. In seiner Analyse über die Zukunft der Arbeit in den Vereinigten Staaten von Amerika definiert er drei funktionale Kategorien, von denen die dritte im Rahmen der Thematik als bedeutsam erscheint. Der Reich'sche *Symbol-Analytiker* kann hier nur kurz umrissen werden. Er beschreibt die sich im Zusammenwirken von technologischen Entwicklungen, systemischen Rationalisierungen (lean management, lean production) und der marktliberalen Globalisierung herausgebildete neue Arbeitselite. Diese erledigt Problemlösungen, -identifizierungen und strategische Vermittlungstätigkeiten in nahezu allen Bereichen (Technik, Wirtschaft, Forschung, Entwicklung, Produktion, Kultur usw.). Die spezifische Befähigung beim Lösen, Identifizieren und Vermitteln von Problemen, wird von Reich (ebd. 199) als Manipulation von Symbolen bezeichnet, die sie mit analytischen Werkzeugen (z.B. „mathematische Algorithmen, juristische Argumente, Finanztricks, wissenschaftliche Regeln, psychologische Kenntnisse" usw.) – geschärft durch Erfahrungen – ausführen. Wenn sie sich nicht gerade mit ihrem Team beraten, sitzen sie vor dem Computer, prüfen Verträge, Modelle oder Konstruktionen, testen Hypothesen, gestalten Designs oder entwerfen Strategien (ebd. 200).[11] Die angedeuteten Tätigkeitsprofile offenbaren die Beherrschung nahezu aller Kompetenz relevanter Befähigungen. Symbolanalytiker erschließen Wissen, um es anzuwenden und zu vermarkten. Sie beherrschen sowohl die Anwendung und Weiterentwicklung neuer Erkenntnisse und Technologien als auch Formen der sozialen Kommunikation. Lediglich ihre moralische Kompetenzdimension erscheint unterentwickelt. So beschreibt Reich symbolanalytische Dienste, die ohne die Systemanalytiker nicht erforderlich seien und bescheinigt Kurzsichtigkeit im Rahmen eines hochprofitablen Verhaltens (ebd. 219).[12]

Ein nicht mehr ganz so junges aber zutreffendes Akteursmodell entwirft Schumpeter (1912; 2006: 172, 147, 152-153) mit dem dynamischen Unternehmer. Dieser nimmt herausfordernde Situationen wahr und realisiert entsprechende Bewältigungsschritte,

---

[11] Reich registriert eine atemberaubende Expansion des (als funktionale Kategorie 3 bezeichneten) System-Analytikers gegenüber dem routinemäßigen Produktionsarbeiter (1) und dem kundenbezogenen Dienstleister (2). Bereits Bell (1975; 142) hatte den qualifikatorischen Wandel in den Vereinigten Staaten hin zu einer „Gesellschaft von Kopfarbeitern" registriert und einen Anstieg auf 50 % beziffert (1980). Reich (ebd. 216) belegt den Zuwachs der neuen Qualität am Beispiel der symbolanalytischen juristischen Dienste (zwischen 1971 bis 1989) mit 300 %, während die Bevölkerung im gleichen Zeitraum nur um 20 % gewachsen sei. Für New York City dokumentiert er im Zeitraum (zwischen 1958 und 1984) einen Rückgang von 600.000 Routinearbeitsplätzen bei einem gleichzeitigen Anstieg der symbolanalytischen Dienste um 700.000 (ebd. 302). Ganze systemanalytische Zonen entstanden, in denen sich die Erfahrungen im Identifizieren und Lösen von Problemen im besonderen Maße entwickelten (ebd. 269).

[12] Hinsichtlich der aktuellen (2008er) Verwerfungen auf dem Finanzmarkt wirken einige Passagen wie Menetekel für eine von Systemanalytikern verursachte Weltfinanzkrise.

die ihn erfolgreich werden lassen und die Wirtschaft vom statischen in den dynamischen Zustand überführt.

3.2 Selbstorganisationspotentiale: Zwischen Marktliberalität und Emanzipation

Andererseits wird die umrissene Gesellschaftsformation einer *Kompetenzgesellschaft* von kritischen Autoren als marktliberales Transformationsprojekt bewertet. Als Begründung wird angeführt, dass die Verantwortung für den Erwerb von Kompetenzen von den Institutionen (Betriebe, Unternehmen, Staat) auf die Individuen selbst verlagert worden sei. Als Beleg wird die historische Entwicklung von Kompetenz über die Stationen Qualifikation und Schlüsselqualifikation erörtert. Im Rahmen des sich wandelnden Berufswissens charakterisiere sich der Qualifikationsbegriff über die Merkmale „feste Ausbildungsberufe mit klar definierten ... Einzelfertigkeiten", der Schlüsselqualifikationsbegriff über die Merkmale „einzelberufliche Fähigkeiten plus übergreifende Fähigkeiten" und der Kompetenzbegriff über die Merkmale „Selbstorganisation und Selbststeuerung". Damit wird die Befähigung zur Selbstorganisation zu Recht als konstitutives Merkmal der Kompetenzgesellschaft hervorgehoben (Höhne 2006: 300f.). Jedoch wird diese zu stark in Abhängigkeit marktliberaler Arbeits- und Produktionsverhältnisse bewertet. Kritisiert wird, dass der Subjektstatus direkt an funktional verwertbare Kompetenzen gebunden (z.B. Kommunikations-, Teamfähigkeit) werde, was nicht dem Subjektverständnis eines aufgeklärten zur individuellen Entfaltung gekommenen Selbst entspräche, wie er dem klassischen Bildungsgedanken zugrunde liege. Vielmehr seien die Kompetenzsubjekte der Wissensgesellschaft „quasi sich selbst organisierende ‚Maschinen', die in zahllosen ... Kontexten flexibel agieren und adaptiv erfolgreich handeln können" (ebd. 301f). Leider wird in dieser Analyse die aufgrund technischer und arbeitsorganisatorischer Entwicklungen mögliche und erforderliche Symbiose von Wissen und Können, die eine neue Dimension des Theorie-Praxis-Verhältnisses innoviert, alleine unter dem Fokus marktliberaler Entwicklungen der letzen Jahrzehnte betrachtet. Selbststeuerung und Eigenständigkeit werden als das Ergebnis der Zurücknahme des Staates und der Individualisierung von Verantwortung (dem „in die Pflicht nehmen des Einzelnen") im Rahmen von Deregulierung und Liberalisierung verstanden und weniger aus einer pädagogischen Perspektive. Hingegen sollte die kompetenztheoretische Bedeutung der Selbsttätigkeit, im Sinne des hier vertretenen Kompetenzverständnisses, aus der individuellen oder kollektiven Perspektive bewertet werden. Selbst- und Eigenständigkeit (dazu Kap. 9.7 Das konstitutive Prinzip Selbsttätigkeit, S. 158 ff.) definiert sich als wesentliche Eigenschaft des (relativ) autonomen Subjekts, das „aktiv am praktischen und kulturellen Leben teilnimmt" (partizipiert), bewusst entsprechende Aufgaben in Angriff nimmt und diese „zusammen mit anderen eigenständig und schöpferisch realisiert" (Tomaszewski 1978: 16). Damit wird der Kompetenzerwerb von der Anleitung (Dominanz, Bevormundung) der Lehrenden befreit und die Selbsttätigkeit als Erscheinungsform des emanzipatorischen Lernens begründet. Lerntheoretisch überwindet selbsttätiges Lernen instruktiv eng geführtes Lernen, wenn sich der Lernende über die Beherrschung von Formen des „Lernen des Lernens" bis zur eigenständigen Steuerung des Lernprozesses entwickelt hat (Jung 2008c: 194.f.). Diese emanzipatorische Bedeutung der Selbsttätigkeit ist weitgehend unabhängig von den Koordinationsprinzipen des Wirtschaftsprozesses und vom jeweiligen Mainstream soziologischer Welterklärungen.

☞ Damit kennzeichnet der wahrgenommene aktuelle Transformationsprozess der Informationsgesellschaft zur Wissensgesellschaft eigentlich die Transformation der Qualifikationsgesellschaft in die Kompetenzgesellschaft, mit allen in Kap 2. definierten Gemeinsamkeiten und Unterschieden. In diesem Sinne wäre es nicht richtig, die Wissensgesellschaft als „moderne Form der Kompetenzgesellschaft" zu bezeichnen (Erpenbeck/v.Rosenstiel 2007: XIX, Fn. 4).

3.3 Kompetenzerfordernis als Resultat arbeitsweltlicher Veränderungen

Im Gegensatz zur erläuterten Begründung stellt die registrierte Erweiterbarkeit und Flexibilisierung ehemals statischer Arbeitsinhalte das Ergebnis dynamischer technologischer und arbeitsorganisatorischer Entwicklungen dar. Zugegebenermaßen ging technischer Fortschritt und seine Beherrschbarkeit schon immer mit Chancen, Herausforderungen und Ängsten einher. Wurden die auf die Arbeitswelt bezogenen Debatten der jüngeren Vergangenheit (Humanisierung, Automatisierung) eher aus einer nationalen Perspektive und dem klassischen Muster des Widerspruches zwischen Kapital und Arbeit heraus geführt, ergeben sich in den letzten Jahren internationale Herausforderungen, die die alten Gegensätze abgemildert erscheinen lassen. So drehte es sich bereits in der Automatisierungs-/Qualifizierungsdebatte der 1980er Jahre um die Frage, ob aus den Folgen des technischen Fortschritts eine Qualifizierung der Arbeitnehmerschaft zur Beherrschung neuer Technologien oder deren weitestgehende Dequalifizierung resultiere (Rolff 1989: 14f.). Ex post hat sich die Analyse Baethges bestätigt, dass neue Technologien zusätzliche Qualifizierungen vieler Arbeitnehmer ermöglichten. Er sah die zukünftigen qualifikatorischen Erfordernisse unter dem Imperativ einer effizienten Nutzung, der am besten durch qualifizierte Arbeitskräfte innerhalb einer intelligenten und dynamischen Arbeitsorganisation nachzukommen sei. Entgegen den Inhalten tayloristischer Arbeitsorganisation liege die Vermutung nahe, dass neue Technologien integrative Arbeitsorganisationskonzepte provozierten oder zumindest begünstigten; mit den neuen Produktionskonzepten Neubewertungen des menschlichen Faktors und veränderte Nutzungsstrategien der Arbeitskraft einhergingen; die „Entfaltung der Qualifikations- und Handlungskompetenzen der Arbeitskräfte" und nicht mehr deren weitgehende „Strangulierung" Gegenstand der neuen Rationalisierungsprogramme seien (Baethge 1988: 10).

Nun hat sich seit dieser Zeit arbeitstechnologisch und arbeitsorganisatorisch Vieles verändert. Durch die Lean Production/Lean Management Konzepte wurde schmerzvoll erfahren, dass „opulente" Systeme der neuen Qualität des globalen Wettbewerbs nicht gewachsen waren. „Von jedem die Hälfte": in Produktentwicklung, Produktion und Vertrieb hatte die MIT-Studie (Womack u.a. 1992: 19) einst das Credo der „Schlanken Produktion" kreiert. Teamarbeit, ausgeprägte Kommunikations- und Informationsmöglichkeiten sowie die Delegation von Verantwortung waren die wesentlichen Kennzeichen der neuen Rationalisierungsstrategie, die im Bereich der Fertigung die Effizienz von Aufgabenintegration, Gruppenarbeit und permanente Verbesserungsaktivitäten in den Vordergrund rückten, aber nicht als Strategie zur *Humanisierung der Arbeit* zu verstehen war (Jung 1999 a: 14). Auf der betrieblichen Ebene erfolgte eine Konzentration auf die Kernbereiche der Wertschöpfung, mit möglichst geringem personellem, zeitlichem und maschinell-instrumentellem Aufwand (Schmitz/Schultetus 1992: 17). Den gegenwärtigen Zustand beschrieb Baethge (1999: 30), als „Trend zu qualifizierenden und wissensbasierten Tätigkeiten", die auf die intrinsische Motivation der Beschäftigten setzten, da diese mit tayloristischen Methoden nicht führ- und kontrollierbar seien.

In der Folge der hauptsächlich von der Mikroelektronik und ihren Anwendungen getragenen technologischen Veränderungen (Computertechnik, Steuerungs- und Regelungstechnik, Automatisierungstechnik) fielen viele der monotonen, routinemäßigen Arbeitsplätze der Massenproduktion, der Automation und Rationalisierung zum Opfer. Darüber hinaus sahen sich die Standorte und ihre Arbeitsplätze im Rahmen von Europäisierung und Globalisierung einem immer schärfer werdenden internationalen Wettbewerb ausgesetzt, bei dem niedrige Arbeits-, Sozial- und Umweltkosten wesentliche Entscheidungsgrundlagen für den Export von Arbeitsplätzen bildeten. Da sich die Massenproduktion auf niedrigem Qualifikationsniveau weitgehend in Billiglohnländer verlagerte, konzentrierten sich die so genannten „reifen Volkswirtschaften" auf die Bereitstellung kreativer Arbeitsleistungen, die Konzeption und Herstellung „von Hochleistungsprodukten der Nischenproduktion" (dazu Reich 1996). Gemeint sind z.B. die Umwelt- und Energietechnik, die Prozesstechnik, der Anlagenbau, die Chemie- und Kraftfahrzeugtechnik. Ein erfolgreiches Agieren unter den beschriebenen Rahmenbedingungen erfordert die Beherrschung von Formen effizienten und kreativen Arbeitens aller betrieblich Beteiligten.

Wer angesichts dieser Entwicklungen die Befähigung zur Selbstorganisation als konstitutives Merkmal der Kompetenzgesellschaft alleine unter marktliberalen Arbeits- und Produktionsverhältnissen bewertet, verkennt, dass der Wandel der Leitbegriffe (Qualifikation – Schlüsselqualifikation – Kompetenz) die Entwicklungen des technologischen und arbeitsorganisatorischen Wandels sowie dessen qualifikatorische Folgen widerspiegelt. Standen zu Zeiten der Taylorisierung von Arbeit (dazu Volpert 1975: 22 ff.) und der Automatisierung ganzheitlicher Arbeitsprozesse durch Fließbandproduktion der Erwerb genau definierter Fertigkeiten und Kenntnisse über den Produktionsprozess und des von der Leitungsperson (Meister) definierten „besten Weges" im Mittelpunkt des Einübungsprozesses, so wurden über die verschiedenen Überwindungsstrategien immer mehr Intensifikationspotentiale erschlossen. Aus einer kritischen Perspektive analysierte Volpert drei Erweiterungs-/Überwindungsstufen der tayloristischen Arbeitsorganisation, in denen über eine intensivere Einbeziehung des menschlichen Faktors weitere Intensifikationspotentiale erschlossen wurden (ebd: 31- 60).

1. Individualwissenschaftliche Stufe: „Auf die Eigenschaften und Bedingungen des Individuums orientiert; vorwiegend auf Arbeitsphysiologie, Arbeitstechnik und (Individual-)Arbeitspsychologie (Anpassung an körperlich-geistige Leistungsbereitschaft/-fähigkeit; Personalauslese/einsatz) sowie auf Arbeitspädagogik bezogen (Lernen am Arbeitsplatz: Anlernung, Training, Übung)."

2. Gruppenwissenschaftliche Stufe: „Auf Gruppenbeziehungen, Betriebsklima (Interessen, Motivationen), Arbeitsorganisation orientiert; Personalführung (Führungsstil) und Arbeitsmotivation sind zentrale Themen, die die Arbeitssoziologie (Betriebs-/Industriesoziologie) und Sozialpsychologie fordern."

3. Aktionswissenschaftliche Stufe: Diese Orientierung „erhebt den Anspruch, die menschlichen Bedürfnisse umfassend abzudecken, auf Wohlbefinden und Persönlichkeitsförderlichkeit ausgerichtet; Erweiterung des Handlungs-/Tätigkeitsspielraumes, neue Formen der Arbeitsgestaltung/Arbeitsorganisation, Qualifikationsabsicherung/-erweiterung als Themen, die die Arbeitspsychologie, -soziologie und Arbeitspädagogik ebenso fordern wie organisations- und betriebswissenschaftliche Zugänge."

Abb. 3.1: Erweiterungsstufen tayloristischer Arbeitsorganisation (Schweres/Laske 1985: 373)

Damit erhebt die dritte Erweiterungsstufe den Anspruch, menschliche Bedürfnisse in Arbeitsprozessen angemessen zu berücksichtigen. Sie ist auf Kategorien der sozialwissenschaftlich orientierten Arbeitswissenschaft ausgerichtet, strebt nach Erweiterungen von Handlungs-/Tätigkeitsspielräumen, nach neuen Formen der Arbeitsgestaltung/Arbeitsorganisation, Qualifikationsabsicherung/-erweiterung usw. (ebd.). Hier stellt sich die Frage, ob die *Befähigung zur Selbstorganisation* noch Teil dieser Erweiterungsstufe sein kann oder bereits eine neue auf den *Kompetenzerwerb* bezogene Erweiterungsstufe der Erschließung menschlicher Intensifikationspotentiale eingeleitet wurde.

> Flexibel agierende und adaptiv erfolgreich handelnde Subjekte, die individuell und/oder kollektiv eigen- und selbständig Herausforderungen bewältigen, die dazu erforderliche Motivation bereitstellen, Wissen und Können aneignen, erweitern und die Ergebnisse und den Gesamtprozess reflektieren.

Abb. 3.2: Die kompetenzwissenschaftliche Erweiterungs-/Überwindungsstufen

Die Bewertung des vorangestellten Prozesses verdeutlicht, dass sich die ehemaligen Verrichter repetitiver Teilarbeit zu Nutzern und Anwendern ganzheitlicher Formen der Arbeitsgestaltung verwandelten. Diese Arbeitsformen sind durch horizontale und vertikale Aufgabenerweiterungen und dem Einbezug ehemaliger Vorgesetztentätigkeiten (Planung, Kontrolle) in das Tätigkeitsspektrum gekennzeichnet. Dadurch wurden die Arbeitnehmer zu Anwendern neuer Technologien im Rahmen einer immer komplexer werdenden Arbeitsorganisation. Diesen Prozess, den kritische Autoren unter dem Aspekt des systematischen Erschließens neuer menschlicher Intensifikationspotentiale analysiert haben (Volpert 1975: 33 ff.), beinhaltet auch die Überwindung des begrenzten Taylorschen Menschenbildes, die Trennung von ausführender und disponierender und kontrollierender Arbeit und umfasst damit die Rückführung auf das Ideal einer ganzheitlichen und sinnhaften Arbeitsverrichtung, natürlich auf dem gegenwärtigen technischem Niveau und in dessen permanenter Erweiterung.

3.4 Kompetenzentwicklung als Gattungsmerkmal

Eine genetische Betrachtung des Begriffsinhalts und der Prozesse der Kompetenzentwicklung verdeutlichen, dass es sich um Alleinstellungsmerkmale der Gattung Mensch handelt. Diese kennzeichnen sich durch den Erwerb, die Anwendung und Weiterentwicklung von Aspekten des Wollens, Wissens und Könnens, setzen an der Reflexion bestehender Umstände an und sind durch einen dynamischen Charakter gekennzeichnet, der angemessene und flexible Reaktionen auf wahrgenommene Herausforderungen ermöglicht. Damit bildet Kompetenzerwerb in der in Kap. 2

begründeten Weise den Schlüssel für alle problemlösenden und innovativen Prozesse. Er basiert auf dem Wollen und der Bereitschaft problemlösendes Denken und Handeln anzuwenden und weiter zu entwickeln, um so die implizierte Herausforderung überwinden bzw. abmildern zu können.

Aus der menschheitsgeschichtlichen Betrachtung umschreiben die permanenten Entsagungen in der steinzeitlichen Behausung, die Widrigkeiten der Versorgungs- und Gesundheitslage und die Angst vor Mensch, Tier und den Naturgewalten die Grundherausforderungen, die den Menschen (langsam, aber stetig) zu einer unbegrenzten Fülle von Kompetenzentwicklungsprozessen motivierten. Das Bestreben nach Überwindung des Mangels und der Unsicherheit wurden alsbald durch das Streben nach Welterklärung und -beherrschung ergänzt, das den Menschen zu immer komplizierteren Lern- und Entwicklungsprozessen befähigte, die ihn bis hin zur Entschlüsselung des Genoms, dem Inneren des Atomkerns und an die Grenzen der eigenen Galaxie vordringen ließen. Da entsprechende Kompetenzentwicklungsprozesse die Bereitstellung von Ressourcen erforderten, wurde die Verwertbarkeit der erzielten Ergebnisse angestrebt. Damit traten ökonomische Interessen immer mehr in den Vordergrund.

☞ Im hier aufgezeigten Sinne kennzeichnet sich Kompetenz als gattungsspezifische Eigenschaft, die in Aktivierung individueller und/oder kollektiver Befähigungen und deren zielgerichteten Einsatz, Problemlösungen, Optimierungen und Weiterentwicklungen bestehender Zustände ermöglicht. Dabei wirken Aspekte des Wollens, Denkens, Handelns sowie des Reflektierens im Rahmen bestehender Möglichkeiten und in deren Weiterentwicklung (subjektive Ebene) zielgerichtet zusammen. Ziel ist die Bewältigung der erlebten Herausforderungen (objektive Ebene).

Jedes Nachdenken über eine verbesserungswürdige Lebenssituation, die Optimierung eines Tätigkeitsvollzugs – und sei dieser noch so trivial – wird dann zur Kompetenzentwicklung, wenn das „Neue und Bessere" nicht nur gedacht wird, sondern Wege der Verbesserung realisiert (erprobt, vollzogen, optimiert, reflektiert) werden.

Vom Werkzeuge entwickelnden homo sapiens bis zum biochemischen Genentschlüssler verläuft ein roter Faden permanenter Annahmen wahrgenommener An- und Herausforderungen und der sich daraufhin ergebenden Bewältigungsaktivitäten im Sinne immer komplexer werdender Kompetenzentwicklungsprozesse. Seine Befähigung zur Kompetenzentwicklung war es, die den Menschen der Steinzeit entrinnen und immer neues Wissen und Können aneignen ließen.

Große Menschheitskatastrophen und Verwerfungen wie Kriege, Epidemien, Genozide und Naturkatastrophen konnten die aufgezeigte Entwicklung nicht stoppen.

Im Gegenteil, die damit einhergehenden Herausforderungen, das Streben nach Sicherheit und Macht innovierten vielfältige Kompetenzentwicklungsprozesse.

Aus dieser Perspektive kennzeichnet der derzeitige Entwicklungsstand, mit allen seinen kulturellen, ethischen, technischen und ökonomischen Errungenschaften nur eine Momentaufnahme im Rahmen eines dynamischen Kompetenzentwicklungskontinuums.

3.5 Folgen für das Bildungs- und Ausbildungssystem

Mit der Herausbildung beruflicher Tätigkeiten im Rahmen einer gesellschaftlichen und beruflichen Arbeitsleitung und der Trennung von Lebens- und Arbeitswelt spezialisierte sich das ehemals lebensweltliche Phänomen der Kompetenzentwicklung. Der Kompetenzerwerb verlagerte sich immer mehr in die Arbeits-, Forschungs- und Entwicklungswelt. Produktions-, dienstleistungs- oder forschungsbetrieblich organisiert, konnten erforderliche Ressourcen bereitgestellt und die technischen und ökonomischen Voraussetzungen geschaffen werden, um Kompetenzentwicklungen auf einem immer höheren Niveau zu ermöglichen. Dabei waren entstehende Kosten durch die Marktfähigkeit der Produkte zumeist gewinnbringend zu kompensieren, was die implizierte Dynamik steigerte. Heute konkurrieren die Ergebnisse von Kompetenzentwicklungsprozessen auf globalen Weltmärkten. Deshalb bildet gerade in hoch entwickelten Gesellschaftssystemen, die ihre Lebensqualität über ein hohes Forschungsniveau, einen hohen technologischen Entwicklungsstand sowie die Optimierung von Mensch-Maschinen-Systemen und Arbeitsabläufen sichern, die Befähigung zur Kompetenzentwicklung die wesentliche Individuum bezogene Grundlage, die auch als Humanressource bezeichnet wird.

Im Rahmen der aufgezeigten Entwicklung sind die Gegenstandsbereiche von Kompetenzen in quantitativer (Anzahl, Umfang) und qualitativer Weise (Intensität, Tiefe, Komplexität, Spezialisierung) explosionsartig angestiegen. Kompetenzentwicklung findet in allen Lebensbereichen, Branchen und Fachgebieten statt, die auch als Domänen bezeichnet werden. Das hier erreichte Kompetenzniveau lässt sich nicht mehr über einen festen Kanon fachbezogener Kenntnisse – systematisch und aufeinander aufbauend – und über traditionelle Lehr-Lernformen an die nächste Generation weitergeben (Klieme u.a. 2007: 9). Vielmehr sind im allgemeinen Bildungssystem die Grundlagen (Basiskompetenzen) zu vermitteln, die einen Einstieg in das gegenwärtige Niveau ermöglichen, was sich domänenspezifisch dynamisch weiter entwickelt. Um den zeitgemäßen Anforderungen entsprechen und auf hohem Kompetenzniveau Erfolg versprechend agieren zu können, sind kompetenzförderliche Aneignungsprozesse in allen Bildungs- und Ausbildungsstufen erforderlich, die mehr sind, als Wissensaneignungen. Damit wird das ehemals lebens- und arbeitsweltliche Phänomen der Befähigung zum kompetenten Verhalten zu einer pädagogisch-didaktischen Herausforderung und zu einer wesentlichen Zielsetzung des Bildungssystems. Hier gilt es, wesentliche Grundlagen des Kompetenzerwerbs im Sinne eines „Herausforderungen annehmen und bewältigen" zu erwerben, was wie in Kap. 9 darzustellen ist, besondere Herausforderung an Ausgestaltung und Qualität der Lehr-Lernarrangements stellt. Aus all diesen Gründen verwundert es wenig, dass der Frage nach der Produktivität des Bildungswesens eine immer größere Bedeutung zugemessen wird. Von der Bildungsforschung wird erwartet, dass sie „diese Produktivität messbar macht, Erklärungsmodelle für Verlauf, Effektivität und Effizienz von Bildungsprozessen bereitstellt und Interventionsstrategien wissenschaftlich untersucht". Diese Anforderungen verdichten sich, je mehr das Bildungssystem selbst zum Gegenstand internationaler Wettbewerbe wird (Klieme u.a. 2007: 5).

☞ Anzumerken bleibt, dass die Schule mit ihren formalen und institutionalisierten Lehr-Lernprozessen (Unterricht) es schwer hat, Dispositionen der Selbstregulation und -organisation didaktisch zu initiieren. Denn echte Kompetenzentwicklung findet eher als Reaktion auf reale Herausforderungen in der Lebens- und/oder Arbeitswelt statt. Im Zeichen lebensweltlicher Herausforderungen wird auch heute ein Normalbürger, weit ab von seinen beruflichen Qualifikationen, z.B. zum Innenausbaufachmann, Spitzenkoch, Spitzenfotographen, Umweltaktivisten, Eventmanager oder Heimatforscher. Dabei eignet er sich Wissen und Können an, um die gestellten An- und Herausforderungen (individuell oder kollektiv) selbständig und selbstverantwortlich zu bewältigen. Orte des Kompetenzerwerbs gibt es viele. Sie lassen sich im Spektrum formal bis informell verorten und umfassen nahezu alle Lebensbereiche.[13]

---

[13] Edelmann/Tippelt (2007: 138) unterscheiden sieben Makroebenen des Kompetenzerwerbs: a) Familie I (Haushalt, Erziehung, Pflege), b) Familie II (Hobby), c) Schule, d) Berufsausbildung, Fort- und Weiterbildung, e) Wehr- oder Zivildienst/freiwilliges, soziales Jahr, f) Arbeitsleben, Praktika, Jobs, g) politisches, soziales oder zivilgesellschaftliches Engagement und h) besondere Lebenssituationen.

4 Der Kompetenzbegriff in der pädagogischen Theoriebildung

4.1 Vertiefende Anmerkungen zur Begriffsgenese

Um den Kompetenzbegriff für eine zeitgemäße Verwendung (Schule, Fachdidaktik, Kompetenzdiagnostik) zu erschließen, ist ein tieferer Blick in die Begriffsgenese erforderlich. Einschlägige Quellen erkennen in Kompetenz keine genuin pädagogische Bezeichnung, sondern einen Begriff, der über andere Wissenschaftsdisziplinen und die Umgangssprache Eingang in das pädagogische Vokabular gefunden hat. Umgangssprachlich bezeichnet Kompetenz eine durch den tatsächlichen Vollzug nachgewiesene Befähigung. Bei aller Vielfältigkeit des mit dem Begriffsgegenstand Verbundenen werden grundsätzlich die beiden (bereits in Kap. 2 erläuterten) Bedeutungen unterschieden, die des *zuständig* bzw. *befugt seins* (Autorität) zu entscheiden, zu beurteilen, zu handeln und die des *fähig seins* im Sinne eines über Fähigkeiten, Fertigkeiten und Kenntnisse zu verfügen (Mulder 2007). Die in Kap 2.3 beschriebenen Akteure haben sich als kompetent erwiesen, da sie die wahrgenommenen Herausforderungen und die an sie gerichteten Aufgaben fachgerecht bewältigten und dabei die erforderlichen Selbstorganisationspotentiale bereitstellten. Entsprechende Urteile („kompetent zu sein") stellen Qualitätslabel dar, die das Wirken der Kompetenzträger von inkompetent Handelnden abgrenzt.

Im historisch-pädagogischen Kontext wird Kompetenz in drei aufeinander aufbauenden und sich gegenseitig bedingenden Erscheinungsformen (Typen) beschrieben:

- als grundsätzliche Veranlagung bestimmte Fähigkeiten ausbilden zu können,
- als mögliche Idealentfaltung des vernunftbegabten Menschen und
- als besondere Vorgabe an die Fähigkeiten eines bestimmten Individuums (Köck/Ott 1994: 377f.).

Während die erste Erscheinungsform, die allen anderen Fähigkeiten zugrunde liegende Disposition der Gattung Mensch umschreibt, spezielle Fähigkeiten entwickeln zu können (prinzipielle Kompetenz, Kompetenz-Kompetenz), beinhaltet die zweite die idealtypische Kompetenzstruktur des „epistemischen Subjekts"[14], die systematisch alle idealerweise möglichen menschlichen Teilkompetenzen umfasst. Da diese Vielfalt der möglichen Kompetenzen (des epistemischen Subjekts) in den einzelnen Individuen unterschiedlich angelegt und ausgeprägt sind, definiert die dritte Erscheinungsform, die der individuellen oder partiellen Kompetenz (Blömeke 2002: 13f.). Diese bezieht sich auf die in der kognitiven Struktur des konkreten Subjekts angelegten speziellen Fähigkeiten („Ebene des konkreten Subjekts"). Die *drei Typen,* auch als *„Kompetenz-Kompetenz, Kompetenz des epistemischen Subjekts* und *individuelle Kompetenz"* bezeichnet, stehen in einem hierarchischen Verhältnis, wobei die jeweils abstraktere Form die konkretere voraussetzt (Heursen 1989: 878f.). So bildet die grundsätzliche Disposition, überhaupt Fähigkeiten zu erwerben (Kompetenz-Kompetenz), die Voraussetzung für die idealtypische Kompetenzstruktur des epistemischen Subjekts, die wiederum die Voraussetzung für die Herausbildung individueller Kompetenz darstellt.

Der Beitrag *Noam Chomskys* (1969: 13 ff.) und der *generativen Transformationsgrammatik* für die theoretische Fundierung des Kompetenzkonstrukts wurde bereits im Rahmen der Unterscheidung zwischen Kompetenz und Qualifikation gewürdigt (s. Kap. 2.4). Dabei wurde Kompetenz als ein kognitives Regelsystem verstanden, mit dessen Hilfe (sprachliche) Handlungen generiert werden. Ebenfalls wurde zwischen der *Kompetenz* eines Sprechers/Hörers *(kognitive Tiefenstruktur)* und dem tatsächlich wahrnehmbaren Sprachgebrauch, der *Performanz,* als der empirisch wahrnehmbaren Oberflächenstruktur, unterschieden (ebd. 30 f.; Heursen 1989: 877). In Lernprozessen wird die Oberflächenstruktur (Performanz) in die Tiefenstruktur (Kompetenz) übergeleitet, die entgegen gerichtete Transformation (Tiefen- in Oberflächenstruktur) erfolgt durch Handlungsprozesse (Köck/Ott 1994: 378). Hinzu kommt, dass Sprache als permanente „Arbeit des Geistes" (Humboldt 1836: 41) vom Sprecher zu erzeugen ist, was immerwährende Erzeugungsprozesse erfordert, in denen sich generative und kreative Elemente synergetisch ergänzen. Im Rahmen der Verfügung über das Regelsystem (Grammatik, Aufbau, Wortschatz) geht es darum, jegliche Gedanken ausdrücken zu können, auf Gehörtes angemessen und flexibel zu reagieren (also zu interagieren), womit sich Sprachkompetenz als generativ, kreativ und interaktionistisch erweist (Vonken 2005: 21).

Andere Autoren erachten die Unterscheidung zwischen Kompetenz und Performanz für die Beschreibung pädagogischer Sachverhalte als wenig brauchbar, da sie einer ungerechtfertigten Trennung von *Wissen* und *Handeln* und einem

---

[14] Epistemologie oder Erkenntnistheorie: theoretische Wissenschaft (nach Piaget), die sich auf die Natur der Erkenntnis bezieht, insbesondere die der wissenschaftlichen Erkenntnis und der logisch notwendigen Wahrheiten.

monadologischen[15] und subjektivistischen Menschenverständnis Vorschub leiste. Diesem Verständnis wird ein weites Kompetenzverständnis, als die *„Zuständigkeit jedes Menschen für mündige Selbstverwirklichung"*, entgegengestellt, die nur in sozialer Interaktion bereitgestellt und handelnd in Anspruch genommen werden könne. Kompetenz sei somit, im Sinne *„prinzipieller Kompetenz"* Grundbedingung von Erziehung. In den Rahmen dieser *„Zuständigkeiten"* werden auch Ergebnisse von Lernprozessen angesehen, die eine Inanspruchnahme der prinzipiellen Kompetenz erst ermöglichten (*partielle Kompetenzen*). Beide Kompetenzarten bildeten die Grundlage der Erziehung im Rahmen kommunikativer Prozesse (Michel 1977: 178f.).

☞ Damit ist von der Existenz eines weiten und eines engen Kompetenzverständnisses auszugehen, die sich gegenseitig zu beeinflussen und wechselseitig zu bedingen scheinen. Das weite Verständnis kennzeichnet sich durch seinen emanzipatorischen Charakter, der Kompetenz als ein Potential *„mündiger Selbstverwirklichung"* versteht, das nur in sozialen Kontexten bereitgestellt und handelnd realisiert werden kann. Der engere (transformative) Begründungspfad orientiert sich an der linguistischen Unterscheidung zwischen Kompetenz und Performanz (Kap. 2.4). Dabei beschreibt die *Transformation* zwischen der Tiefenstruktur (Kompetenz) und der Oberflächenstruktur (Qualifikation) ein *„Regelwerk"*, welches von *individuellen Mustern* (Motivation, Intentionalität, Wissensbestand) und den *gesellschaftlichen Bedingungen* (Normen, soziale Handlungserwartungen, institutionalisierte Kommunikationsmuster) beeinflusst wird. Handeln kann deshalb nicht als ungebrochene Umsetzung von Kompetenz verstanden werden. Vielmehr wird es durch die genannten „dazwischen liegenden Prozesse" (gesellschaftlichen Bedingungen, Sozialisation, Erziehung) sowie die vielfältigen individuellen Muster (Intelligenz, Motivation, Rollenerwartung) beeinträchtigt (Blömeke 2002: 14). Die interindividuell unterschiedlich ausgeprägten anthropologischen, psychischen und sozialen Variablen des Transformationsprozesses bedingen individuell verschiedene Ausprägungen. Wenn die Überführung der Tiefenstruktur in die Oberflächenstruktur *Handlungen* hervorbringt und die Überführung der Oberflächenstruktur in die Tiefenstruktur *Lernen* beschreibt, dann sind es die interindividuell unterschiedlichen Ausprägungen der genannten Variablen und die verschiedenen Transformationsprozesse, die abweichende Ausprägungen im Lernen und Handeln bewirken. Handeln konstituierte sich im Rahmen des Transformationsprozesses, wenn *„über die Veränderung der ... individuellen, gesellschaftlichen und situativen Bedingungen"* auch die Veränderungen in der Oberflächenstruktur (Qualifikation) angestrebt wurde. Damit definiert

---

[15] Monadologie: Lehre von den Monaden oder einfachen Substanzen (nach Leibniz), Kernstück seiner Philosophie.

sich Lernen als der Aufbau und die Erweiterung der *„kognitiven Struktur von Individuen durch deren Auseinandersetzung mit der naturalen und sozialen Umwelt"* (Heursen 1989: 879, dazu Lenzen 1976: 12f., 14f.). Diese Erklärung deckt sich mit Erkenntnissen der *kognitiven Entwicklungspsychologie*, die die Entwicklung des Denkens als Interaktionsprozess des Lernenden mit seiner Umwelt begreift. Piaget nahm an, dass sich die kognitive Struktur eines Individuums in Wechselwirkung zwischen der *Assimilation* von Erfahrungen an vorgegebenen Umweltstrukturen und der Erweiterung und Überwindung dieser Umweltstrukturen durch Angleichung *(Akkommodation)* entwickele (Piaget 1967: 10f.). Die Tätigkeit und Wirkung des Subjekts auf die Umwelt (Assimilation) und die Wirkung der Umwelt auf das Subjekt (Akkommodation) bilden demnach die zentralen Phänomene, die die Herausbildung von Kompetenz als Interaktionsprozess des Menschen mit seiner Umwelt ermöglichen (Blömeke 2002: 14).

Ebenfalls wurde bei der *Klassifikation* von Kompetenzen auf unterschiedliche Dimensionen verwiesen. So falle dem *Vernunft begabten Subjekt* im Rahmen seiner Entwicklung die Aufgabe zu, Kompetenz in dreifacher Weise zu entfalten: als *operative Kompetenz, moralische Kompetenz* und als *kommunikative Kompetenz* (Köck/Ott 1994: 377). Die *operative Kompetenz* basiert auf Arbeiten von Piaget, der im Rahmen der Intelligenzentwicklung zwischen *prä-operationaler, konkret-operationaler* und *formal-operationaler Kompetenz* unterscheidet, die zugleich als Subdimensionen der operationalen Kompetenz begriffen werden können.

Kommunikative Kompetenz	
Dimension	**Inhalt**
linguistische Dimension	Verstehen und Anwendung von Sprache, gemäß ihren Regeln
sozial-praktische Dimension	Situations- und Interaktionspartner, angemessene Verwendung der linguistischen Dimension
kritische Handlungsdimension (mit emanzipatorischer Intention)	urteilendes entscheidendes, verantwortendes Distanzieren vom Inhalt und der Beziehungsstruktur der Kommunikationssituation
Inhaltsdimension	Wissen über den Kommunikationsgegenstand

Abb. 4.1: Vierdimensionen Modell der kommunikativen Kompetenz (Michel 1977: 178f.)

Das Konzept der *moralischen Kompetenz* wurde von Kohlberg (1974) in Anlehnung an Piaget entwickelt, der die Entwicklung des moralischen Bewusstseins ebenfalls in mehrere Stufen gliedert (Hauptstufen: vormoralische Phase, vorkonventionelle Phase, konventionelle Phase, postkonventionelle, autonome oder Prinzipien geleitete

Phase; Heursen 1989: 880f). Hinsichtlich einer pädagogisch verwendbaren Konzeption einer *kommunikativen Kompetenz* wurden die gleich lautenden Begriffe der Pragma- und Soziallinguistik (Nündel, Wunderlich, Hymes), der Mediendidaktik (Baacke), der Soziologie (Bandura) und der Sozialphilosophie (Habermas) integriert.

Weitere in der Tradition Chomskys stehende sozialwissenschaftliche Ansätze der Entwicklung kommunikativer Kompetenz dokumentiert Vonken (2005: 21 ff.):

- Habermas (1990: 102), dem die Unterscheidung zwischen Sprachkompetenz und Sprachperformanz als „zu roh" erscheint, erweitert das Kompetenzverständnis Chomskys, über das dargestellte Bewältigen des Regelsystems hinaus, um das Generieren entsprechender Situationen. Damit umfasst der Kompetenzbegriff individuelle, sozial-interaktive und generative Aspekte sozialer Interaktion (ebd. 114).

- Darüber hinausgehend erweitert Baacke (1980: 261ff.) – in Beibehaltung der Trennung zwischen Kompetenz und Performanz – ebenfalls den engen Rahmen Chomskys. Er löst die kommunikative Kompetenz aus ihrer engen Verknüpfung mit Sprache und ergänzt sie um andere Arten des Verhaltens (Gesten, Gebärden, Handeln). In dem er kommunikative Kompetenz als Verbindung von Sprachkompetenz und Verhaltenskompetenz definiert, überragt er den von Habermas vorgegebenen Rahmen.

- Vor dem Hintergrund der in den 1970er Jahren populären Kritischen Theorie, die ein kritisch-reflexives Verhältnis zwischen Individuum und Gesellschaft betonte, entwarf Geißler (1974: 33f.) das Konzept der kritischen Kompetenz für die Berufserziehung. Dabei verband er die Kritikfähigkeit als interaktionistisches Handlungselement mit dem Wissen um Verfahrensweisen des Kritisierens. Grundelemente des Ansatzes bilden die Wahrnehmung der Situation und die Möglichkeiten ihre Veränderung durch Erkenntnis und Kritik der gesellschaftlichen Eingebundenheit des Individuums (Bohlinger 2007/8: 120). Bereits hier verdeutlichen sich die Kompetenz konstituierenden Elemente der Annahme herausfordernder Situationen sowie der Aneignung von Wissen und Können im Rahmen interaktiver Prozesse. Ebenfalls verweist die Einteilung des Leitbegriffs (Kritikkompetenz) in eine kritisch-reflexive Kompetenz, kritisch-soziale Kompetenz und kritisch-instrumentelle Kompetenz auf spätere Differenzierungen.

Eine grundlegende Prägung für den weiteren pädagogischen Umgang mit dem Kompetenzkonstrukt erfolgte durch Heinrich Roth, der den Kompetenzbegriff als Element einer emanzipatorischen Erziehung erschloss (dazu Kieme/Hartig 2007: 19). Im zweiten Band seiner *„Pädagogischen Anthropologie"* definierte er die

Mündigkeit (*„Kompetenz für verantwortliche Handlungsfähigkeit"*) als *„freie Verfügbarkeit über die eigenen Kräfte und Fähigkeiten für jeweils neue Initiativen und Aufgaben"* (Roth 1971: 180). Alles Reifen des Menschen sah er unter dem Aspekt der Entwicklung von Handlungsfähigkeit, als deren höchste Form er die moralische sah. In Verbindung mit den Zielen Mündigkeit und Selbstbestimmung ging es ihm nicht um Anpassung an vorgegebene Moralordnungen, sondern um den Erwerb der Befähigung „zu verantwortlichem, mündigem, kritischem, kreativem und produktivem Handeln". Die moralisch-mündige Handlungsfähigkeit war das Ergebnis von Lernprozessen (Maurer 1995: 25). Roth differenziert Kompetenz als subjektives Korrelat von Mündigkeit in drei interdependente Bereiche.

Mündigkeit als Kompetenz für verantwortliche Handlungsfähigkeit	
Selbstkompetenz	Fähigkeit, für sich selbst verantwortlich handeln zu können
Sachkompetenz	Fähigkeit, für Sachbereiche urteils- und handlungsfähig und damit zuständig sein zu können
Sozialkompetenz	Fähigkeit, für sozial, gesellschaftlich und politisch relevante Sach- oder Sozialbereiche urteils- und handlungsfähig und also ebenfalls zuständig sein zu können

Abb. 4.2: Interdependente Kompetenzbereiche (nach Roth 1971: 180)

Seit der „Pädagogischen Anthropologie" Heinrich Roths wird die kompetente Persönlichkeit über die Dimensionen Sach-, Sozial- und Selbstkompetenz beschrieben.

Mit dem Auftreten der Rothschen Kompetenzforderung in der pädagogischen Diskussion der beginnenden 1970er Jahre war ein geändertes Lern- und Lernzielverständnis verbunden.

Die Förderung von Handlungskompetenz im Sinne Roths wurde zum Erziehungsziel erhoben, das entgegen der bisher vorherrschenden behavioristischen Lernzielprogrammatik ein neues persönlichkeits- und handlungsorientiertes Zielsystem zentrierte (Reetz 1999: 245).

☞ Leider wurde dadurch der späteren Zerstückelung des an sich ganzheitlichen Persönlichkeitsmerkmals (ungewollt) Vorschub geleistet. Obwohl Roth hinsichtlich der Ganzheitlichkeit des Konstrukts anmerkte, dass Selbstkompetenz ohne Sach- und Sozialkompetenz kein sinnvoller Begriff sein könne und es keine Entwicklung zur Selbstkompetenz gebe ohne eine Entwicklung zur Sach- und Sozialkompetenz (Roth 1971: 180). Ebenfalls verwies er im Zusammenhang mit der mündigen moralischen Selbstbestimmung (*„als Höchstform menschlicher Handlungsfähigkeit"*) auf einen engen Zusammenhang intellektueller und sozialer Mündigkeit, die Aspekte der Ganzheitlichkeit von Kompetenz unterstreichen. *„Selbstkompetenz im Sinne freier und effektiver Selbstbestimmung und mündiger Moralität im Sinne kritischer und kreativer Autonomie setzen Sach- und Sozialkompetenz voraus"* (ebd. 389).

4.2 Die Rezeption des Rothschen Kompetenzmodells

Wie voran stehend verdeutlicht wurde besitzt Kompetenz und Kompetenzerwerb, im Sinne des begrifflich konstitutiven Zusammenwirkens von Aspekten des Wollens, Wissens, Handelns und Reflektierens, gerade im Kontext von Arbeits- und beruflich verfasster Tätigkeiten eine besondere Bedeutung. Deshalb verwundert nicht, dass die Berufliche Handlungskompetenz in berufs- und wirtschaftspädagogischer Theorie und Praxis sowie im berufsbezogenen Prüfungswesen eine zentrale Rolle spielt (Rauner 2008: 79).

Institutionell sichert die *Berufliche Bildung* die intergenerative Reproduktion des gesellschaftlichen Arbeitsvermögens. Das als Berufsbildungssystem bezeichnete Teilsystem begrenzte diese Aufgabe traditionell auf nicht akademische Berufe und die Berufsausbildungen, die überwiegend „dual", d.h. in Kooperation zwischen Ausbildungsbetrieben und Berufsschulen organisiert wurde. Diese Hauptaufgabe wurde durch bedeutende Vollzeitschulformen (z.B. Berufsfachschulen, Fachschulen, Berufliche Gymnasien usw.) ergänzt. In denen werden auf allen Ebenen (vom Hauptschulabschluss bis zum Abitur) in zumeist doppelt qualifizierenden Bildungsgängen (z.B. allgemein bildender Abschluss plus berufliche Teilbildung) anschlussfähige Abschlüsse erworben. Aus der kompetenzbezogenen Perspektive leistet das Berufsbildungssystem einen bedeutenden Beitrag zur technisch-ökonomischen Modernisierung. Über die Zukunftsfähigkeit des erworbenen Wissens und Könnens trägt es entscheidend zur Einkommens- und Existenzsicherung breiter Bevölkerungsschichten sowie zur nationalen Konkurrenzfähigkeit bei (Jung 2005b: 221). Dabei stehen die reproduzierten Inhalte und Verfahrensweisen des gesellschaftlichen Arbeitsvermögens sowie die Art und Weise der Vermittlung im unmittelbaren Zusammenhang mit dem erreichten Niveau der erworbenen Erkenntnisse, Technologien, Werkzeuge und Verfahrensweisen (Negt 1998: 33f.).

Da zur Bewältigung anstehender arbeits- und berufsbezogener An- und Herausforderungen schon immer aufeinander abgestimmtes Wollen, Wissen, Können und Reflektieren erforderlich war, stand dessen Zusammenwirken im Fokus arbeits- und berufsbezogener Bildungsbestrebungen und der sie tragenden Wissenschaftsdisziplinen. Jedoch war die Einlösung des Anspruchs angesichts der beiden dualen Lernorte (Betrieb, Berufsschule) nicht immer einfach. Je dynamischer sich Arbeitstechnologien, Arbeitsinhalte und Arbeitsorganisationsformen entwickelten, desto intensiver wurde die Notwendigkeit wahrgenommen, affektive, kognitive, psychomotorische und soziale Lernzielbereiche zielgerichtet zu integrieren. Im Rahmen der beschriebenen Dynamik technisch-ökonomischer Veränderungen erweiterten sich die Arbeits- und Ausbildungsinhalte ebenso wie die Verfahrensweise des Kompetenzerwerbs. Wiederholt waren berufliche Neuordnungen erforderlich, die auch mit einem Wandel der berufs- und wirtschaftspädagogischen Leitbegriffe (s. Kap. 2.5 Fähigkeit – Qualifikation – Kompetenz, S. 18-24). einhergingen.

> Heute bildet die *Vermittlung beruflicher Handlungskompetenz* das unbestrittene *Leitziel der beruflichen Bildung*, deren Gegenstandsbereich in der Bundesrepublik Deutschland derzeit 350 anerkannte Ausbildungsberufe umfasst (BIBB 2009) und von der Grundbildung, über die Fach- und Weiterbildung bis hin zur Meisterschaft reicht. Aktuell definiert die KMK den Bildungsauftrag berufsbildender Schulen als die Aufgabe, *„den Schülerinnen und Schülern berufliche und allgemeine Lerninhalte unter besonderer Berücksichtigung der Anforderungen der Berufsausbildung"* zu vermitteln und sie so *„zur Erfüllung der Aufgaben im Beruf sowie zur Mitgestaltung der Arbeitswelt und Gesellschaft in sozialer und ökologischer Verantwortung"* zu befähigen (KMK 1996: S. 24).

☞ Da, wie in Kapitel 3.2 dargestellt, Arbeitsinhalte, -technologien und Verfahrensweisen dynamischen Veränderungen unterliegen und damit Kompetenzentwicklungen verstärkt im Berufs- und Arbeitsleben stattfinden, ist die Kompetenz und der Kompetenzerwerb zu einer bedeutenden Kategorie der beruflichen Bildung geworden. Hier gilt es die Grundlagen zu vermitteln, damit menschliches Wissen und Können zielgerichtet angewendet und synergetisch weiter zu entwickeln ist. Dabei kann Wissen alleine wenig bewirken, wenn es nicht als Grundlagen-, Prozess- oder Partizipationswissen zur Anwendung gelangt. Deutlich wird, dass die Kompetenz konstituierende Synthese von Wollen, Wissen, Können und Reflexion im Rahmen der Bewältigung zeitgemäßer Arbeitsanforderungen als grundlegend zu bezeichnen ist. Deshalb wurde der Anspruch auf Kompetenzerwerb bereits früh zur berufs- und wirtschaftspädagogischen Zielsetzung erhoben. Die daraus erwachsene Kompetenzforderung zieht sich wie ein „roter Faden" durch wissenschaftliche und administrative Quellen.[16] Dieser verdeutlicht, dass der geforderte Kompetenzerwerb die engen

---

[16] Auswahl wesentlicher Quellen: Deutscher Bildungsrat 1974: 49; DIHT 1986: 11 f.;. Schlussbericht der Enquete-Kommission „Zukünftige Bildungspolitik – Bildung 2000" Bonn 1990: 98, Minder-

qualifikatorischen Anforderungen von Arbeits- und Berufsausbildungsinhalten überragt. Neben der Vermittlung von Fachkompetenz wird der Erwerb *„humaner und gesellschaftlich-politischer Kompetenzen"* angemahnt, der *„ganzheitlich gebildete Mitarbeiter"* zum personellen Ziel und die *„verantwortliche Mitwirkung der jungen Generation"* (Deutsche Bildungsrat 1974: 49) als gesellschaftliches Ziel erhoben. Diese Anforderungen galt es in einem Konzept beruflicher Handlungskompetenz zu bündeln, wobei es durchaus als nahe liegend und sinnvoll zu bezeichnen ist, an bewährten Konzeptionen anzuknüpfen. Deshalb knüpft die berufs- und wirtschaftspädagogische Theoriebildung zur Einlösung der Kompetenzforderung direkt an dem von Heinrich Roth entworfenen Modell an (Sloane/Dilger 2005).

4.3 Das Konzept beruflicher Handlungskompetenz

Der Erwerb *beruflicher Handlungskompetenz* gilt heute als unumstrittenes Leitziel der Beruflichen Bildung, das auf alle berufsbildenden Schulformen und die betriebliche Aus- und Weiterbildung bezogen wird. Gemäß der Zielvorgaben des Berufsbildungsgesetzes (BBiG §13 (3)) gilt sie als Indikator für den Grad der erreichten Berufsfähigkeit (Rauner 2008: 79). Berufliche Handlungskompetenz ist Teil einer allgemeinen Handlungskompetenz, die die Kultusministerkonferenz (KMK) als *„Bereitschaft und Fähigkeit"* von Menschen umschreibt, *„sich in gesellschaftlichen, beruflichen und privaten Situationen sachgerecht, durchdacht sowie individuell und sozial verantwortlich zu verhalten"* (KMK 1996: 25). Im Rahmen des kompetenten Verhaltens sind *„anstehende Probleme zielorientiert auf der Basis von Wissen und Erfahrung sowie durch eigene Ideen selbstständig zu lösen, die gefundenen Lösungen zu bewerten und die eigene Handlungsfähigkeit weiterzuentwickeln"* (Bader/Müller 2002: 176f). Dabei beinhaltet die Bezeichnung *Handeln* viel mehr als praktisches Tun. Im Kontext von Handlungskompetenz umschreibt sie ein bewusstes, absichtsgeleitetes, zielgerichtetes und planvolles menschliches Tun, *„das kognitiv gestützt und affektiv durchdrungen wird, damit Lernende zu einem reflektierenden eigenen Urteil gelangen und später in konkreten Lebens- und Berufssituationen entsprechend handeln"* können (Dubs 2000: 16). Damit stellt das jeweils vorhandene Potential von beruflicher Handlungskompetenz einerseits das Ergebnis von Lern- und Entwicklungsprozessen einzelner Individuen in der jeweiligen sozialen Einbindung dar. Andererseits bildet es auch die Grundlage für den Aufbau und die Weiterentwicklung individueller Kompetenz innerhalb eines lebenslangen Kompetenzentwicklungsprozesses (Bader/Müller 2002: 176f).

---

heitsgutachten, 113 f.; KMK – Erklärung über Umfang und Organisation des Berufsschulunterrichts 12/95, 10 ff.; Bildungskommission NRW 1995: 261 f.

Überaus anspruchsvoll beziehen die vorgenommenen Definitionen beruflicher Handlungskompetenz den aktuellen Wandel von Gesellschaft und Arbeitswelt ein und definieren Kompetenz im Sinne von aktualisierbaren Bewältigungsbefähigungen. So definiert Günter Pätzold (1999: 57) die Berufliche Handlungskompetenz als ein Handlungsrepertoire, das den Arbeitnehmer (bzw. den zukünftigen Arbeitnehmer) befähigt, *„die zunehmende Komplexität und Unbestimmtheit seiner beruflichen Umwelt zu begreifen und durch ziel- und selbstbewusstes, flexibles, rationales, kritisch-reflektiertes und verantwortliches Verhalten zu gestalten"*. Berufliche Handlungskompetenz sei mit der Quantität und Qualität der zu Verfügung stehenden Handlungsschemata verwoben. Dabei zielt der Begriff nicht auf Fähigkeiten, Fertigkeiten und Kenntnisse, sondern umfasst erworbene handlungswirksame Qualifikationen und nimmt (darüber hinaus) *„mit der Perspektive der Selbstreflektion und der Reflexion gesellschaftlicher Strukturen und Prozesse die Tradition des Bildungsbegriffs auf"* (ebd.). Deutlich wird, dass die Definition beruflicher Handlungskompetenzhöchsten kompetenztheoretischen Anforderungen gerecht wird. Kompetenz – hier Berufliche Handlungskompetenz – wird als zielorientiert, problemlösend, auf Wissen und Erfahrung aufbauend, Handlungsfähigkeit entwickelnd, Lösungen reflektierend usw. definiert. Konzeptionell werden Elemente der kognitiv ausgerichteten psychologischen Handlungstheorie mit motivationalen, sozialen und emotionalen Aspekten menschlichen Handelns integriert.

4.4 Konzepte beruflicher Handlungskompetenz

Jedoch ist ein Leitbegriff wie die Berufliche Handlungskompetenz angemessen zu konzeptualisieren und empirisch zu operationalisieren. Obwohl der Begriff ein ganzheitliches Verständnis menschlicher Arbeits- und Lerntätigkeit innerhalb sozialer Kontexte unterstellt, war der weitere Umgang oftmals rein analytisch und teilweise widersprüchlich. Unterhalb der gehaltvollen Definition wurde der Leitbegriff unterschiedlich konzeptualisiert und in Rothscher Tradition in unterschiedliche Bereiche dimensioniert. In diesem Sinne begründet Pätzold die Kompetenzdimensionen: Fachkompetenz, Methodenkompetenz, Sozialkompetenz und Personalkompetenz. Gleichzeitig verweist er jedoch auf die Künstlichkeit der Aufteilung, *„als bei der Bewältigung einer konkreten Aufgabe die einzelnen Kompetenzbereiche sich wechselseitig bedingen und in unterschiedlicher Intensität beansprucht und miteinander verflochten werden"* (Pätzold 1999: 58). Mit der nachstehenden Darstellung will Pätzold auch die „Künstlichkeit der Einteilung" und die Ganzheitlichkeit des Konstruktes verdeutlichen.

Konzepte beruflicher Handlungskompetenz

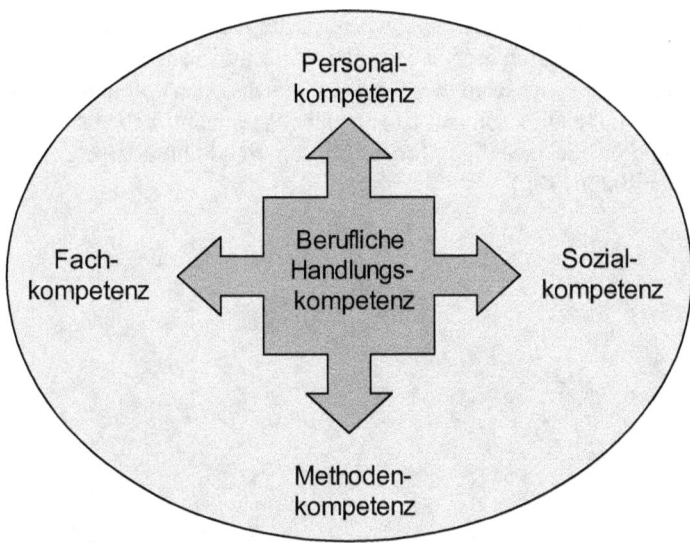

Abb. 4.3: Dimensionen beruflicher Handlungskompetenz (nach Pätzold ebd.)

Nachstehend werden die interdependenten Dimensionen und Inhalte zweidimensional dargestellt.

Kompetenzdimension	Inhalt
Fachkompetenz	Beherrschung berufsbezogener Kenntnisse, Fähigkeiten und Fertigkeiten
Methodenkompetenz	Situations- und fächerübergreifende, flexibel einsetzbare kognitive Fähigkeiten, die auch der Aneignung neuer Kenntnisse und Fähigkeiten dienen
Sozialkompetenz	Fähigkeit in Teams unterschiedlicher sozialer Struktur kommunikativ und kooperativ zusammenzuarbeiten
Personalkompetenz	Disposition eines Menschen, das eigene Wissen, das Können und die Fähigkeiten immer wieder zu reflektieren, zu hinterfragen und ggf. zu verändern

Abb. 4.4: Berufliche Handlungskompetenz (nach Pätzold 1999: 57f.)

Ein erweitertes Konzept beruflicher Handlungskompetenz begründen Reinhard Bader und Martina Müller. Mit der Reduzierung auf die drei Dimensionen *Fachkompetenz, Human(Selbst)kompetenz* und *Sozialkompetenz* führen sie die Dimensionierung wieder auf das Rothsche Modell zurück. Als integrale Bestandteile aller drei

Dimensionen werden die *Methodenkompetenz*, die *Lernkompetenz* und die *kommunikative Kompetenz* begründet. Als besondere Akzentuierungen für die Entwicklung von Handlungskompetenz seien diese in allen Dimensionen prägnant, jedoch keinesfalls als unabhängige Dimensionen zu verstehen. Vielmehr blieben sie ohne inhaltliche Anbindung an die jeweilige Dimension von Handlungskompetenz formal leer (Bader/Müller 2002: 177f.).

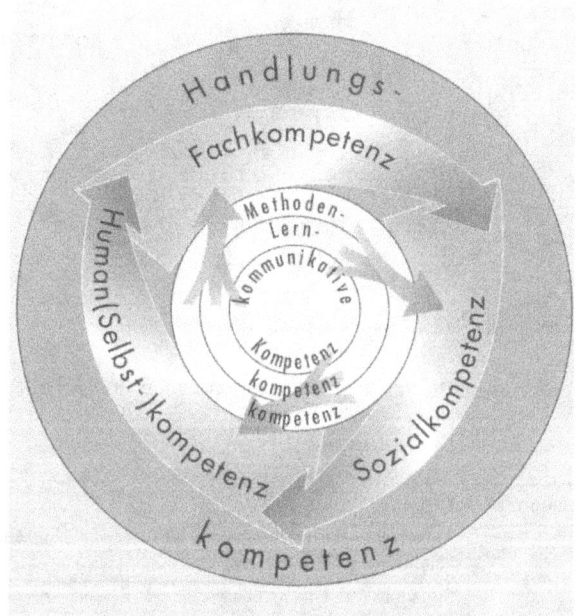

Abb. 4.5: Berufliche Handlungskompetenz (nach Bader/Müller 2002)

Auch diese Autoren bemühen sich um eine überaus originelle Darstellung, die jedoch die Grenze zur Unübersichtlichkeit überschreitet. Ebenfalls wird die Künstlichkeit der Konstruktdifferenzierung deutlich. In eine zweidimensionale Darstellung überführt, ergibt sich aus der Kombination der drei Dimensionen (horizontal) mit den drei Akzenten (vertikal) eine Matrix von neun interdependenten Feldern. Die von den Autoren belegten 42 Füllungen, auf die aus Platzgründen verwiesen werden muss, werden als beispielhaft und keinesfalls als abgeschlossen bezeichnet (ebd. 178 f.). Ebenfalls wird erläutert, dass die Dimensionen keineswegs isoliert zu verstehen, sondern interdependent und vernetzt seien.

Konzepte beruflicher Handlungskompetenz

	Berufliche Handlungskompetenz		
Akzente \ Dimensionen	Fachkompetenz	Humankompetenz	Sozialkompetenz
Methodenkompetenz	1/1	2/1	3/1
Lernkompetenz	1/2	2/2	3/2
Kommunikative Kompetenz	1/3	2/3	3/3

Abb. 4.6: Berufliche Handlungskompetenz nach Bader /Müller (2002: 177f.)

Ein genauerer Blick auf die Ausdifferenzierung und Konkretisierung der Teilkompetenzen verdeutlicht, dass sich Bader/Müller Modell die unterschiedlichen Akzentuierungen nur schwer einordnen lassen. Dies soll anhand von drei Beispielen erklärt werden (Jung 2005a: 56).

Widersprüche und Ungereimtheiten im Baader/Müller-Kompetenzmodell

Die Befähigung *„Informationen beschaffen und strukturieren"* wird der Dimension Fachkompetenz und dem Akzent Lernkompetenz (Fachkompetenz – Lernkompetenz, Matrixfeld 1/2) zugeordnet. Der methodische Bezug des Kompetenzinhaltes bleibt ausgeklammert bzw. untergeordnet. Er kann nur über das erwähnte „Zusammenfließen" der Dimensionen und Akzente im Sinne eines ganzheitlichen Konstrukts einbezogen werden.

Die Befähigung *„Entstehung wissenschaftlicher Erkenntnisse verstehen"* (Matrixfeld 1/1) wird der Kombination der Dimension: Fachkompetenz mit dem Akzent: Methodenkompetenz zugeordnet. Die implizierten Lern- und kommunikativen Akzente bleiben ausgeblendet.

Die Befähigung *„Arbeitsergebnisse gemeinsam präsentieren"* wird im Matrixfeld Sozialkompetenz-Kommunikative Kompetenz (3/3) verortet, wobei die erforderliche Fachlichkeit (Dimension Fachkompetenz) und der methodische Akzent eher ausgeklammert bleiben.

☞ Diese drei Beispiele besitzen einen exemplarischen Charakter. Grundsätzlich lässt sich Vergleichbares an allen Ausdifferenzierungen und Konkretisierungen nachweisen. Derartiges passiert, wenn das kompetenztheoretisch Ganzheitliche differenziert, dimensioniert und eingeordnet werden soll. Jedoch können hierbei bestenfalls „*Hauptbeziehungen*" zum Ausdruck gebracht werden, die – je nach Art und Ausprägung der subjektiven und objektiven Determinanten des Kompetenzerwerbsprozesses – unterschiedliche Ausprägungen und „Nebenbezüge" einnehmen können.

4.5 Zur Kritik berufspädagogischer Kompetenzkonstrukte

Das Vorangestellte verdeutlicht, dass die Abgrenzung der Klieme-Kommission vom berufspädagogischen Kompetenzmodell (Klieme u.a. 2003: 22) weniger auf die kompetenztheoretische Definition des Leitbegriffs Berufliche Handlungskompetenz bezogen sein kann. Diese erfüllt kompetenztheoretische Ansprüche und deckt sich im gewissen Maß mit der Kompetenzdefinition Weinerts, als Befähigung Herausforderungen und Probleme zu lösen und die dazu erforderlichen motivationalen, volitionalen und sozialen Bereitschaften und Fähigkeiten bereit zu stellen. Die Kritik scheint sich vielmehr auf die Ausdifferenzierungen, Dimensionierungen und Akzentuierungen zu beziehen, auf unreflektierte Übernahmen und eine erschwerte Messbarkeit.[17]

Wesentliche Grundsätze für nützliche Kompetenzkonstrukte formuliert Hartig (2008 19 f.) in Kritik am Konstrukt beruflicher Handlungskompetenz, welches als umfassende Klassifikationen von Kompetenz die Facetten Fachkompetenz, Methodenkompetenz, Sozialkompetenz und Selbst-/Personalkompetenz bündelt. Aus der diagnostischen Perspektive geht er der Frage nach, wie gut Inhalte und Grenzen der Kategorien des Klassifikationssystems fundiert seien. Denn der wissenschaftliche und praktische Nutzen eines Konstrukts sei umso größer, je besser Anzahl und Art der Kategorien gegründet, je klarer die Kriterien zur Klassifizierung der interessierten Phänomene definiert seien und je erschöpfender das Konstrukt den Bereich der interessierten Phänomene abdecke. Hartig gelangt zu der Erkenntnis, dass einer globalen Klassifikation von Kompetenz kein praktischer Wert zuzugestehen ist, da diese nicht unmittelbar gemessen werden könnte. So stelle z.B. die *fachliche Kompetenz* einen Überbegriff dar, der „in Abhängigkeit von theoretischen Prämissen und praktischen Erfordernissen" mit konkreten Inhalten gefüllt werden müsse. Ebenso lasse die Verwendung von übergeordneten Kompetenzkategorien wie Fach- und Sozialkompetenz im wissenschaftlichen Kontext den Eindruck entstehen, es handele sich „*um direkt messbare, einheitliche Konstrukte*". Dabei verzichten sie auf den

---

[17] So werden die Differenzierungen in Dimensionen und Akzenten von den berufs- und wirtschaftspädagogischen Autoren einerseits als notwendig, andererseits als künstlich erachtet.

erforderlichen spezifischen Kontextbezug. Kompetenz (Beispiel: Sozialkompetenz oder Selbstkompetenz) werde so zu einem globalen, übergeordneten Konstrukt, anhand dessen sich jeder Mensch gleichermaßen sinnvoll beschreiben lässt.[18] Hinsichtlich der beiden dargestellten Konzeptuierungen Beruflicher Handlungskompetenz bleibt anzumerken, dass das Bader/Müller-Modell eine Weiterentwicklung der ersten (Pätzold) darstellt, bei gleichzeitiger Rückführung auf die Rothschen Dimensionen. Dabei wird der Methodenkompetenz kein Dimensionscharakter zugestanden. Vielmehr durchdringt diese – gemeinsam mit der „Lernkompetenz" und der „Kommunikativen Kompetenz" – als integrale Bestandteile alle drei Dimensionen. Natürlich entfalten die Autoren ihre Konzeption beruflicher Handlungskompetenz in einer wissenschaftlich angemessenen Weise. Entsprechende Dimensionen und Akzente sind in jedem Kompetenzerwerbsprozess in unterschiedlichem Maße zu aktivieren und zielgerichtet zu inszenieren. Jedoch ist es damit nicht getan. Grundsätzlich bleibt im Bader/Müller-Modell unklar, in welchem Verhältnis der Leitbegriff (Berufliche Handlungskompetenz) zu den ihn konstituierenden Dimensionen und Akzenten (Teilbegriffe) steht, die alle mit der Bezeichnung des Leitbegriffes („ ... Kompetenz") versehen werden. Hier sind verschiedene Erklärungen möglich: Einerseits – und das würde die Verwendung des Kompetenzbegriffs auf den Ebenen unterhalb des Leitbegriffes legitimieren – wenn den Dimensionen und Akzenten Kompetenzcharakter zuzuschreiben ist. Andererseits wäre zu kritisieren, wenn die den Leitbegriff konstituierenden Teilmengen, die Dimensionen (horizontale Deklinierung), auch als Kompetenzen bezeichnet würden. Wenn dann noch im Rahmen einer akzentuierten vertikalen Deklinierung die Akzente auch noch die Bezeichnung des Leitbegriffs tragen („Methodenkompetenz", „Lernkompetenz", „kommunikative Kompetenz"), erscheint die vollzogene Deklinierung wenig logisch.[19]

Jedoch gilt bei aller Kritik zu bedenken, dass den unterschiedlichen Kompetenzkonzeptionierungen unterschiedliche Intentionen zu Grunde liegen. Den *Klieme-Autoren* geht es darum, Kompetenzen als Output-orientierte Zielbeschreibungen von Bildungsprozessen zu konzeptuieren und diagnostisch zu erfassen. Den berufspädagogischen Autoren war dieses Ansinnen fern. Ihnen ging es um die Füllung ihres komplexen Leitbegriffs *Berufliche Handlungskompetenz,* der sich weniger in Leistungstest, sondern im Erstellen (welt-) marktfähiger Güter und Dienstleistungen und im

---

[18] Eine entsprechende Diagnostik wird als Breitbandmessung „einer Menge generalisierter Leistungsdispositionen" bezeichnet, die im Rahmen der Evaluation der Wirksamkeit spezifischer Bildungsmaßnahmen einem „schlecht gezielten Schuss mit einem Schrotgewehr ähnele" (Hartig 2008: 20 f.).

[19] Denn wo wäre das deklinative Ende? Sicherlich es keine Lösung, das Verhältnis des Leitbegriffs (Berufliche Handlungskompetenz) zu den ihn konstituierenden Dimensionen und Akzenten so zu lösen, dass alle differentiellen Befähigungen bis hin zur X. Ebene als Kompetenzen zu bezeichnen sind.

direkten Kontakt mit Kunden bewähren muss, und um die Bestimmung dessen konstitutiver Teilmengen.[20] Auch sind berufsbildende Zielvorgaben schon immer Standardisierungen unterzogen. Die bundesweit geltenden Ausbildungsberufsbilder definieren das Wissen und Können am Ende der Berufsausbildung bei föderalen Rahmenplänen für die Berufsschule. Grundsätzlich besitzt das „berufspädagogische Kompetenzmodell" eine andere Qualität, als die von der Klieme-Kommission angestrebte. Natürlich bildet es weder die Grundlage für die Operationalisierung von Niveau gestuften Bildungszielen, noch kann es Hilfestellung bei der Konstruktion von Testverfahren geben, die den „Output des Bildungssystems über das Erstellen von Testverfahren empirisch zu überprüfen erlauben" (Klieme u.a. 2003: 71). Aber das war wohl auch nicht beabsichtigt.

Das berufspädagogische Kompetenzmodell eignet sich für die Analyse und Einordnung differenzierter arbeits- und berufsbezogener Anforderungen, die in ihrer Summe dem Anspruch beruflicher Handlungskompetenz entsprechen sollen. Hinsichtlich der Operationalisierung eines so komplexen Konstrukts wie der beruflichen Handlungskompetenz leuchtet es zwar ein, explorative Ausdifferenzierungen von Kompetenzaspekten und Akzentuierungen vorzunehmen. Jedoch erzeugen die vorgenommenen in der konkreten didaktischen Anwendung eher Unsicherheiten. Ganz besonders dann, wenn die gemeinten (Teil-) Kompetenzen auf die Ebenen von Fähigkeiten oder Lehr-/Lernziele herunter gebrochen werden. Hinsichtlich der Intentionen und Ziele der im Anschluss an die Klieme-Expertise entstandenen allgemein bildenden Kompetenzdebatte muss das als berufs- (und wirtschaftspädagogisch) bezeichnete Kompetenzkonstrukt als ungeeignet bewertet werden (dazu Hartig 2008: 19 f.). Keinesfalls weist es in seiner derzeitigen Form den Weg, komplexe Prozesse des Kompetenzerwerbs didaktisch zu unterstützen und diagnostisch zu ordnen (Jung 2005a: 56). Deshalb verwundert es sehr, wenn diese Art der Kompetenzdimensionierungen, die über eine lange Zeit die Diskussionen um Kompetenz dominierte, immer noch zur normativen Zielbeschreibung von Bildungsergebnissen und bedeutenden curricularen Vorgaben verwandt wird.

4.6 Aspekte des aktuellen Diskurses

Neben dem dargestellten „berufs- und wirtschaftspädagogischen Mainstream" hatte sich nahezu parallel eine anspruchsvolle berufspädagogische Kompetenzforschung etabliert, die leider viel weniger Beachtung fand. Bei ihr ging und geht es einerseits

---

[20] Schließlich musste das Konstrukt für alle 350 Ausbildungsberufe, alle Berufs- und Lernfelder, die berufliche Grund-, Fach- und Weiterbildung Gültigkeit besitzen.

um Konzeptuierungen beruflicher Handlungskompetenz sowie um spezielle (Meso-) Dimensionierungen wie die der Sozialkompetenz (Euler 1997a, Enggruber 2000, Pilz 2004). Andererseits stehen wesentliche, kompetenztheoretische Grundlagen betreffenden Forschungen wie die Entwicklung von Selbstregulation und selbst organisiertem Lernen in der Berufsausbildung (Breuer/Wosnitza 2004, Sebill u.a. 2007) im Vordergrund der Erkenntnisfindung. Die jüngere Literatur zum Thema Kompetenz und zu Selbstregulationsaspekten ist zu gehalt- und umfangreich, als dass sie im vorgegebenen Rahmen erläutert werden könnte. Gegenwärtig umfasst die Literaturdatenbank Berufliche Bildung (www.ldbb.de) für die Erscheinungsjahre 2004 bis 2008 ca. 1000 Eintragungen, in der Kompetenz als Stichwort im Abstract vorkommt (Linteen/Prüstel 2008: 3). Nahezu jede der einschlägigen Zeitschriften verfügt über ein Sonderheft zum Thema (z.B. ZBW 1998: Beiheft 14; EZfB 2007/08: 42/43). Die aktuellen Diskurse thematisieren die europäische Dimension von Kompetenz (Europäischer Qualifikationsrahmen dazu: Bohlinger 2007, 2008 Clement/Piotrowski 2008) und ein Berufsbildungs-PISA (Baethge u.a 2006; Achtenhagen/Baethge 2007; 2009, Spöttl/Musekamp 2009). Ebenfalls wird versucht, die berufs- und wirtschaftspädagogische Kompetenztradition mit dem Bestreben der Klieme-Kommission nach Messbarkeit und internationaler Vergleichbarkeit von Kompetenzen in Einklang zu bringen. Zur Verdeutlichung sollen zwei wesentliche Beiträge erläutert werden.

„Der mögliche Beitrag eines Berufsbildungs-PISA zur Bildungsberichterstattung" lautete die aktuellste Quelle der Autoren (Achtenhagen/Baethge 2009), von der Teile zur Dokumentation des „aktuellen Stands" der Kompetenzdiskussion in der Berufs- und Wirtschaftspädagogik herangezogen werden. Dabei wird der Blick auf die Inhalte gerichtet, die Konzeptualisierungen und Messbarkeit von Kompetenz sowie die Weiterentwicklung von Kompetenzmodellen beinhalten und weniger eine *nationale Berichterstattung* im Blick haben. Die Begründung und Herleitung sind einleuchtend. Aus der Unterschiedlichkeit der Berufsbildungssysteme in Europa resultieren hohe Anforderungen an „die Anlage und Methodik" eines large-scale-assess-ment in der beruflichen Bildung. Diese sind in ein konsensfähiges Konzept über Ziele und Niveaus beruflicher Bildung einzuordnen, auf das sich Wissenschaftler und Regierungsvertreter aus neun Ländern bereits geeinigt haben. Deshalb decken sich die Zieldimensionen weitgehend mit den aus der nationalen Perspektive formulierten normativen Anforderungen an Berufsbildungsprozesse. Angestrebt wird a) die „Entwicklung individueller beruflicher Regulationsfähigkeit – unter einer individuellen Nutzerperspektive und dem zentralen Aspekt der persönlichen Autonomie; b) die „Gewährleistung und Weiterentwicklung der Humanressource einer Gesellschaft" und c) die „Gewährleistung gesellschaftlicher Teilhabe und Chancengleichheit" (ebd. 59). Ziel ist es, die Zusammenhänge zwischen institutiona-

lisierten Ausbildungs-Settings und individuellem Kompetenzerwerb zu analysieren, was über eine Mehrebenenanalyse angestrebt wird. Dabei umfasst die Mikroebene die individuelle Kompetenzaneignung vor dem Hintergrund biographischer Merkmale, die Mesoebene die institutionalisierten Ausbildungs-Settings und praktizierten Lernprozesse, die Makroebene, die unterschiedlichen Steuerungsinputs. Die strukturellen Zusammenhänge werden durch nachstehendes Schaubild deutlich.

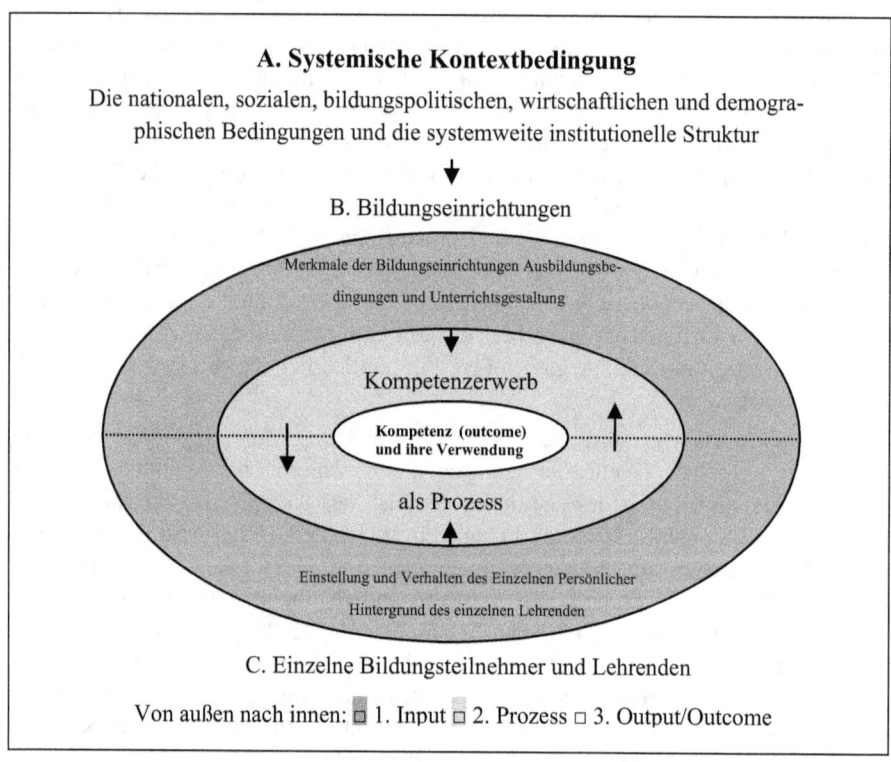

Abb. 4.7: Zusammenhänge institutioneller und individueller Ausbildungsbedingungen für den Erwerb von Kompetenz (ebd. 60)

Hinsichtlich der Messbarkeit von Kompetenzen im Rahmen eines Berufsbildungs-PISA, wird auf deren im Vergleich zur Allgemeinbildung komplexere Ausgestaltung verwiesen. Obwohl Messungen im Bereich der Berufsbildung immer handlungs- und aktivitätsbezogen sind, bezögen sich die international bekannt gewordenen Schemata zur Beschreibung beruflicher Kompetenzen weitgehend auf kognitive Dimensionen. Vielmehr erforderten berufliche Handlungen und Aktivitäten Kompetenzen, die auch auf berufliche Aufgaben am Arbeitsplatz und auf gegebene soziale Beziehungen ausgerichtet seien (ebd. 61- 63). Trotz der registrierten Unterschiede zwischen einer allgemein bildenden und berufsbildenden Kompetenzmessung wird ein Kompetenzmodell angestrebt, das die Beschreibung und Messung beruflicher Kompetenzen anstrebt „ohne dass es zu schwerwiegenden Überlappungen der Kategorien käme".[21]

Individuelle Fähigkeiten	Kompetenzbereiche (Performanz in verschiedenen berufsspezifischen Kontexten)		
	Selbstkompetenz		
(in Anspruch genommen und interpretiert in verschiedenen Kontexten)	Sachkompetenz	Methodenkompetenz	Sozialkompetenz
	theoretische, analytische Anforderungen: „Umgang mit Konzepten"	technische, funktionale Anforderungen: „Umgang mit technischer Ausstattung"	interpersonale Anforderungen: „Umgang mit anderen"
Einstellungen, Werte, Wahrnehmungen	Testen der Selbstwirksamkeit als Prädikator für den Leistungsbereich		
Antriebe, Motivation	Messen der Handlungskontrolle in der Leistungssituation sowie Erfassen von Interesse, Motivation und Selbstkonzept		
Metakognitive Strategien	Erfassen von Lernstrategien		
Deklaratives Wissen	Lösen komplexer Aufgaben zur simultanen Erfassung von Sach- und Methodenkompetenz		Erfassen der Sozialkompetenz anhand „kritischer sozialer Situationen"
Prozedurales Wissen			
Strategisches Wissen	Je nach Berufsfeld: Lösen komplexer Aufgaben zur Sach- und/oder Methodenkompetenz		

Abb. 4.8: Kompetenzmodell für ein Berufsbildungs-PISA (nach Edelmann/Tippelt ebd.)[22]

Deutlich wird, dass gegenüber früheren Konzeptionen der Selbstkompetenz eine besondere Bedeutung zugestanden wird. Sie steht für alles, *„was als Persönlichkeitsentwicklung im engeren Sinne gefasst wird"* und vereint kognitive, emotionale und moralische Entwicklungsprozesse. Damit beinhaltet sie die Fähigkeit zum moralisch selbstbestimmten humanen Handeln (Roth), was durch ein positives Selbstkon-

---

[21] Die nachstehende Darstellung stellt die bekannte Heuristik (Baethge/Achtenhagen 2009: 64; Achtenhagen/Baethge 2007: 64; Baethge u.a. 2006: 52) dar, hier in der von Edelmann/Tippelt (2007: 140) um ihre empirischen Zusatzinformationen reduzierte Version.

[22] Eine im Detail überarbeitete neuere Fassung des Strukturmodells der Erfassung von Kompetenz ist in Achtenhagen/Winter 2008: S. 123 dokumentiert.

zept und die Entwicklung von moralischer Urteilsfähigkeit getragen wird (Baethge u.a. 2006: 41). Die Selbstkompetenz interdependiert mit den anderen Kompetenzdimensionen (Sach-, Methoden-, Sozialkompetenz), wobei eine Anordnung unterhalb eine Verbindung zu der Ebene *Einstellungen, Werte und Wahrnehmungen* geschaffen hätte, die die Selbstwirksamkeit (wiederum in allen drei Dimensionen) beeinflusst. Ebenfalls in die drei Bereiche wirken die volitional-motivationalen Aspekte, die u.a. als Anstrengungs- und Ausdauerbereitschaft, Kompetenzstreben, Interesse, Motivation und Handlungskontrolle ausgeführt werden. Die angemessene Berücksichtigung des Wissensbegriffs und die Differenzierung nach Wissensarten (deklarativ, prozedural, strategisch, metakognitiv) wird ebenso eingebracht (leider unter der Dimension Sachkompetenz, dazu: Baethge u.a. 2006: 42 ff.) wie auch die Bedeutung allgemeiner Fähigkeiten.

Die von Edelmann/Tippelt als *Kompetenzmodell für ein Berufsbildungs-PISA* bezeichnete Heuristik wird von ihren Schöpfern selbst als „Konzept zur Messung beruflicher Kompetenzen" (Baethge/Achtenhagen 2009: 61 ff.) oder als „Vorschlag für die Datenerhebung" bzw. als „Plan für die Messung berufsübergreifender und beruflicher Kompetenzen" (Baethge u.a. 2006: 52) im Rahmen eines internationalen Vergleichstextes bezeichnet. Diesem von den Autoren genannten Anspruch wird das Modell durchaus gerecht. Die einzelnen Bereiche könnten nach den Regeln der empirischen Wissenschaft mit Items versehen werden, die wiederum in Bereiche zu clustern und unter Einhaltung statischer Gütekriterien auszuwerten wären. Probleme ergeben sich jedoch durch die Inhalte der Kompetenzdimensionen also im Umgang mit berufsbezogenen Konzepten (Fachkompetenz), der technischen Ausstattung (Methodenkompetenz) und im „Umgang mit Anderen" (Sozialkompetenz) wie z.B. den Kunden oder Mitgliedern von Arbeitsgruppen.

Der von Weinert gewiesene Weg für allgemein bildende internationale Vergleichstests, das Kompetenzverständnis auf „kontextspezifische kognitive Leistungsdispositionen" zu reduzieren, „die sich funktional auf bestimmte Klassen von Situationen und Anforderungen beziehen" (zitiert nach Hartig/Klieme ebd.: 128-129), scheint wenig auf berufsbildende Kompetenzmessungen übertragbar zu sein. Die Gefahr besteht, dass hermeneutische Fähigkeiten des Itemverstehens einen zu großen Einfluss auf das Ergebnis nehmen. Das Messen beruflicher Kompetenzen wird ohne echte Arbeitsherausforderungen (komplexe Aufgabenstellungen, Problemlösungen, soziale Kontakte) nicht möglich sein.

„Forschungen zur Kompetenzentwicklung im gewerblich-technischen Bereich" (Rauner 2008) lautete die andere Quelle, die zur Dokumentation des „aktuellen Stands" der Kompetenzdiskussion in der Berufspädagogik herangezogen werden soll. Hier leistet ein namhafter Vertreter der Berufspädagogik die Anpassungsleis-

tung an die Klieme-Expertise, die Achtenhagen (s.o.) bereits für die Wirtschaftspädagogik geleistet hat.

Die Hinführung und Einbettung geht von den vier Kompetenzklassen Erpenbecks/v.Rosenstiels (2007; XXIV) aus, zentriert anschließend die Unterscheidung zwischen Intelligenz und Kompetenz (gemäß Hartig/Klieme 2006: 131) in den Fokus der Betrachtung und erschließt das Konzept der multiplen Intelligenz (nach Connell/Sheridan/Gradner 2003) für die berufspädagogische Kompetenzentwicklung (Rauner 2008: 81f.).

Des Weiteren werden die Begriffe Qualifikation und Kompetenz voneinander unterschieden. Die Kompetenzforschung wird aus drei Gründen (Vielfalt beruflicher Kontexte, beschleunigter qualifikatorischer Wandel, unterschiedliche nationale Verfahrensweisen; ebd. 84f.) in der beruflichen Bildung als wenig entwickelt beurteilt. Jedoch werden die Felder der Berufsbildungsforschung vorgestellt, die der berufspädagogischen Tradition entsprechen und „mit der Kompetenzforschung inhaltlich und methodisch in einem engen Zusammenhang stehen": die *domänenbezogene Qualifikationsforschung* (ebd. 85f), das *Arbeitsprozesswissen* (ebd. 91ff.), das *praktische Wissen* als Gegenstand der Wissensforschung (ebd. 95 ff.), die *partizipative Systementwicklung*, Mensch-Maschine-Interaktion (eba. 102f.) und die *Evaluation beruflicher Kompetenzentwicklung* (ebd. 104 f.).

Mit Bezug auf administrative Vorgaben und in Hervorhebung der Leitidee einer gestaltungsorientierten Berufsbildung (KMK 1991) wird diese nicht als Veranstaltung der Stoffvermittlung, sondern als ein „Prozess der Entwicklung beruflicher Gestaltungs- und Handlungskompetenz verstanden. Handlung erweist sich dabei als komplexe arbeitswissenschaftliche und psychologische Schlüsselkategorie, was im Konzept der vollständigen Arbeitshandlung seinen Ausdruck findet (ebd. 195f.). Dieses überwindet tayloristische Formen der Arbeitsverrichtung, integriert die historische Teilung zwischen Planung, Durchführung und Kontrolle, bezieht dispositive Tätigkeiten und die Nutzung der sich dynamisch entwickelnder Arbeitstechnologien ein (s. Kap. 3., S. 43 ff; dazu: Jung 1986: S. 76 - 123).

In Anlehnung an das von Bybee (1997) entworfene Konzept unterschiedlicher Literacy-Niveaus begründet Rauner (ebd. 106 ff.) vier aufeinander aufbauende Kompetenzniveaus der beruflichen Bildung, die er zu einem die berufspädagogischen Traditionen berücksichtigenden logisch stringenten Kompetenzmodell generiert. Unter Bezugnahme auf die Beruflichkeit als „charakteristische Dimension beruflicher Bildung" reduziert er den *Bezugsrahmen beruflicher Kompetenz* um die unterste Stufe der *Nominellen Kompetenz*. Damit werde berufliche Kompetenz ausschließlich auf den drei Ebenen beruflicher Handlungskompetenz gemessen.

	Kompetenzniveau	Merkmale
1	Nominelle Kompetenz / Literalität	Verfügung über oberflächliches begriffliches Wissen ohne direkte Verwendung im Sinne von Handlungskompetenz; Begrenzter Bedeutungsumfang beruflicher Fachbegriffe; ...
2	Funktionelle Kompetenz / Literalität	fachlich instrumentelle Fähigkeiten basieren auf elementaren Fachkenntnissen und Fertigkeiten; Fachlichkeit äußert sich als kontextfreies, fachliches Wissen und entsprechende Fertigkeiten; stark variierende funktionale Kompetenzen; ...
3	Konzeptuelle / prozessuale Kompetenz / Literalität	Aufgaben werden im Bezug zu betrieblichen Arbeitsprozessen und Zielen interpretiert; Berücksichtigung von Kategorien wie z.B. Wirtschaftlichkeit, Kundenorientierung, Qualität; ...
4	Ganzheitliche Gestaltungskompetenz / Literalität	Aufgaben werden in ihrer jeweiligen Komplexität wahrgenommen und unter Berücksichtigung betrieblicher und gesellschaftlicher Rahmenbedingungen ausgeführt; Gestaltungsspielräume werden erkannt und ausgelotet; ...

Abb. 4.9: Kompetenzniveaus beruflicher Bildung (nach Rauner 2008: 106f.)

Das nominelle Kompetenzniveau wird allenfalls im Rahmen der vorberuflichen Arbeits- und Berufserziehung (allgemein bildende Berufsorientierung) und der Berufsvorbereitung als wesentlich erachtet. Die drei Kompetenzniveaus sind hierarchisch gestuft (kumulative Hierarchie; s. Kap 7; S. 111f.), in dem die jeweils ranghöhere Stufe die niedere einschließt. Damit umfasst die oberste Stufe (ganzheitliche Gestaltungskompetenz) alle darunter liegenden. Andererseits wird unter Verweis auf empirische Befunde bei Evaluationsaufgaben betont, dass die Kompetenzniveaus gleichzeitig „Dimensionen einer holistischen beruflichen Kompetenz repräsentieren", die als relativ unabhängige Kompetenzdimensionen zu betrachten seien. Dieses ganzheitliche (holistische) Prinzip führe dazu, dass jemand der bei einer durchschnittlichen Kompetenz auf einer unteren Stufe durchaus über gewisse Kompetenzanteile von darüber liegenden Stufen verfügen kann. Damit lassen sich erst auf der Grundlage empirischer Befunde Aussagen treffen, über „welche Kompetenzen Auszubildende bzw. Fachkräfte verfügen" und wie sich diese Teilkompetenzen zu einem Kompetenzprofil zusammenfügen lassen, das zugleich das Kompetenzniveau repräsentiert (ebd. 107).

Aspekte des aktuellen Diskurses

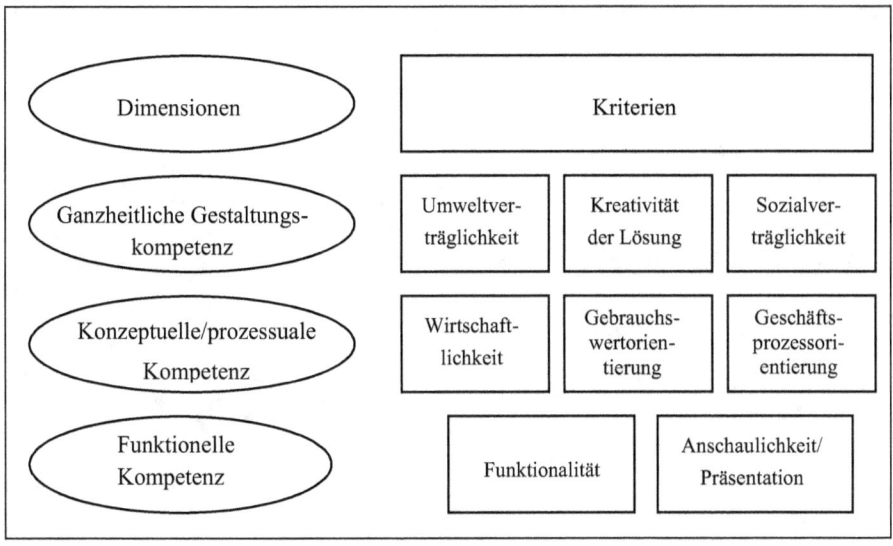

Abb. 4.10: Modell der beruflichen Kompetenz (nach Rauner 2008: 108)

5 Partielle Kompetenzkonzepte

Neben dem als berufspädagogisch bezeichneten Kompetenzmodell wurden weitere Partialmodelle entwickelt, die im vorgegebenen Rahmen nur begrenzt darstellbar sind. Andere, wie die Kommunikative Kompetenz, flossen bereits (ansatzweise) in vorherige Kapitel ein (s. Kap 4. S. 52). Obwohl der Autor von einem umfassenden Kompetenzverständnis ausgeht, bei dem je nach Art, Ausmaß und Intensität der ursächlichen Herausforderung unterschiedliche Teilmengen aus den in Kapitel 2 entfalteten Dimensionen aktiviert werden, sind Partialkonzepte als bedeutungs- und sinnvoll zu erachten. Sie werden aus einer begründeten Perspektive erschlossen, zielen auf den Kompetenzerwerb in einer speziellen Situation und Domäne und zielen zumeist auf Individuen mit besonderen Eigenschaften:

- Wenn wir (in der Tradition Durkheims 1984: 58f; 46) die Auffassung vertreten, dass die Moralerziehung eine dringliche pädagogische Aufgabe sei, da entsprechende Defizite die öffentliche Moral bedrohen, erlangt das Partialkonzept der *Entwicklung moralisch-sittlicher Kompetenz* einen hohen gesellschaftlichen Stellwert.

- Wenn wir die Erkenntnis gewonnen haben, dass Individuen (oder Gruppen) defizitäre oder rudimentäre soziale Bezüge, Befähigungen und Verhaltensweise pflegen, wenn darunter die soziale Interaktion leidet, Handlungsziele nicht erreicht werden und Strategien – die auf Interaktionen beruhen – nicht umgesetzt werden können, dann sind Überwindungskonzepte und -strategien erforderlich. Das Partialkonzept *Entwicklung von Sozialkompetenz* erlangt einen hohen Stellenwert.

- Wenn die Partizipation (Teilnahme, Teilhabe) einerseits als vornehmste demokratische Tugend eine widerspruchslose Anerkennung genießt, andererseits sich reale Teilhabequoten auf formeller und informeller Ebene als bescheiden darstellen, dann scheinen Konzepte des Erwerbs von Partizipationskompetenz notwendig.

- Wenn arbeits- und berufsbezogene Übergänge eine immer schwerer zu überschreitende „Schwelle" im Leben von Jugendlichen und Erwachsenen darstellen, sind Konzepte der Übergangsbewältigung und des Erwerbs von *Arbeits- und Berufsfindungskompetenz* erforderlich.

Alle vier Partialkompetenzen werden – beispielhaft für andere – von ihren wesentlichen Elementen her umrissen, wobei Parallelen und Übereinstimmungen zum im Kapitel 2 dargestellten Kompetenzkonzept deutlich werden. Aus der pädagogischen Perspektive erfüllen alle dargestellten Partialkompetenzen sowohl therapeutische als auch präventive Funktionen. Sie zielen auf die Kompensation vorhandener Defizite und die Vermeidung zukünftiger.

5.1 Moralisch-sittliche Kompetenz

Modelle der moralisch-sittlichen Kompetenz[23] versuchen moralisch-sittliches Denken kompetenztheoretisch zu erweitern, ohne dabei „die Einsichten der traditionellen Moralpädagogik zu vernachlässigen". Damit rückt die sittlich moralische Erziehung, die als Tugendlehre über lange Jahre zentraler Gegenstand der theologisch-ethischen Wissenschaft und Bildung war, als Kompetenzerwerb partiell ins Zentrum erziehungs- und sozialwissenschaftlichen Bestrebens. Als Aspekt der intentionalen Begründung[24] ist voranzustellen, dass moralisch-sittliche Einstellungen, Verhaltensweisen und Wertorientierungen nicht angeboren sind, sondern erworben werden. Dies geschieht entweder (relativ ungeordnet) in Lebenssituationen, in die der Einzelne mehr oder wenig zufällig hineingestellt wird, oder – in Vorbereitung auf das Leben – in relativ geordneten Lehr-Lern-Arrangements. Als wesentlich ist die Erkenntnis einzuordnen, an die uns Schreckensbilder und -berichte nahezu täglich schmerzhaft erinnern: Ein Individuum kann nur eine sittliche Praxis hervorbringen, wenn es auch über grundlegende Kompetenzen verfügt, denn „jedes Sollen bleibt an ein individuelles Können gebunden" (Maurer 1995: 11).

Damit wird moralisch-sittliche Kompetenz als eine individuelle Eigenschaft („Vermögen"), verstanden, die aus unterschiedlichen basalen und speziellen Fähigkeiten gespeist wird. Maurer beschreibt die Bereiche des Wahrnehmens, des Urteilens, des Handelns und der Kommunikation und schließt dabei authentische Erfahrungen und die Rekonstruktion von Situationen ausdrücklich ein. Alle eingehenden Reize sind von dem Kompetenzträger zu sortieren, zu ordnen, zu interpretieren und zu bewerten. Die so erworbene sittliche Mündigkeit, die die Befähigung zum kritisch-

---

[23] Auf die Darstellung des bekannten Stufenkonzepts der Entwicklung moralischer Urteilsfähigkeit (Kohlberg) wird an dieser Stelle verzichtet. Einerseits stellt die Urteilsfähigkeit trotz ihrer großen Bedeutung lediglich eine Teilmenge von Kompetenz dar. Andererseits wurde das Modell bereits umfangreich rezipiert und bewertet (Kohlberg Lawrence 1974; dazu: Bucher: 1995: 43ff.; Maurer 1995: 28 ff.), so dass zu wenig Neues zu erwarten wäre.

[24] Auf eine Begründung der grundsätzlichen Bedeutung von moralisch-sittlicher Kompetenz für das Zusammenleben und den Zusammenhalt der Gesellschaft wird hier verzichtet.

reflektierten Urteil einschließt, setzt einige kommunikative Fähigkeiten voraus, die von der basalen Sprachfähigkeit zur elaborierten Diskursfähigkeit reichen (ebd. 13 f.). Die hier gemeinte philosophisch-pädagogische Eigenschaft *Mündigkeit*, definiert Menschen als vernunftbegabte, spontane und selbstreflexive Wesen, deren Wollen, Denken und Handeln im freiheitlichen, sozialen und demokratischen Gemeinwesen Eingang findet. Sie ist begrifflich nur schwer von anderen bedeutsamen bildungstheoretischen Begrifflichkeiten (Freiheit, Autonomie, Emanzipation, Partizipation) abzugrenzen, zieht die anthropologischen Voraussetzungen mit ein und meint die Möglichkeit und Verpflichtung zu eigenem Urteil und selbst verantwortlichem Handeln (Jung 2008d: 237f.). Mündigkeit wird damit zur subjektbezogenen Komponente einer situativen (objektbezogenen) Mitwirkung. Neben der Kommunikation stellt das Handeln das andere zentrale Medium dar, „in dem Menschen ihre moralischen und sittlichen Überzeugungen ausbilden, erfahren und vermitteln". Jede Handlung stelle damit ein Produkt von Person und Umwelt dar, wobei sich die Struktur der Handlungen aus der Zielsetzung des Handelnden und dem Handlungsspielraum ergibt.

Damit kennzeichnet sich moralisch-sittliche Kompetenz als soziale Interaktion, die es einem Individuum ermöglicht, „moralische Probleme wahrzunehmen, zu beurteilen ... und sittliche Handlungen auszuführen". Die dazu vom Individuum herauszubildenden sozial- und entwicklungspsychologischen Fähigkeiten werden als Wahrnehmen (role-taking und Empathie), Beurteilen (kognitive Reflexion), kommunikativer Austausch von Beurteilungen (Sprach- und Diskursfähigkeit) und Handeln (Handlungsfähigkeit) beschrieben. Grundlage für die Herausbildung und Weiterentwicklung der sittlich-moralischen Kompetenz ist die Bereitschaft „einen sittlichen Standpunkt einzunehmen und zuzulassen" (Maurer 1995: 15). Eine Entwicklung der Kompetenz ist jedoch nur möglich, wenn ausreichende Möglichkeiten für ein entsprechendes Handeln gegeben sind (ebd. 18).

5.2 Sozialkompetenz

Ein bedeutsames Konzept der Sozialkompetenz wurde von dem Wirtschaftspädagogen Dieter Euler entworfen. Es wird in verschiedenen Veröffentlichungen fundiert begründet (z.B. Euler 1997a, 1997b), umfangreich rezipiert (z.B. Enggruber 2000, Pilz 2004) und mit empirischen Befunden unterlegt (Nikolaus 2004). Die Bedeutung des Partialkonzepts ist in Zeiten einer breiten Akzeptanz über die Notwendigkeit des sozialen Lernens und kooperativer Umgangs- und Arbeitsorganisationsformen in allen Lebensbereichen unbestritten. Sozialkompetenz, von Euler als Kompetenz „ ... zur verständigungsorientierten Bewältigung von Aufgaben und Problemen im sozialkommunikativen Handeln mit anderen Menschen" (1997 b: 308) oder als „Kompetenz zur wertbewussten Kommunikation mit anderen Menschen über bestimmte Inhalte in spezifischen Typen von Situationen" definiert. Angesichts aktuell verlaufender Prozesse auf der gesellschaftlichen Meso- und Mikroebene (Pluralisierung, Individualisierung) muss sie als ein wesentliches Kernelement des gesellschaftlichen Miteinanders und einer zukunftsorientierten Bildung verstanden werden. Intentional verweist Euler auf die grundlegende Fähigkeit des „Ausbalancierens von eigenen und fremden Interessen, Ansprüchen und Standpunkten", deren Ergebnisse dem Handelnden nicht vorgegeben seien (Euler 2003b: 382).

Konzeptuell wird Sozialkompetenz in drei Kompetenzbereichen Dialogkompetenz, Koordinationskompetenz und Kooperationskompetenz aufbauend gestuft und mit ca. 20 Fähigkeiten unterlegt (Euler 1997a: 122 ff.). Euler konzeptualisiert Sozialkompetenz unter Einbezug interdisziplinärer Erkenntnisse und integriert sie in klarer Schrittfolge in ein zweidimensionales Ordnungsmodell (ebd. 113ff.). So entsteht eine Matrix, die auf der Ordinalen die Inhaltlichkeit (X-Achse) und auf der Abzisse (Y-Achse) die Verhaltenskomponente abbildet. Die Inhaltlichkeit ist in die Bereiche subjektive, intersubjektive und objektive Welt gegliedert. Das Verhalten ist durch eine sachlogische Stufung aufsteigender Fähigkeiten (Dialog, Koordination, Kooperation) gekennzeichnet, die durch zwei weitere Fähigkeiten beschrieben werden.

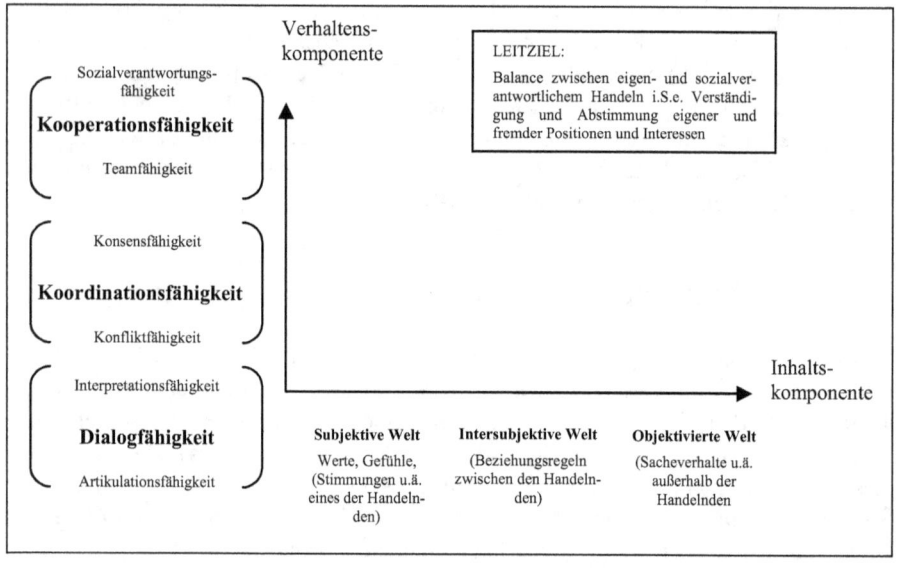

Abb. 5.1: Ordnungsmodell „Sozialkompetenzen" (nach Euler 1997a: 118)

Ein genauer Blick verdeutlicht jedoch das Dilemma derartiger kompetenztheoretischer Partialmodelle, was anhand der ersten Komponente (Dialogfähigkeit, im Text *Dialogkompetenzen* genannt) verdeutlicht werden soll. Danach erfordert das Führen eines Dialogs im Kern zwei Kompetenzen: „Die Fähigkeit zur Artikulation eigner und zur Interpretation fremder Äußerungen", in einem aufeinander bezogenen, wechselseitigen Prozess, in den auch para- und nonverbale Äußerungen einfließen (ebd. 1997a: 119). Mit Blick auf unterrichtliche Auswahlentscheidungen und Begründungen wird die „bedeutsame Sozialkompetenz" *Dialogkompetenz* (unterste Verhaltenskomponente) in sieben Fähigkeiten ausdifferenziert.

1. Offenhaltung des Gespräches für Erfahrungen, Erwartungen, Erwägungen, Interessen u.ä. der Lernenden und Lehrenden,
2. Präsentation von (Sach-)Informationen im Hinblick auf ein abgegrenztes Fachwissen,
3. Ansprache soziokultureller Spezifika im Hinblick auf Sprache und Erfahrungsgegenstände,
4. authentischen Ausdruck von Gefühlen und Wertungen,
5. Sachinterpretation im Hinblick auf vorgetragene Argumente,
6. Gefühlsinterpretation im Hinblick auf nonverbale Äußerungen und
7. Wirkungsinterpretation im Hinblick auf die eigenen Äußerungen

Abb. 5.2 Dialogkompetenz nach Euler 1997a: 122f.

☞ Weitgehend ausgeblendet wird, dass Dialoge einen kognitiven Gehalt (Inhalt) haben und emotional unterlegt sind, was eine domänenbezogene Fachlichkeit und eine grundsätzliche Affektivität (Motivation, Bereitschaft) erfordert. Auch sollte bei der Hervorhebung der sozialen Dimension von Kompetenz nicht ausgeblendet werden, dass die Dialogfähigkeit (ebenso wie die Koordinationsfähigkeit und die Kooperationsfähigkeit) auf den kompetenzbezogenen Basiselementen beruht: der Wahrnehmung, Bereitschaft, Wissen, Verstehen und Beurteilen von Domänen bezogenen Gegenstandsbereichen. Denn über die ist zu kommunizieren.

5.3 Partizipationskompetenz

Der Partizipationsbegriff wird immer dann aktuell, wenn Demokratie nicht nur als Regierungsform sondern als Lebensform verstanden wird. Partizipation definiert sich im Allgemeinen als Teilhabe bzw. Grad der Teilhabe (Mitwirkungsmöglichkeiten) „von Einzelnen oder Gruppen an Entscheidungsprozessen und Handlungsabläufen in übergeordneten Organisationen (z.B. Gewerkschaften, Parteien) und Strukturen" wie z.B. Staat, Gesellschaft und Arbeitswelt (Der Brockhaus" 2004: 3569). Spezielle Quellen heben die aktive Beteiligung der Bürger und Bürgerinnen bzw. der Mitglieder einer Organisation, einer Gruppe, eines Vereins bei der Erledigung der gemeinsamen Angelegenheiten hervor (Schubert/Klein 2001: 219) und beziehen damit die Zivil- und Bürgergesellschaft ein. Grundsätzlich geht es um die gemeinsame Wahrnehmung öffentlicher Aufgaben und Herausforderungen, die aus der emanzipatorischen Perspektive auch mit der Absicht des Einmischens in das öffentliche Leben begründet werden. Durch Partizipation erfahre der Einzelne, dass „er übergeordneten Mächten nicht hilflos ausgeliefert sei, sondern an der Gestaltung des Politischen teilnehmen" könne (Kuhn/Hufer 2007: 265). Ein erweitertes Partizipationsverständnis definieren die Club of Rome-Autoren Botkin, Elmandjra und Malitza (1979, 36):

„Partizipation ist mehr als die formale Beteiligung an Entscheidungen, sie ist eine Haltung, die durch Kooperation, Dialog und Empathie gekennzeichnet ist. Sie bedeutet, die Kommunikation lebendig zu halten, die Normen und Werte ständig zu überprüfen und dabei diejenigen beizubehalten, die relevant sind und auf diejenigen zu verzichten, die irrelevant sind". Die Erweiterung des Partizipationsbestrebens auf die Zivil- und Bürgergesellschaft und ihr Verstehen als menschliche Grundhaltung signalisieren einen gesteigerten Partizipationsbedarf. Dieser konkretisiert Demokratie als Gesellschafts- und Lebensform und zielt auf die Übernahme von Rollen in dem breiten Feld sozialer und basisdemokratischer Netzwerke. Gemeint sind die vielen staatsfreien Räume, in „denen gesellschaftliche Problemlagen von mittelbar oder unmittelbar Betroffenen in Form von Assoziationen, Vereinigungen oder Organisationen aufgenommen und verarbeitet werden ..." (Arenhövel 1995: 907 f). Grundsätzlich steht die Sinnhaftigkeit dieser „Netze" außer Zweifel. Sie stärken den inneren Zusammenhang der Demokratie, tragen zu einem erträglichen Zusammenleben und Wohlergehen bei, ohne sich vorschnell dem Staat und der Politik zu überantworten (Himmelmann 2001: 187).

Im Gegensatz zur Höhe des normativen Anspruches offenbart sich die partizipatorische Realität als eher bescheiden: Bei nahezu allen zeitnahen Wahlen bilden die Nichtwähler die größte Wählergruppe, ein zurückgehendes politisches Interesse und Wissen wird umfänglich beklagt, eine weitgehende Zurückhaltung in der politischen Einsatzbereitschaft und in zivilgesellschaftlichen Engagements wird registriert (dazu: Bertelsmann Stiftung 2004). Dies schmerzt jene, die davon ausgehen, dass der Bestand von Demokratie an Zustimmung und Engagement gebunden sei, weshalb die registrierten Defizite als demokratiebedrohlich empfunden werden. Als Gegenstrategie gerät der Partizipationserwerb in den Fokus des Bestrebens, besonders der von Kindern und Jugendlichen. Dabei wird angenommen, dass ein frühzeitiges Einbeziehen in Entscheidungsprozesse sich prägend für „die Wahrnehmung demokratischer Rechte und politischer Teilhabe" im Erwachsenenalter erweist (Quesel/Oser 2006, 1). Was liegt angesichts dieser Situation näher, als die Partizipationskompetenz als bedeutsames Kompetenzkonzept zu erschließen (Jung 2009a: 22f.; Jung 1993: 221 ff.).

Anzumerken bleibt, dass sich die Verwendung des Partizipationsbegriffs auch als problematisch erweist, da sich deskriptive und normative Aspekte häufig überlagern. Die terminologischen Unklarheiten sind besonders groß, wenn „die normativen Erwartungen auf positive Verhaltens- und Einstellungsveränderungen ausgerichtet sind" (Oser/Biedermann 2006, 17). Dabei hänge die normative Ladung des Begriffs auch mit unserem Glauben zusammen, dass Partizipation per se etwas Gutes ist, worauf das Leben auszurichten sei. In der normativen Überdehnung wird oftmals ausgeblendet, wann Partizipation misslingt, falschen Zielen dient oder nur als Scheinpartizipation praktiziert wird (ebd.: 25).

Bei der Darstellung von Partizipationsformen und -intensitäten werden traditionell gestufte Darstellungen verwandt (Jung 2009a: 17 ff.), die angesichts der begrifflichen Unschärfen von großer Bedeutung sind. Sie ermöglichen es, klassische sowie neue Partizipationsformen zu identifizieren und genaue Reichweiten von Berechtigungen und Verpflichtungen zu definieren, Konsequenzen negativer und positiver Art einzubeziehen, die inhaltlich vorausgesetzten Kompetenzen zu beschreiben sowie die Form der sich aus den Berechtigungen und Verpflichtungen ergebenden Kooperation zu definieren (Oser/Biedermann 2006, 26).[25] Zeitgemäße systematische Ausdifferenzierungen von Partizipationsintensitäten gehen von der Annahme aus, dass es unterschiedliche operationalisierbare Partizipationsmerkmale gibt, die sich im Grad ihrer Ausprägung unterscheiden. Als Unterscheidungskriterien werden Zuständigkeit, Verantwortlichkeit, Kompetenzen, Hierarchie, Rollenverteilung, Informationsfluss, Identifikation, Legitimation und Initiative begründet (ebd., 28f.).[26] Entsprechende Modelle von Partizipationsintensitäten sind für die pädagogisch-didaktische Verwendung bedeutsam, denn sie ermöglichen es, jenseits normativer Überladungen, das Ausmaß an Partizipation zu identifizieren und Partizipationsvorgänge zu klassifizieren. Darüber hinaus erzeugen sie Klarheit darüber, welche

---

[25] Politische Partizipationsformen lassen sich hinsichtlich ihres Gestaltungsrahmens nach den Kategorien Verfasstheit, Repräsentativität und Konventionalität (verfasst / repräsentativ / konventionell bis nicht-verfasst / direkt / unkonventionell) klassifizieren. (Jung 2009a: 17; nach Schultze 2002, 364). Hinsichtlich der Beteiligungsgrade betrieblicher Mitbestimmung werden die Beteiligungsrechte und -pflichten (ihrer Intensität entsprechend) in Information, Mitwirkung, Mitentscheidung und Selbstverwaltung gestuft (Lüttringhaus 2000, 39 ff.; dazu Jung 1993: 103-120).

[26] Auf die Hierarchie von Partizipationsintensitäten (nach Oser/Biedermann 2006, S. 29-35) muss verwiesen werden.

Partizipationsform denn nun gemeint ist. Erst nach erfolgter Konzeptualisierung sind wir in der Lage die Auswirkungen von Partizipation z.B. auf die Arbeitszufriedenheit, die professionelle Selbstwirksamkeit, das politische Engagement und soziale Einsatzbereitschaft zu untersuchen (ebd. 35).

Da Partizipation erworben und gelebt werden muss, rückt die Partizipationskompetenz ins Zentrum der Betrachtung. Zweites ist sie eng mit der Quantität und Qualität der praktizierten Handlungsweisen verbunden. Partizipationskompetenz basiert auf der Reflexion gesellschaftlicher Strukturen und Prozesse, strebt nach der Vermeidung negativer und der Gestaltung positiver (Lebens-, Lern-, Arbeits-)Situationen und erfordert individuelle und/oder kollektive Selbststeuerungs- und Durchsetzungsaktivitäten. Im Sinne des in Kapitel 2 entfalteten Kompetenzkonstrukts umfasst sie ein bewusstes, absichtsgeleitetes, zielgerichtetes und planvolles Teilhaben, das auf affektiven Aspekten basiert, kognitiv durchdrungen und handelnd vollzogen wird. Wenn – im hier verstandenen Sinne – Kompetenz Aspekte des Wollens, Wissens, Könnens und Reflektierens integriert, pointiert Partizipationskompetenz den volitionalen Bereich in besonderer Weise. Sie basiert auf dem Willen zur teilnehmenden Gestaltung realer Situationen und reicht bis zur machtvollen Durchsetzung des als richtig Empfundenen.

Soll Partizipationskompetenz als Bildungsziel erschlossen werden, ist von einem erweiterten Partizipationsverständnis, im Sinne der oben zitierten Definition der Club of Rome-Autoren, auszugehen. Danach ist Partizipation als Grundhaltung zu verstehen, die die *Teilhabe* und nicht die *Beteiligungsebene* in den Mittelpunkt des Verständnisses rückt. Als personelle Voraussetzungen sind grundlegende Befähigungen wie Kooperationsfähigkeit, Dialogfähigkeit, Empathiefähigkeit und die permanente Überprüfung von Normen und Werten einzubeziehen (Jung 2009a: 21ff.). Auch wäre die grundsätzliche Frage zu klären, ob Partizipation – gemäß üblicher Definitionen – nur auf die *freiwillige* Beeinflussung *politischer* Entscheidungen bezogen werden muss (Rudzio 1996, 525)?[27]

☞ Hinsichtlich des Erwerbs von Partizipationskompetenz bleibt anzumerken, dass sie in komplexen Kompetenzentwicklungsprozessen erworben wird, die der Autor (etwas verkürzt) als Partizipationslernen beschrieben hat. Dieses konstituiert sich einerseits im Zusammenwirken von Lern-, Kommunikations-, Erfahrungs- und Ent-

---

[27] Denn wird Partizipation als allgemeine und gleiche Chance der Teilnahme an Entwicklungen und Entscheidungen „in allen gesellschaftlichen Subsystemen" verstanden (Habermas 1974: 66), dann überragt sie das rein Politische. Durch diese Definition lassen sich Subsysteme/Domänen betreffende Partizipationserfordernisse begründen (wie z.B. die Teilnahme an Wirtschaftsprozessen), die nicht nur freiwillig vollzogen werden kann. Damit wäre die bekannt formale Partizipationsebene durch eine informell-personale zu ergänzen, die eine Teilnahme/Teilhabe an allen domänenbezogenen Aktivitäten umfasst (Jung 2009a: 20 ff.).

wicklungsprozessen und andererseits in Wechselbeziehung des Erlernens von partizipativem Verhalten und dem Lernen durch partizipatives Verhalten. Dabei gilt es die Herausforderungen der objektiven Umwelt subjektiv zu verarbeiten (hinzu zu lernen), um diese über handlungsbezogene Rückwirkungen auf die objektive Ebene zu bewältigen. Hierbei stehen subjektive Deutungsmuster (Wissen) und erworbene Erfahrungen (Verhalten) in einem dialektischen Verhältnis. Partizipationskompetenz wird dadurch zum subjektiven Korrelat von Mitwirkung, Mitbestimmung und Demokratisierung (Jung 1993: 217ff.; 2009: 22ff.).

Partizipationslernen	
Erwerb von Partizipationskompetenz: Komplexes Zusammenwirken von Lern-, Kommunikations-, Erfahrungs- und Entwicklungsprozessen	
Lernen **von** partizipativem Verhalten ▪ Lernzielebene ▪ Intentional ▪ Mikrodidaktische Ebene pädagogisch-didaktische Veranstaltung	Lernen **durch** partizipatives Verhalten ▪ Lernmethode ▪ Funktional ▪ makrodidaktische Ebene: - Unterricht - Arbeitswelt - Wirtschaftsprozess - Zivilgesellschaft
Partizipationswissen	Partizipationskönnen
└──── Wechselbeziehung ────┘	

Abb. 5.2 Partizipationslernen als Erfahrungslernen (Jung 2009a: 23, ergänzt)

5.4 Arbeits- und Berufsfindungskompetenz

Arbeits- und Berufsfindungskompetenz (Jung 2000: 93ff.; 2008b: 137ff.) umschreibt das auf die positive Bewältigung arbeits- und berufsbezogener Übergänge zu erwerbende Wollen, Wissen, Können und Reflektieren. Die Bedeutung als Partialkompetenz basiert auf der Erkenntnis, dass arbeits- und berufsbezogene Übergänge große Herausforderung im Leben von Menschen darstellen, die sich in Wechselbeziehung individueller Dispositionen und gesellschaftlicher Anforderungen konstituieren

(Schober 1997: 104). Dabei erfordert der Kompetenzerwerb eine angemessene Auseinandersetzung mit den eigenen Fähigkeiten, Interessen, Wertorientierungen und Lebensentwürfen sowie mit den Inhalten und Anforderungen, Chancen und Risiken von Arbeitstätigkeiten, Berufen und Arbeitsmärkten. Die damit einhergehenden Herausforderungen sind vielfältig. Ihre positive Bewältigung erfordert umfassende Bewältigungsstrategien, die vom Autor unter der Bezeichnung *Arbeits- und Berufsfindungskompetenz* gebündelt werden. Grundsätzlich besitzt das im Rahmen des Übergangs vom Bildung- ins Ausbildungssystem (*„erste Schwelle"*) erworbene Wissen und Können eine grundlegende Bedeutung hinsichtlich der Bewältigung späterer arbeits- und berufsbezogener Übergänge (Jung 2000: 94f. 2008b: 137f.).[28]

Die Übergangskategorie *Arbeits- und Berufsfindungskompetenz* verdichtet ein allgemeines Kompetenzverständnis als *Befähigung zur positiven Bewältigung komplexer Situationen* auf arbeits- und berufsbezogene Übergänge. Sie umschreibt die menschliche Eigenschaft, in Abhängigkeit von den individuellen Übergangsbedingungen kognitives, soziales und verhaltensbezogenes Wissen und Können so zu organisieren und einzusetzen, dass Ziele (Interessen, Wünsche) in Arbeits- und Berufsfindungsprozessen zu verwirklichen sind. Kompetenztheoretisch werden Übergänge – nicht nur arbeits- und berufsbezogene – vom Individuum als besondere Herausforderung wahrgenommen (erlebt, erlitten, genossen), die es positiv zu bewältigen gilt. Das „positive Bewältigen" meint, dass (individuell oder kollektiv) definierte Ziele bei Aufrechterhaltung individueller Werte und gesellschaftlicher Normen erreicht oder zumindest angestrebt werden. Der Aneignungsprozess basiert auf affektiv-volitionalen Aspekten, auf deren Grundlage weitere kompetenztheoretische Teilbereiche erschlossen werden. Entsprechende Konzeptionen wurden vom Autor in unterschiedlichen Veröffentlichungen (Jung 2000, 2007, 2008b, Jung/Oesterle 2009) domänenbezogen entfaltet und weiterentwickelt, wobei die jüngeren die Definitionen und Verfahrensweisen der Klieme-Expertise (Klieme u.a. 2003) einbeziehen. In Abb. 5.3 wird die aktuelle Fassung der Partialkompetenz Arbeits- und Berufsfindungskompetenz dokumentiert. Diese ist vierfach gestuft und in einen kognitiv-handelnden Bereich und einen affektiv-volitionalen Bereich gegliedert (dazu Kap. 6.6; S.104 ff.).

---

[28] Darauf zu verweisen bleibt, dass in den letzten Jahren im Rahmen der Beschreibung von Anforderungen, die sich auf den Übergang vom Bildungs- ins Ausbildungssystem beziehen, häufig die Bezeichnungen Ausbildungsreife und Ausbildungsfähigkeit verwandt werden. In deren begrifflicher Füllung überwiegen alltagstheoretische Betrachtungen, die auf Inhalten des Fähigkeitsbegriffs gründen und darüber hinaus versuchen, das gesamte, für den ersten arbeits- und berufsbezogenen Übergang bedeutsame Wollen, Wissen und Können einzubeziehen. Deutlich wird, dass mit dem als Fähigkeit oder Reife Bezeichneten, eigentlich Kompetenz gemeint ist (dazu Jung 2009b: 36f.).

Arbeits- und Berufsfindungskompetenz

Eigenschaft in Abhängigkeit von den individuellen Lebensbedingungen, kognitives, soziales und verhaltensmäßiges Wissen und Können so zu organisieren, einzusetzen und zu reflektieren, dass Ziele, Interessen und Wünsche in Arbeits- und Berufsfindungsprozessen zu verwirklichen sind.

Kompetenz-stufen	kognitiv-handelnder Bereich	affektiv-volitionaler Bereich
4. Gestalten / Reflektieren	Berufsbiografie planen - Alternativen suchen / entwickeln - Ursachen für Absagen reflektieren / erforschen - Übergangsdefizite überwinden - sich in Übergangsprozessen positionieren - ...	Grundlage für alle Ebenen, z.B. - gestalten wollen - Selbstbewusstsein und Gelassenheit entwickeln
3. Entscheiden / Handeln	Auswahlverfahren vorbereiten (Eignungstests, Assessment Center, Vorstellungsgespräche) - wettbewerbsfähige Bewerbungsunterlagen erstellen - nach freien Ausbildungsplätzen suchen - zwischen unterschiedlichen Ausbildungswegen entscheiden (vollzeitschulisch / dual) - eine Berufsentscheidung treffen - ...	- Einstellungen und Engagement entwickeln - Bereitschaft und Akzeptanz entwickeln
2. Bewerten / Urteilen	Berufliche Interessen und Fähigkeiten in Einklang bringen und Wunschberuf ermitteln - Berufe ermitteln, die zu eigenen Stärken passen - Berufe ermitteln, die zu persönlichen Interessen passen - ...	- couragiert agieren - Rückschläge verarbeiten - Herausforderungen annehmen
1. Wahrnehmen / Verstehen / Wiedergeben	Ausbildungsberufe und ihre Anforderungen kennen, z.B. - Aufgaben / Tätigkeiten - Arbeitsumgebung - Arbeitsgegenstände / Arbeitsmittel - Zugangsvoraussetzungen - Verdienst- / Beschäftigungsmöglichkeiten - Perspektiven - ...	- konzentriert arbeiten - Initiative entwickeln - Aufmerksamkeit aufbringen

Abb. 5.3 Arbeits- und Berufsfindungskompetenz (nach Jung/Oesterle 2010: 191)

Aus der kompetenztheoretischen Perspektive werden Bereitschaften und Engagements entwickelt, um die Übergangsherausforderung wahr- und anzunehmen. Kenntnisse über die Berufs- und Arbeitswelt sowie Übergangswissen und Können werden erworben um Entscheidungen zu treffen (z.B. Ausbildungsberuf – weiterführende Schule) und Lösungen herbei zu führen. Teil- und Zwischenergebnisse werden bewertet, evtl. verworfen oder weiterentwickelt, wodurch die eigene Handlungsfähigkeit verbessert wird. Eingeschlagene Wege, Entscheidungen und Ziele werden reflektiert und ggf. überdacht und korrigiert. Dabei sind Frustrationen zu bewältigen, Selbstbewusstsein und Gelassenheit aufzubauen (dazu: Jung 2008b:138).

5.5 Zur Kritik kompetenzbezogener Partialkonzepte

Kompetenztheoretische Partialkonzepte fokussieren den Kompetenzerwerb auf jeweilige als bedeutsam empfundene Teilbereiche. Damit verdichten sie das allgemeine Kompetenzverständnis auf eine Gruppe von Herausforderungen, die – wegen eines objektiven Regelungsbedarfs – als „Sonderdomäne" zu verstehen sind. Je nach Inhalt der Herausforderung und den Besonderheiten erforderlicher Bewältigungsverfahren sind sie auch domänenübergreifend zu verorten. Grundsätzlich leisten kompetenztheoretische Partialkonzepte einen wesentlichen Beitrag zur Verbesserung und Weiterentwicklung von Lebens-, Lern- und Arbeitssituationen. Der Kompetenzerwerb basiert (auch hier) auf der Annahme wahrgenommener Herausforderungen und nimmt den in Kapitel 2.2 dargestellten Verlauf, der als zielgerichtetes Zusammenwirken von Aspekten des Wollens, Wissens, Handelns und Reflektieren zusammengefasst verstanden wird.

Bei der Konzeptuierung partieller Kompetenzmodelle werden die an sich ganzheitlichen Aspekte des Kompetenzerwerbs der besonderen (partiellen) Zielsetzung untergeordnet, was wegen einer fehlenden „Kompetenzgrammatik" in der Tradition der den Diskurs führenden Disziplin verläuft, wobei durchaus kreative Elemente einfließen. Auch wird oftmals den konstituierenden Teilmengen Kompetenzstatus verliehen, was auf Unsicherheiten in der Verwendung pädagogischer Begrifflichkeiten verweist.

Bei genauer Betrachtung wird jedoch deutlich, dass trotz der Spezialität partieller Kompetenzkonzepte und ihre Verdichtung auf besondere Herausforderungen die Ganzheitlichkeit von Kompetenzerwerbsprozessen erhalten bleibt. So ist die von Euler als *Sozialkompetenz* definierte „wertbewusste Kommunikation" über bestimmte Inhalte in „spezifischen Typen von Situationen" nicht nur auf diesen partiellen Kompetenztyp zu begrenzen. Es fällt leicht, den gleichen Inhalt als wesentlichen Bestandteil der kommunikativen Kompetenz zu begründen. Auch ließe er sich als wesentliche (soziale und kommunikative) Teilmenge im Rahmen fachbezogener Domänen verorten, nämlich dann, wenn zur Bewältigung der fachlichen Herausforderung soziale Interaktionen/Kommunikationen erforderlich sind. Deshalb gilt das kompetenztheoretisch Grundsätzliche bei Hervorhebung besonderer Aspekte auch hier: Die Grundlage bilden affektive Komponenten (Motivation, Volition). Es gilt, Wissen und Können (in den unterschiedlichsten Formen) anzueignen, zu integrieren, weiter zu entwickeln und zu bewerten, um die ursächliche Herausforderung im Rahmen eines ganzheitlichen Kompetenzentwicklungsprozesses positiv zu bewältigen. Mit Blick auf die Kompensation besonderer Defizite und die Bewältigung spezieller Herausforderungen sind kompetenztheoretische Partialkonzepte als bedeutsam zu beurteilen. Denn wenn die Kompetenzerwerbsprozesse konstituierenden ursächlichen Herausforderungen von ihrer Anzahl, Art und Intensität her unbegrenzt sind, erscheint es ratsam, charakteristische Teilmengen zu bündeln. Hier lassen sich spezielle Teilaspekte (Intention, Ziele, Inhalte, Verfahrensweisen) in spezieller Weise (von besonderen Domänen) pointieren. Bei aller Unterschiedlichkeit in den Domänen wäre dabei eine gewisse kompetenztheoretische Einheitlichkeit („Kompetenzgrammatik") hilfreich.

6 Die Klieme-Expertise und der initiierte Reformprozess

Mit der Klieme-Expertise und der Rezeption der Weinertschen Kompetenzdefinition wurde im pädagogisch-didaktischen Kompetenzdiskurs eine neue Phase eingeleitet. Diese befreite das Kompetenzkonstrukt und die Konzepte der Kompetenzentwicklung von der dargestellten konzeptionellen Engführung und bereiteten sie für eine zeitgemäße pädagogisch-didaktische Nutzung sowie eine kompetenzdiagnostische Verwendung auf (Jung 2007: 113). Die Expertise *Zur Entwicklung nationaler Bildungsstandards* (Klieme u.a. 2003) wurde im Auftrag des Bundesbildungsministeriums und der Kultusministerkonferenz (KMK) verfasst. Sie ist funktional und strategisch als Bewältigungsstrategie gegen die damals aktuellen schulleistungsbezogenen Befunde internationaler Vergleichsstudien („Large-Scale-Assessment") gerichtet. Mit der Expertise werden wesentliche Begrifflichkeiten, Inhalte und Verfahrensweisen eines pädagogischen Reformprogramms definiert, die seitdem die fachdidaktischen und erziehungswissenschaftlichen Diskurse in den Phasen der Lehrerbildung und des Lehrerdaseins dominierte und über die Kultusadministrationen Einzug in die Schulen gehalten hat.

Erinnern wir uns: Die im Dezember 2001 veröffentlichte erste *Pisa-Studie* (Deutsches PISA-Konsortium 2001) bescheinigte deutschen Schülerinnen und Schülern in den überprüften Bereichen ein unterdurchschnittliches Leistungsniveau. Entgegen der deutschen Tradition einer verstärkten Wissensreproduktion orientierte sich die Studie am angelsächsischen Literacy-Konzept. Literacy umschreibt eine universelle Basiskompetenz, *„die eine aktive Teilnahme am gesellschaftlichen Leben in der modernen Gesellschaft"* ermöglichen soll (Moschner 2003: 54). Im Gegensatz zu der in Deutschland überwiegend praktizierten Reproduktion von Wissen (dazu Weinert: 1998) zentrierten sich die Testinhalte *„um fachliche und überfachliche Basiskompetenzen, um die Fähigkeit zur Anwendung erworbener Kompetenzen in authentischen Lebenssituationen und um die Anschlussfähigkeit des Wissens"* (Kiper 2003: 70f.). Angesichts der Verschiedenheiten im Bildungsverständnis verwundert es nicht, dass deutsche Schülerinnen und Schüler in internationalen Vergleichstests nur begrenzter Erfolg beschieden werden konnte. Deshalb belegten die Ergebnisse, dass anwendungsorientierte Testansätze in Deutschland die Potentiale für weiterführendes kumulatives Lernen erfassen, „zu niederschmetternden Ergebnissen führen können". Zwar werde viel gelernt, es würden aber keine Kompetenzen entwickelt, was das Gelernte als „träges Wissen" kennzeichne (Prenzel/Gogolin/Krüger 2007: 5f.). Als Resümee der unbefriedigenden Leistungen deutscher Schülerinnen und Schüler merkt Weinert (1998: 109) kritisch an, „dass der Unterricht im Durchschnitt zu pseudohaft leistungsbezogen und zu wenig lernortientiert" sei. (dazu: Kap. 9.2, S. 148 ff.).

Als Reaktion auf die „PISA-Katastrophe" beschloss die ständige Konferenz der Kultusminister in der Bundesrepublik Deutschland (KMK) die Einführung bundesweiter Bildungsstandards in den Fächern Deutsch, Mathematik und der ersten Fremdsprache. Konzepte und Strategien zur Bewältigung der Misere wurden in der bereits benannten Expertise (Klieme u. a. 2003) dokumentiert. Diese wurde von 11 namhaften Erziehungswissenschaftlern im Auftrag des Bundesministeriums für Bildung und Forschung und der Kultusministerkonferenz unter Federführung von Eckhard Klieme verfasst, weshalb sie im Weiteren als *Klieme-Expertise* bezeichnet wird. In ihr erfuhr der Kompetenzbegriff eine besondere Bedeutung und Verwendung. Das aus der Expertise erwachsene Innovationsprogramm umfasst die Phasen:

1. Entwicklung von domänen- resp. fachspezifischen Kompetenzmodellen
2. Entwurf von Aufgabensätzen zur Leistungsmessung
3. Durchführung und Auswertung der Erhebung
4. Monitoring (Sloane/Dilger 2005: 2).

6.1 Begriffe und Instrumente der Klieme-Expertise

Die Klieme-Expertise definiert wesentliche Begriffe und Verfahrensweisen für das aktuelle Reformprogramm, von denen drei (Kompetenz, Kompetenzmodelle und Bildungsstandards) für die anstehende Thematik zu erschließen sind. Ihr Inhalt beflügelte seither nahezu alle pädagogischen und fachdidaktischen Diskurse und provozierte eine in der Fülle nahezu unüberschaubare Sekundärliteratur. Trotz ihrer weiten Verbreitung kann auf eine kurze Darstellung des für den Kompetenzerwerb Wesentlichen nicht verzichtet werden:

☞ Unter **Kompetenzen** werden – gemäß der Definition Weinerts – die „bei Individuen verfügbaren oder durch sie erlernbaren kognitiven Fähigkeiten und psychomotorischen Fertigkeiten" verstanden, „um bestimmte Probleme zu lösen, sowie die damit verbundenen motivationalen, volitionalen und sozialen Bereitschaften und Fähigkeiten" bereit zu stellen, „um die Problemlösungen in variablen Situationen erfolgreich und verantwortungsvoll nutzen zu können" (Klieme u.a. 2003: 21; Weinert 2001: 27f.). Mit der Übernahme der Weinertschen Definition grenzt sich die

Klieme-Kommission ausdrücklich von den aus „der Berufspädagogik stammenden und in der Öffentlichkeit viel gebrauchten Kompetenzkonzepten der Sach-, Methoden-, Sozial- und Personalkompetenz" ab. Mit Blick auf ihre Messbarkeit (s. Kap. 11) im Rahmen üblicher Testverfahren werden die in Bildungsprozessen angestrebten Kompetenzen als Leistungsdispositionen in bestimmten „Domänen" verstanden (Klieme et al 2003: 22). Sie sind so konkret zu definieren, dass sie in Aufgabenstellungen umgesetzt und mit Hilfe von Testverfahren erfasst werden können. Deshalb wird der konkreten Darstellung von fach- oder lernbereichsbezogenen Kompetenzen, ihren Dimensionen und Niveaustufen eine große Bedeutung beigemessen.

> Von *Kompetenz* kann gesprochen werden, wenn:
>
> von den Lernenden gegebene Fähigkeiten genutzt und erweitert werden,
>
> auf vorhandenes Wissen zurückgegriffen und dieses eigenständig beschafft und erweitert werden kann,
>
> die Fähigkeit, sich Wissen zu beschaffen und anzueignen, gegeben ist oder entwickelt wird,
>
> wesentliche fachliche Inhalte und zentrale Zusammenhänge einer Domäne verstanden werden,
>
> Handlungsentscheidungen getroffen und strategisch entwickelt werden,
>
> in die Durchführung der Handlung verfügbare Fertigkeiten einfließen,
>
> Gelegenheiten genutzt und Erfahrungen gesammelt werden,
>
> aufgrund entsprechender handlungsbegleitender Kognition genügend Motivation zum Handeln gegeben ist.

Abb. 6.1: Anforderungen an ein pädagogisches Kompetenzverständnis (Klieme u.a. 2003: 74f.)

Kompetenzmodelle beschreiben „auf der Basis fachdidaktischer Konzepte die Komponenten und Stufen der Kompetenzen und stützen sich dabei auf pädagogisch-psychologische Forschungen zum Aufbau von Wissen und Können" (Klieme u.a. 2003: 17). Sie sind wissenschaftliche Konstrukte, die in einem Fachgebiet (Domäne) Aussagen darüber treffen, welche Handlungen und mentale Operationen vom Lernenden am Ende einer Kompetenzstufe zu erwarten sind. Damit konkretisieren sie Inhalte und Stufen der allgemeinen Bildung und formulieren „eine pragmatische Antwort auf die Konstruktions- und Legitimationsprobleme traditioneller Bildungs-

und Lehrplandebatten" (ebd. 9)[29]. Kompetenzmodelle bündeln den an die Einzelkompetenz gestellten Anspruch Domänen bezogen, ordnen die unterschiedlichen Kompetenzen systematisch nach *Aspekten, Abstufungen und Entwicklungsverläufen* und unterscheiden dabei Niveaustufen, Dimensionen und Teildimensionen: Jede Kompetenzstufe ist *„durch kognitive Prozesse und Handlungen von bestimmter Qualität spezifiziert"*, die Lernende am Ende dieser Stufe bewältigen können sollen, nicht aber diejenigen, die einer niedrigeren Stufe angehören (Klieme u.a. 2003: 22f.).

☞ Kompetenzmodelle besitzen eine doppelte Bedeutung: Einerseits beschreiben sie *„das Gefüge der Anforderungen, deren Bewältigung von Schülerinnen und Schülern erwartet wird (Kompetenzstrukturmodell)"* und andererseits liefern sie wissenschaftlich begründete Vorstellungen darüber, *„welche Abstufungen eine Kompetenz annehmen kann bzw. welche Grade oder Niveaustufen sich bei den einzelnen Schülerinnen und Schülern feststellen lassen"* (Kompetenzentwicklungsmodell; Meschenmoser 2009: 14). Damit bilden Kompetenzmodelle die Grundlage für die Operationalisierung von Bildungszielen, die den *„Output des Bildungssystems über das Erstellen von Testverfahren empirisch zu überprüfen erlauben"*. Sie besitzen eine Vermittlungsfunktion zwischen den abstrakten Bildungszielen und den konkreten Aufgabenstellungen, erteilen Hilfen bei der Konstruktion von Testverfahren. Darüber hinaus bieten sie Anhaltspunkte für eine Unterrichtspraxis, die an den Lernprozessen und Lernergebnissen der Lernenden orientiert ist und nicht alleine *„an der fachlichen Systematik von Lerninhalten"* (ebd. 71). Den Lehrenden stellen Kompetenzmodelle ein Referenzsystem für ihr professionelles Handeln zu Verfügung.

Bildungsstandards umschreiben *„präzise, verständlich und fokussiert"* die wesentlichen Ziele der pädagogischen Arbeit und konkretisieren so den schulischen Bildungsauftrag. Sie legen fest, welche Kompetenzen („Wissen, Können, Reflektieren") Lernende in bestimmten Zeiteinheiten (Jahrgangs- oder Schulstufen) erworben haben sollen. Damit definieren sie konkrete Anforderungen an das Lehren und Lernen, den so genannten Output. Als Merkmale guter *Bildungsstandards* werden die nachstehenden Faktoren umfangreich begründet (Klieme u.a. 2003, 24-30).

☞ Bildungsstandards dürfen nicht aus einer Auflistung von *Lehrstoffen* und *Lerninhalten* bestehen. Vielmehr haben sie *„Grunddimensionen der Lernentwicklung in einem Gegenstandsbereich"* (Fach, Lernbereich, Domäne) zum Ausdruck zu bringen. Nationale Bildungsstandards überwinden darüber hinaus föderale Grenzen und tragen dazu bei, dass gleichaltrige Lernende in der gesamten Bundesrepublik über ein vergleichbares Wissen und Können verfügen. Damit bringen sie den Paradigma-

---

[29] Der damit einhergehende Paradigmawechsel wird als Wandel von der Input- zur Output-Orientierung beschrieben (s.u.).

wechsel zum Ausdruck, der als der Wandel „von der Input-Orientierung zur Output-Orientierung" beschrieben wird. Ebenfalls wird ihnen bei der Sicherung der Qualität schulischer Arbeit ein hoher Stellenwert zugestanden. Damit greifen Bildungsstandards allgemeine Bildungsziele (wie z.b. die freie Entfaltung der Persönlichkeit, selbstbestimmtes Handeln, Aufgeschlossenheit, Toleranz, und Gerechtigkeitssinn) auf und legen fest, welche Kompetenzen Lernende bis zu einer bestimmten Jahrgangsstufe erworben haben sollen. Dabei sind die angestrebten Kompetenzen so konkret zu beschreiben, dass sie in Aufgabenstellungen umgesetzt und mit Hilfe von Testverfahren erfasst werden können. Im Rahmen des Konzeptes wird der Darstellung von fach- oder lernbereichsbezogenen Kompetenzen, ihrer Teildimensionen und Niveaustufen eine große Bedeutung zugeschrieben (Klieme u.a. 2003: 73ff.).

Merkmale guter Bildungsstandards

Fachlichkeit: Bildungsstandards sind jeweils auf einen bestimmten Lernbereich bezogen und arbeiten die Grundprinzipien der Disziplin bzw. des Unterrichtsfachs klar heraus.

Fokussierung: Die Standards decken nicht die gesamte Breite des Lernbereiches bzw. Faches in allen Verästelungen ab, sondern konzentrieren sich auf einen Kernbereich.

Kumulativität: Bildungsstandards beziehen sich auf die Kompetenzen, die bis zu einem bestimmten Zeitpunkt im Verlauf der Lerngeschichte aufgebaut worden sind. Damit zielen sie auf kumulatives, systematisch vernetztes Lernen.

Verbindlichkeit für alle: Sie drücken die Mindestvoraussetzungen aus, die von allen Lernern erwartet werden. Diese Mindeststandards müssen schulformübergreifend für alle Schülerinnen und Schüler gelten.

Differenzierung: Die Standards legen aber nicht nur eine „Messlatte" an, sondern differenzieren zwischen Kompetenzstufen, die über und unter bzw. vor und nach dem Erreichen des Mindestniveaus liegen. Sie machen so Lernentwicklungen verstehbar und ermöglichen weitere Abstufungen und Profilbildungen, die ergänzende Anforderungen in einem Land, einer Schule, einer Schulform darstellen.

Verständlichkeit: Die Bildungsstandards sind klar, knapp und nachvollziehbar formuliert.

Realisierbarkeit: Die Anforderungen stellen eine Herausforderung für die Lernenden und die Lehrenden dar, sind aber mit realistischem Aufwand erreichbar.

Abb. 6.2 Merkmale Bildungsstandards (Kurzversion nach Meschenmoser 2009: 12f.)

6.2 Anmerkungen zum Stand der Umsetzung

Durch die zeitlichen Vorgaben der Erhebungswellen waren die PISA-Disziplinen (Deutsch, Mathematik, 1. Fremdsprache, Naturwissenschaften) gefordert, dem in der Expertise definierten Verfahren zu entsprechen und Kompetenzen, Kompetenzmodelle sowie Bildungsstandards zu entwerfen. Jedoch wollten die anderen, bisher nicht in den Prozess einbezogenen fachdidaktischen Disziplinen, keine Randfächer sein und nicht in der kompetenztheoretischen Aufbereitung ihrer Gegenstandsbereiche nachstehen. Deshalb entwarfen sie ihre Modelle und Standards, teilweise unter großem Zeitdruck (dazu Köller 2009: 39). Auch deshalb konnten die in der Expertise definierten Konzepte und Verfahrensweisen nicht einmal zwischen benachbarten Disziplinen in einer Fächergruppe abgestimmt werden. Der kurze Rückblick verdeutlicht, dass ein administrativ gesetzter Termin fachdidaktische Diskurse und Adaptionen der Klieme-Expertise sowie der dort modellierten Verfahrensweisen begrenzte. Deshalb kamen erforderliche tiefere kompetenztheoretische Reflexionen manchmal zu kurz, so dass das Entworfene oftmals einer Nachbehandlung bedurfte. Wie die Flut der Sekundärliteratur zeigt, kann das mit Blick auf die Expertise Rezipierte, je nach dem ob es aus der pädagogischen (allgemein-, schul- oder berufspädagogischen) oder der messpsychologischen, aus der allgemein- oder fachdidaktischen Perspektive oder gar der Perspektive der Bildungsadministration intendiert wurde, erheblich variieren. In die erstellten Kompetenzmodelle fließen die unterschiedlichen fachdidaktischen Traditionen ein. Gelegentlich bleibt jedoch unklar, ob sie als Kompetenzniveaus- oder Kompetenzstrukturmodell verstanden werden sollen.[30] Beide Modelle sind im Rahmen der empirischen Erfassung von Kompetenzen bedeutsam. Sie heben unterschiedliche Aspekte hervor und ergänzen sich gegenseitig.

☞ **Kompetenzniveaumodelle** befassen sich mit der Frage, welche spezifischen Anforderungen unterschiedliche Personen bewältigen können. Sie dienen der Ergebnismessung von Bildungsprozessen (Output) und deren Evaluation. Ebenfalls sind sie auch bei der Formulierung und Untersuchung von Modellen der Kompetenzentwicklung nützlich. Kompetenzniveaumodelle definieren Skalenabschnitte und beschreiben inhaltliche Bereiche. Dabei werden Methoden der Item-Response-Theorie angewandt (s. Kap 10.4.8; S.201), die auf einer gemeinsamen Skala die Kompetenzen der Testperson und die Schwierigkeit der Aufgabe darstellen. Hierdurch sind Aussagen möglich, welche Aufgaben Personen mit unterschiedlicher

---

[30] Auf Inhalt und Funktion der Schulstufen bezogenen Kompetenzmodelle, die das Wissen und Können der Lernenden am Ende einer Bildungsstufe beschreiben, braucht nicht näher eingegangen werden.

Kompetenz bewältigen können und welche nicht. Der Bezug der gemessenen Kompetenzen auf die spezifischen Anforderungen ermöglicht „*Vergleiche zwischen dem empirisch beobachteten Leistungsniveau und dem als Ergebnis des Bildungsprozesses angestrebten Niveau"*, das z.b. durch Bildungsstandards formuliert wird (Klieme u.a. 2007: 11f.).

☞ **Kompetenzstrukturmodelle** befassen sich damit, wie die Bewältigung unterschiedlicher Anforderungen zusammenhängt und durch welche (und wie viele) Dimensionen Unterschiede beschrieben werden können. Sie sind bei Forschungsfragen relevant, die sich mit der Diagnostik von Teilkompetenzen befassen (Klieme u.a. 2007: 11). Hier gilt es Kompetenzkonstrukte in der Weise zu dimensionieren, dass z.B. Zusammenhänge zwischen Kompetenzen unterschiedlicher Bereiche, die im hohen Maße korrelieren, auf einer Skala zusammengefasst werden. Auch kann es sinnvoll sein, bei geringer Korrelation separate Bereiche zu bilden. Kompetenzstrukturmodelle umschreiben auch die Binnenstruktur einzelner Kompetenzbereiche (Teilkompetenzen und Zusammenhänge). Sie ermöglichen es, das Kompetenzkonstrukt hinsichtlich zugrunde gelegter Teilkompetenzen (spezifisches Wissen, Fähigkeiten, Fertigkeiten) zu modellieren (ebd. 12f.).[31]

6.3 Diagnostische Präzisionen und Abgrenzungen

Die in Kapitel 2 vollzogene Auseinandersetzung mit dem Kompetenzkonstrukt und dem Kompetenzerwerb wurden eher aus einer grundlegenden Perspektive vollzogen. Im Mittelpunkt stand die prozessuale Verknüpfung unterschiedlicher Kompetenz konstituierender Aspekte. Eine geringe Beachtung fand die im Zusammenhang mit internationalen Vergleichsstudien („Large-Scale-Assessment") stehende Kompetenzdiagnostik. Im Hinblick auf die Quantifizierung individueller Schülerleistungen und schulischer Qualitätsanforderungen ist ein Umdenken erforderlich. Was einst im Rahmen der PISA-Erhebungen auf spezifische domänenbezogene Kompetenzen (Lesekompetenz usw.) bezogen wurde, ist zwischenzeitlich zu einer Herausforderung für alle mit Bildung Befassten geworden. Jedoch resultieren aus der breiten wissenschaftlichen Verwendung des Kompetenzkonstrukts und dem Einbezug des administrativen Kontextes eine Vielfalt von Definitionen, Strategien und Ausgestaltungen, die auch von den Traditionen der jeweiligen Wissenschaftsdisziplin beeinflusst werden. Alles zusammen hat einen lebhaften interdisziplinär angelegten Diskurs über das Kompetenzkonstrukt und die Konzeptionen des Erwerbs ausgelöst

---

[31] Im Vergleich zu eindimensionalen Kompetenzstrukturmodellen bieten mehrdimensionale psychometrische Modelle die Chance differenzierter Diagnostik bei gleichzeitiger Prüfung von Annahmen über die Struktur der erfassten Kompetenz und der Teilkompetenzen (ebd. 13).

(Hartig/Klieme 2006: 128), dessen Ergebnisse Weinert (2001 a) als „konzeptionelle Inflation" beklagt. Angesichts einer alltagssprachlichen Vielfalt des Kompetenzbegriffs hielt er für die wissenschaftliche Verwendung eine explizite, präzisierende Definition als erforderlich. Weinert (1999) unterscheidet die nachstehenden Varianten des Kompetenzbegriffs:

Kompetenzen als generelle kognitive Leistungsdispositionen, die Personen befähigen, sehr unterschiedliche Aufgaben zu bewältigen,

Kompetenzen als kontextspezifische kognitive Leistungsdispositionen, die sich funktional auf bestimmte Klassen von Situationen und Anforderungen beziehen. Diese spezifischen Leistungsdispositionen lassen sich auch als Kenntnisse, Fertigkeiten oder Routinen charakterisieren,

Kompetenzen im Sinne der für die Bewältigung von anspruchsvollen Aufgaben nötigen motivationalen Orientierungen,

Handlungskompetenz als eine Integration der drei erstgenannten Konzepte, bezogen auf die Anforderungen eines spezifischen Handlungsfeldes wie z.B. eines Berufes,

Metakompetenzen als das Wissen, die Strategien oder die Motivationen, welche sowohl den Erwerb als auch die Anwendung spezifischer Kompetenzen erleichtern,

Schlüsselkompetenzen als die Kompetenzen im unter b) genannten funktionalen Sinn, die für einen relativ breiten Bereich von Situationen und Anforderungen relevant sind. Hierzu gehören z.B. muttersprachliche oder mathematische Kenntnisse (nach Hartig/Klieme ebd.: 128-129).

☞ Deutlich wird, dass hauptsächlich die erste Definition eine große inhaltliche Nähe zu Definitionen von allgemeiner Intelligenz besitzt, weshalb Weinert – unter Abwägung unterschiedlicher Standpunkte – eine Eingrenzung auf die zweite empfiehlt. Diese Definition enthält zwei wesentliche Restriktionen. Einerseits werden „Kompetenzen funktional bestimmt, d.h. bereichsspezifisch auf einen bestimmten Sektor von Kontexten und Situationen bezogen", andererseits reduziert sie Kompetenz auf den kognitiven Bereich (ebd. 129). Erstes grenzt allgemeine intellektuelle Fähigkeiten aus der Kompetenzdefinition aus, zweites bezieht die motivationalen und affektiven Voraussetzungen nicht ein. Die Eingrenzung wird von Weinert (2001) an anderer Stelle nicht ganz so streng vorgenommen. Jedoch reduziert sie Kompetenz auf das in internationalen Vergleichsstudien (PISA, TIMMS, PIRLS) diagnostisch Geforderte und Machbare, wodurch sie durch übliche Testverfahren messbar wird. Deshalb wird die *Weinertsche Eingrenzung* auch von Hartig/Klieme (ebd. 129) als Arbeitsgrundlage für die empirische Kompetenzdiagnostik übernommen. Jedoch ruft das aus der diagnostischen Perspektive Erforderliche definitorische Probleme hervor, die es einzugrenzen gilt.

6.3.1 Kompetenz - Intelligenz

Die offen gelegte Ähnlichkeit der Definitionen von Kompetenz und Intelligenz erfordert eine klare Abgrenzung, was bei einer auf kognitive Leitungsdispositionen eingegrenzten Kompetenzdefinition nicht leicht fällt. Vielmehr sind begriffliche Verwandtschaften und inhaltliche Überlappungen zu registrieren, wobei der Intelligenzbegriff ebenfalls nicht eindeutig definiert ist. Intelligenz wird als Fähigkeit verstanden, sich in „neuen Situationen auf Grund von Einsichten" zurechtzufinden und „Aufgaben mit Hilfe des Denkens zu lösen". Wesentliches Element dabei sei die „Erfassung von Beziehungen" und nicht die bereits erworbenen Erfahrungen (Neubauer 2005: 323). Grundsätzlichere Definitionen sehen Intelligenz als den Ausdruck einer „mehr oder weniger erfolgreichen Bewährung eines Lebewesens in einer bestimmten Umwelt" an, die sich einerseits anpasst (Akkommodation) und die andererseits im Rahmen vorhandener Möglichkeiten aktiv gestaltet (Assimilation) wird. Die über die Bewältigung bestimmter Anforderungen sichtbar werdende Intelligenz sei „von Merkmalen kognitiver Verarbeitung wie auch von Wissen" abhängig und diene z.B. zur „Erklärung interindividueller Unterschiede beim Problemlösen" (Funke 2006: 48).

Die Ähnlichkeit der Begriffe, die beide Sammelbegriffe für grundlegende kognitive Fähigkeiten darstellen (Hartig 2008:16), provoziert einerseits Fragen nach der begrifflichen Abgrenzung. Andererseits führt sie zu der Erkenntnis, dass die Kompetenzerfassung im Rahmen der Schulleistungsstudien nach standardisierten Leistungstests erfolgen kann, die denen in der Intelligenzdiagnostik stark ähneln (Hartig/Klieme ebd.). Dies erklärt sich aus den Besonderheiten des lernweltlichen Lebensbereichs, die das Bewältigen von Situationen (Kompetenz) weitgehend auf kognitive Problemstellungen reduzieren, deren generelle Lösungsfähigkeit als Intelligenz bezeichnet wird. Die Unterschiedlichkeit der Begriffe lässt sich durch die Gegenüberstellung der Kriterien: Kontextualisierung, Lernbarkeit und Binnenstruktur verdeutlichen, die in Abb. 6.4 stark komprimiert dargestellt werden. Besondere Schwierigkeiten bereitet die Abgrenzung, wenn der Kompetenzbegriff als Leistungsdisposition für die Beschreibung breiter Situationsbereiche verwandt wird. Fächerübergreifende Kompetenzen, Schlüsselkompetenzen (Weinert) oder auch

Problemlösekompetenzen überwinden die Kontextspezifität und damit die begründete Abgrenzung.³²

Kompetenz	Intelligenz
• Kontextualisiert; Fähigkeit, spezifische Situationen und Anforderungen zu bewältigen • Lernbar, wird durch Erfahrung mit den spezifischen Anforderungen und Situationen erworben • Binnenstruktur ergibt sich aus Situationen und Anforderungen	• Generalisierbar, Fähigkeit, neue Probleme zu lösen • Zeitlich stabil, zu bedeutsamen Teilen durch biologische Faktoren determiniert • Binnenstruktur ergibt sich aus grundlegenden kognitiven Prozessen

Abb. 6.3: Konzeptuelle Charakteristika: Kompetenz und Intelligenz (Hartig/Klieme 2006: 130f.)

6.3.2 Kompetenz – Bildung

Um den einleitend formulierten Anspruch einer Klärung und Abgrenzung wesentlicher pädagogischer Leitbegriffe einzulösen, soll der Kompetenzbegriff ebenfalls vom Bildungsbegriff unterschieden werden. Bildung gehört in der deutschen Erziehungswissenschaft zu den wichtigsten theoretischen Begriffen (dazu: Lichtenstein 1971: 921-937; Gudjons 1995: 198-205). Sie beschreibt „den Vorgang der Entfaltung der Individualität eines Menschen und seiner geistigen Formung in Auseinandersetzung mit den Gegenständen der Kultur und Umwelt" (Massing 2007: 39). Damit bezieht sie sich sowohl auf den Vorgang *(des sich Bildens)* selbst sowie auf dessen Resultat *(das gebildet sein)*. Der Bildungsbegriff kann auf eine bewegte Genese verweisen, der ihn wegen der gesellschaftlich-kulturellen Bedingtheit und der geschichtlichen Wandelbarkeit des anzustrebenden Bildungsideals unter Ideologieverdacht geraten ließ (dazu: Lichtenstein 1971: 921; Blankertz 1974: 67 ff.; Klemm u.a. 1986: 162). Seine zeitgemäße pädagogische Begründung ist eng mit dem Namen Wolfgang Klafki verbunden. Er definiert Bildung als den selbsttätig erarbeiteten und personal verantwortbaren Zusammenhang der Grundfähigkeiten zur Selbstbestimmung, Mitbestimmung und Solidarität.³³ Damit bezieht er die philosophi-

---

32 Hartig (2008: 16 f.) warnt davor („solle gut geprüft werden") Konstrukte breit angelegter generalisierbarer Leistungsdispositionen als Kompetenzen zu bezeichnen und will die Existenz bereits etablierter Konstrukte geprüft haben, „mit denen die Dispositionen angemessener beschrieben werden können".

33 Klafki definiert den Bildungsbegriff in dreifacher Weise als allgemeinen, da er a) als demokratisches Bürgerrecht und Bedingung der Selbstbestimmung Bildung für alle sei; b) zur Einlösung des

schen Wurzeln Adornos (1971: 44) ein, der Bildung als „Förderung der Eigenständigkeit und Selbstbestimmung eines Menschen" definierte, die durch „intensive sinnliche Aneignung und gedankliche Auseinandersetzung mit der ökonomischen, kulturellen und sozialen Lebenswelt entsteht" (Raithel u.a. 2007: S. 36). Ein so verstandener Bildungsbegriff zielt auf die Förderung der im Menschen angelegten und durch Erziehung hervorzubringenden Fähigkeiten (Jung 1993: 4 ff.). Bildung im Sinne der Aufklärung ist Befreiung von selbstverschuldeter Unmündigkeit. Der Erwerb der Bildungsgegenstände erfordert eine lebenslange, alle Lebensbereiche umfassende eigenständige Leistung des sich Bildenden. Personales Ziel ist die „relativ autonome Persönlichkeit", die ihre Bedürfnisse zu artikulieren und ihre Interessen durchzusetzen vermag (Lempert 1974: 56). Diese zeigt sich fähig und in der Lage, situative Herausforderungen im Sinne des hier verwandten Kompetenzverständnisses zu bewältigen. Hierzu gilt es, sich spezielles Wissen über Sachverhalte, Regeln und Prozeduren anzueignen, methodisches Können (Lösungswege, Verfahrensweisen) zu entwickeln, zu erproben und zu optimieren sowie Ziele, Ergebnisse und Verfahrensweisen einer kritischen Reflexion zu unterziehen. Dabei verläuft der Bildungserwerb von der Mithilfe von Vermittlern (Instruktion) zu immer mehr Eigenständigkeit (Konstruktion) bei der geistigen Auseinandersetzung mit Ideen und Daseinsdeutungen.

Im Rahmen einer Abgrenzung der beiden Begriffe belegen Klieme/Hartig (2007: 22) zwei Argumentationslinien. Die erste lässt Bildung („Prozess der Selbstentfaltung und Aneignung") *mehr sein* als Kompetenzerwerb („funktionales Wissen"). Die andere sieht Bildung („Entfaltung einer persönlichen Identität und Teilhabe an sozialem Austausch") unabhängig vom erreichten Kompetenzniveau und fordert eine Abkopplung der Bildung von bestimmten Kompetenzansprüchen und Leistungsmaßstäben. Gerade die Eingrenzung des Kompetenzverständnisses auf das diagnostisch Erforderliche provoziert Vorschläge, Bildung im Sinne der *Entwicklung von persönlicher Identität* grundsätzlich von fachorientierten Konzepten der Kompetenz, im Sinne eines „relativen Abschneidens in Prüfungen", zu unterscheiden.

☞ Grundsätzlich verhält sich Bildung zur Kompetenz wie das Allgemeine zum Speziellen. Bildung ist zweckfrei, lebenslang und generell, Kompetenz zweckge-

---

Mitbestimmungs- und Selbstbestimmungsprinzips einen verbindlichen Kern des Gemeinsamen haben müsse („Aneignung der die Menschen gemeinsam angehenden Fragen und Problemstellungen ihrer geschichtlich gewordenen Gegenwart und der sich abzeichnenden Zukunft") und c) in Hinsicht auf die freie Entfaltung der Persönlichkeit, Bildung in allen Grunddimensionen menschlicher Fähigkeiten gewährleistet. Also „als Bildung der kognitiven Möglichkeiten, der handwerklich-technischen Produktivität, der Ausbildung zwischenmenschlicher Beziehungsmöglichkeiten ..., der ästhetischen Wahrnehmungs-, Gestaltungs- und Urteilsfähigkeit, der ethischen und politischen Entscheidungs- und Handlungsfähigkeit". Dadurch überwindet er die in der deutschen Bildungstradition vorherrschende Unterscheidung von Bildung und Ausbildung (Klafki 1990: 300f.).

bunden, situativ und domänenbezogen, was Bildung ohne Kompetenz als unmöglich erscheinen lässt.

Kompetenz	Bildung
• Kontextualisiert; Fähigkeit, spezifische Situationen und Anforderungen zu bewältigen • Lernbar, wird durch Erfahrung mit den spezifischen Anforderungen und Situationen erworben • Binnenstruktur ergibt sich aus Situationen und Anforderungen	• Verbindung zwischen Welt und Mensch, allgemein und universell, überragt die zweckgebundene Spezialbildung • Wird in Bildungsprozessen erworben, ist zweckfrei und generell, lebenslanger Prozess • Binnenstruktur umfasst alle Grundfähigkeiten und alle Lebensbereiche

Abb. 6.4: Konzeptuelle Charakteristika Kompetenz und Bildung

6.4 Von der Facette zum Modell

Trotz der Definition von Begriffen und Verfahrensweisen durch die Klieme-Expertise gibt es mit Blick auf die Bewältigung von Lernanforderungen einen darüber hinaus gehenden Klärungsbedarf.

☞ Über die in Kap. 2 dargestellten kompetenztheoretischen Grundlagen hinaus wäre zu fragen, welchen Abstufungen und Entwicklungsverläufen Kompetenzen unterliegen und auf welche Weise Kompetenzmodelle zu generieren sind.

☞ Zwar wurde das Zusammenwirken der Kompetenzfacetten zur Kompetenz in Kapitel 2.6 als prozessuale Verknüpfung bekannter pädagogischer Faktoren (Facetten) erläutert und graphisch dargestellt.[34] Hinsichtlich der Generierung von Kompetenzmodellen erscheint es darüber hinaus erforderlich, domänenbezogene Anforderungsbereiche über das angestrebte Wissen und Können (Kompetenz) ganzheitlich zu gruppieren und die Gruppen modellhaft zu bündeln.

Diesem Ziel folgend, werden zwei Konkretisierungen vorgenommen. In einem ersten Schritt werden elementare Facetten zu handlungsbezogenen Kompetenzaspekten

---

[34] Kompetenz konstituierte sich als zielgerichtetes Zusammenwirken dieser Facetten, die in der Regel in der pädagogisch-didaktischen Literatur getrennt voneinander behandelt werden und bei der Bewältigung von Herausforderung prozessual aktualisiert werden und zielgerichtet zusammenwirken (s. Kap 2.7, 26ff.). Der Prozess wurde als zirkulär und spiralförmig verlaufend erläutert: nach einmaligem Durchlaufen wird ein erhöhtes Niveau erreicht, so dass bei der Bewältigung zukünftiger Herausforderungen von einer erhöhten Basis ausgegangen werden kann (Jung 2000: 96, 115).

und diese in einem zweiten zu Kompetenzbereichen/Dimensionen integriert (Abb. 6.5).

Abb. 6.5: Von der Kompetenzfacette zu Kompetenzbereichen

Die Kompetenzbereiche/Dimensionen umfassen die bekannten Fähigkeiten, die in ihrem prozessualen Zusammenwirken Kompetenz bewirken und von manchen Autoren als eigenständige Kompetenzen bezeichnet werden.

Jedoch ist damit noch kein Kompetenzmodell beschrieben, dass
- das Gefüge von Anforderungen definiert, was von Lernenden zu erfüllen ist,
- die zum Erwerb von Wissen und Können einzuschlagenden Wege aufzeigt und

- wissenschaftlich begründete Vorstellungen darüber liefert, „welche Abstufungen eine Kompetenz annehmen kann bzw. welche Grade oder Niveaustufen" sich bei Lernenden feststellen lassen (Klieme u.a. 2003: 71ff.).[35]

6.5 Die Gestuftheit des Kompetenzerwerbs

Obwohl die komplexen Prozesse des Kompetenzerwerbs nicht exakt zu systematisieren und zu ritualisieren sind, erscheint es erforderlich genauere Vorstellungen über den Aufbau und die Entwicklungsverläufe zu besitzen. Gerade bei der Kompetenzvermittlung, dem eher auf der Instruktion als angeleitetem Prozess beruhenden Kompetenzerwerb, erscheint dies unerlässlich, da sie als Vorstufe zum selbst gesteuerten Kompetenzerwerb anzusehen ist. Die Begründung eines geordneten und gestuften Kompetenzmodells basiert auf einer intensiven Analyse von Prozessen des Kompetenzerwerbs, wobei implizierte Gemeinsamkeiten zu generalisieren und aufbauend zu stufen sind (Jung 2008b: 141). Dabei darf die generierte Struktur keinesfalls als additiv und statisch verstanden werden. Wollen, Wissen, Handeln und Reflektieren entwickeln sich dynamisch und bedingen sich wechselseitig: Wer viel *weiß*, kennt auch spezielle Strukturen und Prozeduren, wer viel *kann* wendet auch Wissen über Methoden und Verfahrensweisen an, wer viel *weiß* und *kann* muss über Vieles optimierend nachdenken. Die motivationalen und volitionalen Aspekte sind für alle Bereiche (Wissen, Können und Reflektieren) grundlegend, ebenso wie die Reflektion alle Bereiche des Kompetenzerwerbs umfasst.

Mit dieser Erkenntnis erhalten allgemeinpädagogische und berufspädagogische Kompetenzerwerbsprozesse eine gewisse Affinität. Selbstverständlich handelt es sich um unterschiedliche (allgemein bildende oder berufsbildende) Domänen die mit 22 Fachdidaktiken und 350 Ausbildungsberufen eine jeweils andere Fachlichkeit mit speziellen Wissens- und Könnensgehalten präsentieren. Natürlich handelt es sich einerseits um ein Können (Handeln), dessen Erfolg an der Erschaffung und Gewinn bringenden Vermarktung anspruchsvoller Güter und Dienstleistungen gemessen wird (berufliche Handlungskompetenz). Andererseits handelt es sich um reales oder simultanes Handeln, das als didaktisches Prinzip (Handlungsorientierung) das Unterrichtsgeschehen gestaltet. Dieses hilft die Diskrepanz zwischen der Unterrichts-

---

[35] Dabei kann die Systematik der Beschreibung von Kompetenzstufen je nach Domäne unterschiedlich aussehen, im Allgemeinen sind es zielgerichtete Bündelungen der bereits genannten Kompetenzfacetten. Mit Blick auf das mathematische Stufenbeispiel der Kompetenz, das sich über Aufgaben beschreiben lässt, denen ein entsprechender Schwierigkeitsgrad zugeordnet wird, wird jedoch vor kleinschrittigen Inhaltsbeschreibungen gewarnt und ein Einbinden der Inhalte in einen Anwendungskontext empfohlen (ebd. 76).

wirklichkeit und dem „wahren" Leben und Arbeiten zu reduzieren und trägt zum Aufbau kognitiver Strukturen bei. Jedoch ist der prinzipielle Aufbau von Kompetenz, der modellhaft vereinfacht als das zielgerichtete Zusammenwirken von Aspekten des Wollens, Wissens, Handelns und der Reflexion dargestellt wird, als gleich anzusehen.

Zur komplexen Wechselbeziehung von Aspekten des Wollens, Wissens, Könnens und Reflektierens, die den Kompetenzerwerb kategorial umschreiben und hier als Kurzformel für Kompetenz verwandt werden, bleibt anzumerken, dass sich jeder Kompetenzerwerb aus unterschiedlichen (qualitativ und quantitativ verschiedenen) Anteilen der jeweiligen Kategorien zusammensetzt. Diese Anteile lassen sich in unterschiedlicher Weise dimensionieren, wobei jede Kompetenz unterschiedliche Anteile der verschiedenen Dimensionen (inhaltlich-fachlich, methodisch-strategisch, sozial-kommunikativ, mental-affektiv) enthält. Beispielsweise erfordern manche Prozesse viel Fachwissen, weniger Können – im Sinne methodischer oder strategischer Verfahrensweisen – und deshalb eine geringe Reflexion über die eingeschlagenen methodischen Wege. Bei anderen dominiert das Können/Handeln, weil das bisher Gekonnte nicht ausreicht, die Herausforderung im gewünschten Sinne zu bewältigen. Hier ist neues Wissen zu erschließen, was über intensive Kommunikationsprozesse oder auch alleine am Computer erworben wird. Dieses ist im Rahmen methodisch-strategischer Verfahrensweisen zu erproben, zu verwerfen und weiter zu entwickeln. Dabei unterliegt der gesamte Vorgang einer kritischen Reflexion, die die Ziele, Wege und Ergebnisse hinterfragt.

Ohne die Genauigkeit und Kleinschrittigkeit Bloomscher Taxonomiestufen anzustreben (Zusammenfassung siehe Krathwohl u.a. 1975: 174-181), sollten aus den genannten Gründen Vorstellungen über den Kompetenzaufbau existieren. Diese ermöglichen es, Kompetenzerwerb gestuft zu inszenieren, wodurch Verläufe und Ergebnisse überprüfbar werden. Deshalb werden im Weiteren Mesokategorien eines *Kompetenzstrukturmodells* begründet. Diese verdeutlichen wie die Teilkompetenzen bei der Bewältigung von Herausforderungen zusammenwirken und durch Dimensionen Unterschiede beschrieben werden. Das Augenmerk liegt in diesem Kapitel auf der unterrichtlichen Inszenierung des Kompetenzerwerbs und nicht auf der Optimierung der empirischen Kompetenzdiagnostik. Ziel ist es, die in Kapitel 2.2 *Aspekte eines zeitgemäßen Kompetenzverständnisses* begründete allgemeine Schrittfolge[36]

---

[36] Diese lauten: 1. Herausforderungen in Lebens-, Arbeits- und Lernsituation wahr- und annehmen; 2. Überwindung der Herausforderung anstreben – Ziele entwickeln; 3. Aktualisierung, Erwerb und Weiterentwicklung kognitiver, sozialer, strategischer und handlungsbezogener Befähigungen; 4. zielgerichteter Einsatz vorhandener und entwickelter Befähigungen/Potentiale (Wissen und Können); 5. Regulierung/Bewältigung der ursächlichen Herausforderung und 6. Reflexion der Ziele, Bewältigungsschritte und der erzielten Ergebnisse.

des Kompetenzerwerbs für unterrichtliches Lernen zu kultivieren, dabei Komplexität zu reduzieren und die Gestuftheit von Kompetenzen und Prozessen des Kompetenzerwerbs zu verdeutlichen. Die im Weiteren entwickelte Schrittfolge besitzt einen hierarchischen Aufbau, jede ranghöhere Stufe schließt die niedrigere ein (kumulative Hierarchie).

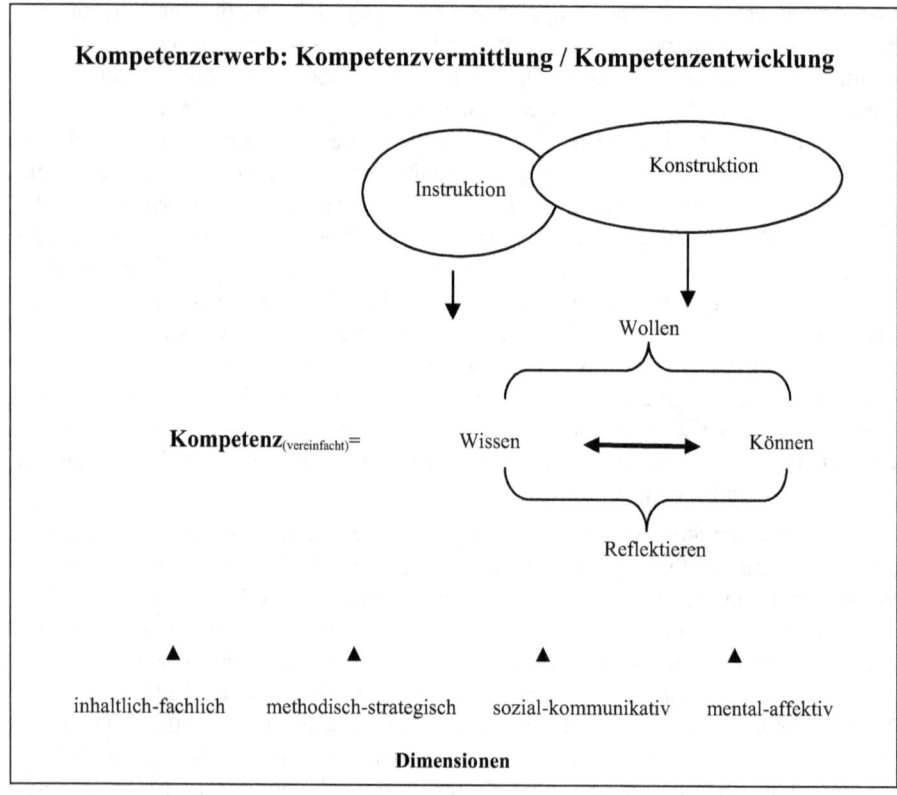

Abb. 6.6: Kompetenz im Zusammenwirken unterschiedlicher Dimensionen und Aspekte

Stufe I: Wahrnehmen, Verstehen, Wissen

Grundlage des Kompetenzerwerbs bildet ein domänenbezogenes Phänomen. Dieses sollte als lebens-, arbeits- oder lernweltliche Herausforderung wahrgenommen werden, womit es die motivationale Grundlage für den Kompetenzerwerb (das „bewältigen Wollen") bildet. In Lernwelten ist diese Teilstufe (herausforderndes Problem/ Aufgabenstellung) didaktisch zu planen und motivationsbezogen zu inszenieren. Das Wahrnehmen („Sehen") erfordert differenzierte domänenspezifische Sensibilitäten (Wahrnehmungsweisen und Einordnungen), die auf Wissen oder auf Lücken im Wissen beruhen, deren „Schließen" angestrebt wird. Es gilt das domänenbezogene Wesentliche ggf. aus einem Konglomerat komplexer Situationsmerkmale zu identifizieren, zu segmentieren und dabei eventuelle Interdependenzen wahrzunehmen. Darüber hinaus wird angestrebt, das Wahrgenommene zu verstehen, wozu sich domänenbezogenes Wissen (Kenntnisse) anzueignen ist. Wahrgenommenes und Verstandenes kann als Wissen gespeichert und eingeordnet werden, was bei Bedarf zielgerichtet reproduziert werden kann.

Stufe II: Erklären/Bewerten/Beurteilen

Diese Stufe kennzeichnet sich durch die Befähigung zum Erklären, Bewerten und Beurteilen wahrgenommener Phänomene (Sachverhalte, Prozesse, Institutionen). Erklären bedeutet nicht nur das Zusammenfassen einer Informationsmenge, sondern ein Erläutern der beteiligten Elemente, ihrer Bedeutung und Wechselbezüge. Es reicht bis zum Interpretieren im Sinne einer neuen Ansicht und Bewertung des Fachlichen oder Situativen. Ebenfalls gilt es, das Erklärbare hinsichtlich seiner Eigenschaften, Funktionen, Auswirkungen und Bedeutungen für das angestrebte Ziel zu bewerten und zu beurteilen. Diese Befähigung bezieht sich auf die implizierten Eigenschaften, deren Wechselbeziehungen und Langzeitwirkungen, die in den Sozialwissenschaften als Sozialverträglichkeit, Umweltverträglichkeit und Wirtschaftlichkeit umschrieben werden. Die Stufe beschreibt das, was i.A. unter Urteilsfähigkeit zu verstehen ist. Sie schließt die Verwendung entsprechender Maßstäbe (Ziele, Werte, Normen) ausdrücklich ein. Darauf zu verweisen ist, dass in dieser Stufe wesentliche Elemente anzusiedeln sind, die als bedeutende Teilmengen der kommunikativen und sozialen Dimension anzusehen sind.

Stufe III: Sachgerecht Entscheiden/planvoll Handeln

Auf der Grundlage des Vorangestellten erwächst die Befähigung, begründete Entscheidungen zu treffen. Hier sind Erfahrungen, Prioritäten und sachliche Ausstattungen einzubeziehen, Abwägungen zu treffen und evtl. Wechselwirkungen und Folgen zu berücksichtigen. Eine sachbezogene Entscheidung schließt Maximum-Optimum, Ursachen-Folgen und Kosten-Nutzen Abwägungen ein. Erst jetzt ist ein bewusstes und planvolles Handeln möglich. Dieses integriert strategische Formen der Handlungsplanung mit dem konkreten Handlungsvollzug ebenso wie affektive und psychomotorische Bereitschaften sowie kognitive und psychomotorische Fähigkeiten. An dieser Stelle soll auf die Bloomsche Taxonomie verwiesen werden, die Handeln weitgehend auf das Anwenden (Applikation) im Sinne von „Gebrauch von Abstraktionen in besonderen und konkreten Situationen" bezieht. Diese Abstraktionen können als allgemeine Ideen, Regeln über Prozeduren oder verallgemeinerte Methoden vorliegen, ebenso „technische Prinzipien, Ideen und Theorien sein, die im Gedächtnis behalten und angewendet werden müssen" (Zusammenfassung in: Krathwohl u.a. 1975: S. 179). Deutlich wird, dass Bloom damit den kognitiven Bereich als Gültigkeitsrahmen seiner Taxonomie bemerkenswert weit überschreitet.[37]

Stufe IV: Analysieren/Synthetisieren

In dieser Stufe gilt es, wesentliche Befähigungen des in Kapitel 2.8.1 als „*Qualitatives Lernen*" Dargestellten einzulösen.[38] Bloom definiert die *Analyse* als Zerlegen von Informationen „*in ihre grundlegenden Elemente und Teile*", damit die implizierte Hierarchie von Ideen klar und/oder die Beziehung zwischen den Ideen deutlich werde. Grundsätzlich unterscheidet er zwischen der Analyse von Elementen, Beziehungen und ordnenden Prinzipien. Die *Synthese*, das Zusammenfügen von Elementen und Teilen, gliedert er in die Bereiche Herstellen von Einzigartigem, dem Entwurf von Handlungsplänen und das Arbeiten einer Folge abstrakter Beziehungen (Bloom nach Krathwohl u.a ebd. 179ff.). Grundsätzlich gilt es bekannte Elemente zu einem neuen, kohärenten oder funktionierenden Ganzen zusammenfügen, sie zu einem Muster zu reorganisieren.

Stufe V: Situationen gestalten

Die zweithöchste Stufe bildet die *Gestaltung* komplexer Lebens-, Lern- und Arbeitssituationen. Diese impliziert die Befähigungen zur individuellen (und kollektiven) Selbstregulierung und zur Schaffung neuer komplexer Situationen, wobei bisheriges Wissen und Können (Inhalte, Strukturen, Handlungsweisen) selbständig, eigenverantwortlich und innovativ angewandt und erweitert werden können. Es gilt bestehende Strukturen zu überwinden, zukünftiges antizipierend einzubeziehen, Probleme ohne Anleitung zu lösen, Spielräume auszuloten und zu erweitern, um kreativ zu sein. Diese Stufe beinhaltet Teile von dem, was Anderson und Krathwohl (s. Kap. 7.3.1) als create „(Er-) Schaffen" in ihre höchste Stufe einbeziehen. Es gilt lebens-, arbeits- und lernweltliche Herausforderung auf hohem Niveau eigenständig und selbstverantwortlich zu bewältigen. Zur Erreichung der Ziele sind spezielle Modelle zu entwerfen oder Lösungen zu entwickeln, wie z.B.

---

[37] Der Hinweis sei erlaubt, dass sich die Bloomschen Kategorien, um Elemente einer zeitgemäßen Handlungstheorie ergänzt, durchaus zu einer Taxonomie des Kompetenzerwerbs erweitern lassen.

[38] Es gilt: a) Zusammenhänge zu erkennen und subtile Unterschiede wahrzunehmen, b) neue Eigenschaften an Personen oder Sachen zu entdecken, c) grundlegende Ähnlichkeiten in Menschen, Situationen und deren Bedingungen aufzudecken, die oberflächlich betrachtet unterschiedlich aussehen, d) ganzheitlich zu denken.

ein Produkt oder eine Methode für einen bestimmten Zweck zu erfinden. Dabei sind Hypothesen zu bilden, um das beobachtete Phänomen zu erklären. Diese sind zu überprüfen und ggf. weiter zu entwickeln.

Stufe VI: Den Kompetenzerwerb reflektieren

Wie bereits erwähnt sind Kompetenzerwerbsprozesse hinsichtlich der vorgefundenen Bedingungen, der angestrebten Ziele, dem Grad der Zielerreichung und den eingeschlagenen Wegen kritisch zu reflektieren. Dies erfordert ein prüfendes und vergleichendes Nachdenken über den gesamten bisherigen Verlauf. Die Kritik ist sachgerecht vorzutragen, mögliche Alternativen und deren Folgen sind aufzuzeigen. Ursachen von Zielabweichungen sind zu er- und begründen, Ergebnisse – ihre fachliche Richtigkeit, exemplarische Bedeutung und Funktionsfähigkeit – sind zu überprüfen. Ebenfalls gilt es die Einhaltung von Werten und Normen zu überprüfen. Diese Stufe bezieht komplexe Sachverhalte und Gegebenheiten ein, die es auf erhöhtem Niveau domänenbezogen einzuordnen und zu bewerten gilt. Ebenfalls sind domänenübergreifende, interdependente Bezüge zu reflektieren und mögliche Folgen z.B. hinsichtlich der Kategorien Sozial- und Umweltverträglichkeit abzuschätzen.[39]

6.6 Einordnung und Diskussion des Stufenmodells

Dieses sechsstufige Modell des Aufbaus von Kompetenz erinnert auf den ersten Blick an die bekannten mit dem Namen Benjamin Bloom verbundenen Lernzieltaxonomien (dazu Kap. 7), jedoch ist seine lerntheoretische Fundierung weder behavioristisch noch instruktionistisch, sondern kompetenztheoretisch. Während die Bloomschen Kategorien oft den Eindruck von Feinzieltaxonomien vermitteln, werden hier gruppierte Kompetenzfacetten ganzheitlich und zielgerichtet gebündelt. Mit Blick auf die didaktische Verwendung (Planung, Durchführung, Reflexion und Evaluation des Kompetenzerwerbs) wird versucht, die komplexen Prozesse in eine gestufte Form überzuleiten. Oberste Zielsetzung bildet die *Gestaltungs- und Reflexionsfähigkeit des mündigen Subjekts* in den von Klafki definierten Grundfähigkeiten, die selbsttätig zu erarbeiten und personal zu verantworten sind. Angesichts der Komplexität von lebens-, lern- und arbeitsweltlichen Herausforderungen fällt es schwer, diese generell und allumfassend zu erwerben (was dem Bildungsbegriff

---

[39] Im Gegensatz zu der Anderson und Krathwohl Taxonomie (s. Kap. 7.3) ist diese Stufe oberhalb des „Er- Schaffens" angeordnet. Denn relativ kreativ gestaltete schöpferische Phasen sollten in besonderer Weise einer kritischen Bewertung und Reflektion unterzogen werden.

entspräche). Vielmehr werden sie situativ und domänenbezogen erworben, was sie eindeutig als Kompetenzinhalte identifiziert und die erforderlichen Aneignungsprozesse als Kompetenzerwerb.

Lebens-, Arbeits-, Lernherausforderung Stufen	I Domänenbezogen	II domänenbezogen	...	N domänenbezogen
6. Kompetenzerwerb Reflektieren	Standards I/6	Standards II/6		Standards N/6
5. Situationen Gestalten	Standards I/5	Standards II/5		Standards N/5
4. Analysieren / Synthetisieren	Standards I/4	Standards II/4		Standards N/4
3. Sachgerecht Entscheiden /planvoll Handeln	Standards I/3	Standards II/3		Standards N/3
2. Erklären / Bewerten / Beurteilen	Standards I/2	Standards II/2		Standards N/2
1. Wahrnehmen / Verstehen / Wissen	Standards I/1	Standards II/1		Standards N/1

Abb. 6.7: Allgemeiner Kompetenzerwerb in Bewältigungsfeldern

Der hier begründete Aufbau von Kompetenz ist ein genereller, der keinesfalls auf eine Domäne zu begrenzen ist. Dabei umfasst das zu Bewältigende immer mehr als eine (zweifelsohne bedeutsame) kognitive Teilmenge. Die dargestellte Weinertsche Eingrenzung (*„Kompetenzen sind kontextspezifische kognitive Leistungsdispositionen"*) mag für die Kompetenzdiagnostik in Rahmen nationaler und internationaler Leistungstests notwendig sein, denn andere wesentliche Kompetenz konstituierende Aspekte (Handlungsfähigkeit, Affektivität usw.) sind mit den üblichen Testverfahren nur schwer messbar. Jedoch beschneiden diese Eingrenzungen den Kompetenzbegriff in seiner eigentlichen Bedeutung. Denn das zielgerichtete Zusammenwirken affektiver Aspekte (Motivation, Bereitschaft) mit *kognitiven* (Wissen, Einsicht, Verstehen, Bewerten), *normativen* (Abwägen, Bewerten, Urteilen, Analysieren) *handlungsbezogenen* (Planen, Mittel bereitstellen, Durchführen, Prüfen) und den *reflektiv-evaluatorischen* ist es, was den kompetenztheoretischen Gesamtprozess umfasst (Wollersheim 1993: 120f.).

☞ Deutlich wird auch, dass derartig komplexe und interdependente Prozesse nur sehr schwer in Stufenschemen abzubilden sind. Wird es trotzdem versucht, dann nur unter einer großen Komplexitätsreduktion.

Der gegenwärtige Erkenntnisstand (des Autors) hinsichtlich der Entwicklung allgemein gültiger gestufter Kompetenzentwicklungsmodelle wird nachstehend (zweidimensional) abgebildet. Die vertikalen Stufen 1- 6 umschreiben die Verhaltenskomponenten, die das interdependente Kompetenz konstituierende Wollen, Wissen, Handeln und Reflektieren zum Ausdruck bringen. Die horizontale Ebene enthält die domänenbezogenen Herausforderungen, die es zu bewältigen gilt (Bewältigungsbereiche I bis N). Die Inhalte beider Ebenen, des Verhaltens- und des Funktionsbereichs, sind domänenbezogen.

Wie durch die Beschreibung der Kompetenzstufen deutlich wurde, dominieren bei dem entfalteten domänenübergreifenden Kompetenzstufenmodell die kognitiven Elemente. Während die psychomotorischen über die *Kategorie Handeln* eingebracht werden, bleiben die affektiv-volitionalen eher unberücksichtigt.

Grundsätzlich fällt es schwer, die affektiv-volitionalen Elemente in einzelne Stufen zu integrieren. Vielmehr sind sie in jede Stufe und in alle Bewältigungsfeldern einzubeziehen. Denn ohne Motivation und Bereitschaft kann weder verstanden (unterste Stufe) noch gestaltet und reflektiert (oberste Stufen) werden. Deutlich wird, dass die Verwendung der bekannten Taxonomie des affektiven Bereichs (Krathwohl u.a. 1975, s. S. 112 ff.) nicht als geeignet anzusehen ist. Einen realistischen Weg verdeutlicht die nachstehende Abbildung 6.9. Hier gehen die affektiv-volitionalen Aspekte in jede Kompetenzstufe ein.[40]

☞ Anzumerken bleibt, dass die aus der empirischen Perspektive getroffene Arbeitsdefinition *(Kompetenzen sind erlernbare kontextspezifische kognitive Leistungsdispositionen)* den affektiven Aspekt weitgehend ausgrenzt. Dies verwundert, da die in der Expertise verwandte Definition die Bereitstellung von „motivationalen, volitionalen und sozialen Bereitschaften" einbezieht und die definierten Kompetenzgrundsätze von „genügend Motivation zum angemessenen Handeln" als Anforderungen an ein pädagogisches Kompetenzverständnis ausgehen (Klieme u.a. 2003: 21; 74f.).

---

[40] Einen realistischen Weg verdeutlicht die nachstehende Abbildung 6.8. Hier gehen die affektiv-volitionalen Aspekte in jede Kompetenzstufe ein.

Deskriptive Ebenen	kognitiv-handelnder und reflektiver Bereich	affektiv-volitionaler Bereich	
6. Reflektieren	▪ Ziele, Verfahren, Ergebnisse ▪ Rahmenbedingungen reflektieren ▪ Exemplarität verdeutlichen ▪ Gesamtprozess evaluieren ▪ ...	◄	Grundlage für alle Ebenen ▪ couragiert agieren ▪ Rückschläge verarbeiten ▪ sich durchsetzen ▪ Akzeptanz entwickeln
5. Gestalten	▪ komplexe Situationen gestalten ▪ Netzwerke aufbauen, pflegen ▪ Verfahrenswege erschließen ▪ Transfer bilden ▪ ...	◄	
4. Analysieren / Synthetisieren	▪ Strukturen identifizieren ▪ Unterschiede wahrnehmen ▪ Zusammenhänge erkennen ▪ Ähnlichkeiten aufdecken ▪ ...	◄	▪ Herausforderung annehmen
3. Entscheiden / Handeln	▪ Handlungen strategisch planen / realisieren ▪ Verfahrenswege kennen ▪ rational entscheiden ▪ ...	◄	▪ Selbstbewusstsein und Gelassenheit entwickeln
2. Bewerten / Urteilen	▪ Informationen bewerten ▪ Gegebenheiten einschätzen ▪ Urteile bilden ▪ Für und Wider abwägen ▪ ...	◄	▪ Initiative zeigen ▪ engagiert sein ▪ motiviert sein
1. Wahrnehmen / Verstehen / Wissen	- Wissen, Kenntnisse aneignen - Informationen beschaffen, auswerten - Zusammenhänge verstehen - ...	◄	▪ Bereitschaft entwickeln ▪ Aufmerksamkeit aufbringen - ...

Abb. 6.8: Stufenmodell – Der Einbezug des affektiv-volitionalen Bereichs (Jung: 2007:131)

6.7 Die Reduzierung der Komplexität

Hinsichtlich der Vielfältigkeit der Aktivitäten sei ein Hinweis erlaubt: Egal für welche Verwendung Kompetenzmodelle entworfen werden (schulischer Kompetenzerwerb, fachdidaktische Modelle, diagnostische Modelle), sie sollten nicht zu komplex sein. Im ersten Fall könnte es Probleme mit der Umsetzbarkeit und Überprüfbarkeit, in den beiden anderen Fällen mit der Operationalisierung und der Messbarkeit geben.[41] Grundsätzlich sollten die drei Ebenen (Kompetenzerwerb, fachdidaktische Überprüfung, Kompetenzdiagnostik) miteinander verschränkt werden. Dabei bilden kompetenzförderliche Unterrichtsarrangements die wesentliche Grundlage für die Bewältigung der beiden darüber liegenden Ebenen.

Von diesen Grundsätzen und praktischen Erprobungen ausgehend, hat sich die hier begründete sechsfache Gestuftheit des Kompetenzerwerbs als zu komplex erwiesen, weshalb eine Reduzierung auf vier Stufen vollzogen wurde (Jung 2006b: 56f.). Um nicht ein nahezu identisches (aber um zwei Stufen reduziertes) Modell erneut darstellen zu müssen, wird die Reduzierung domänenbezogen (Beispiel ökonomische Bildung) erläutert. Das Kompetenzmodell der schulischen ökonomischen Bildung (DEGÖB 2004)) orientiert sich an den Herausforderungen der Lernenden in unterschiedlichen ökonomisch geprägten Lebenssituationen. Denn jede domänenbezogene Denk-, Handlungs- und Reflexionsweise findet in einem bestimmten Kontext statt, in dem das soziale Leben (hier das ökonomische) organisiert wird und die Lernenden domänenspezifischen Rollen ausgesetzt sind.

Die Kontextbezogenheit ökonomisch geprägter Lebensbereiche lässt sich in den *privaten Bereich*, den *öffentlichen Bereich*, den *beruflichen Bereich* und den *Bildungsbereich* differenzieren. Hier entstehen die lebens-/lernweltlichen ökonomischen Herausforderungen, wobei das Agieren und Reagieren in diesen Rollen auf die Bewältigung der Herausforderungen gerichtet ist (Jung 2009c: 204f.). Damit lassen sich die domänenbezogenen Standards (Funktionsbereich, horizontal) über gegenwärtige bzw. in der vermuteten Zukunft zu erfüllende Rollenerwartungen (Konsument, Berufswähler, Erwerbstätiger, Wirtschaftsbürger) definieren.

Das Modell erfüllt durchaus die an Kompetenzmodelle gestellten Anforderungen. Die angestrebten Handlungen und mentalen Operationen, die vom Lernenden am Ende einer Kompetenzstufe erwartet werden, werden über die Standards (in 16 Feldern) operationalisiert. Die Abstufungen sind über die vertikale Ebene (Verhaltens-

---

[41] Im ersten Fall ist zu bedenken, dass Lehrkräfte bis zu drei fachdidaktische Disziplinen studiert haben, deren Kompetenzmodelle sie eigentlich kennen und verstehen sollten. Manche jedoch darüber hinaus in weiteren Disziplinen oder Fächerverbünden fachfremd unterrichten.

bereich) bestimmt. Damit wird Kompetenzerwerb systematisch geordnet und in vier aufeinander aufbauende, sich wechselseitig beeinflussende Niveaus gestuft.

Ökonomisch geprägte Lebenssituationen
▼
Herausforderungen in domänenspezifischen Rollen:
Konsument / Berufswähler / Erwerbstätiger / Wirtschaftsbürger
▼
Kompetenz
Wollen, Wissen, Können und Reflektieren zur positiven Bewältigung von Herausforderungen in ökonomisch geprägten Lern- und Lebenssituationen
▼ ▼ ▼ ▼

Rollen Niveaustufe	Konsument	Berufswähler	Erwerbstätiger	Wirtschaftsbürger
4. Reflektieren / Gestalten	Standards 1 – 4	Standards 2 – 4	Standards 3 – 4	Standards 4 – 4
3. Handeln / Entscheiden	Standards 1 – 3	Standards 2 – 3	Standards 3 – 3	Standards 4 – 3
2. Bewerten / Beurteilen	Standards 1 – 2	Standards 2 – 2	Standards 3 – 2	Standards 4 – 2
Erkennen / Wissen / Verstehen	Standards 1 – 1	Standards 2 – 1	Standards 3 – 1	Standards 4 – 1

Abb. 6.9: Zweidimensionales Kompetenzstufenmodell (Jung 2009c: 204)

Das Stufenmodell ist auf seiner vertikalen Achse zuerst ein allgemeines (domänenübergreifend) und damit auf andere Disziplinen übertragbar (s.u.).[42] Damit steht es in curriculumtheoretischer Tradition. Die Lerngegenstände legitimieren sich über ihre Bedeutung für die Bewältigung situativer Herausforderungen. Jedoch erfordert der kompetenztheoretische Anspruch der Domänenbezogenheit den Einbezug einer konkreten Fachlichkeit. Entsprechendes kann über ein Kerncurriculum und/oder fachdidaktische Basiskonzepte (dazu Weißeno 2008: Kap III; 152-258, Weißeno u.a. 2010; DGfG 2007: 10 f., Kaminski u.a. 2008: 8-16) erfolgen, die sich eher aus der bildungstheoretischen Tradition legitimieren.

---

[42] Es strebt danach, ganzheitliche Kompetenzentwicklungen gestuft zu ordnen, um Bildungsstände identifizieren und den Kompetenzerwerb messen zu können.

Die Reduzierung der Komplexität 111

Um die Allgemeingültigkeit des Modells (in der ursprünglichen sechsfachen Stufung) zu belegen, soll es auf eine andere fachdidaktische Disziplin übertragen werden. Dabei wird nach der Hypothese verfahren:

☞ Wenn *Kompetenz* das synergetische und zielgerichtete Zusammenwirken von Wollen, Wissen, Können und Reflektieren umschreibt, um vielfältige Herausforderungen bewältigen zu können, dann endet die Gültigkeit entsprechender Modelle nicht an den Grenzen einer Wissenschaftsdisziplin (eines Schulfaches). Vielmehr muss es kompetenzspezifische Gemeinsamkeiten geben, die durch Übertragung der Inhalte der gestuften Kompetenzaspekte deutlich werden.

Wie Abb. 6.10 belegt, lassen sich die ökonomischen Bezeichnungen, ohne „konzeptuelle Verluste" zu erleiden, durch physikalische ersetzen. Damit wäre es auf dieser Ebene möglich, die Gegenstandsbereiche unterschiedlicher Domänen kompetenztheoretisch anzugleichen. Unterschiede resultieren aus den Verschiedenheiten der Domänen, deren speziellen Fachlichkeiten (Wissen) und den methodischen Verfahrensweisen (Handeln).

Ökonomie	Physik
6. Prozesse des ökonomischen Kompetenzerwerbs reflektieren	6. Prozesse des physikalischen Kompetenzerwerbs reflektieren
5. komplexe ökonomisch geprägte Situationen gestalten	5. komplexe physikalisch geprägte Situationen gestalten
4. ökonomische Sachverhalte und Prozesse analysieren / synthetisieren	4. physikalisch Sachverhalte und Prozesse analysieren / synthetisieren
3. ökonomische Entscheidungen treffen und planvoll handeln	3. physikalisch Entscheidungen treffen und (planvoll) handeln
2. ökonomische Sachverhalte bewerten / beurteilen	2. physikalisch Sachverhalte bewerten / beurteilen
1. Gegebenheiten in ökonomisch geprägten Lebenssituationen wahrnehmen, verstehen und wiedergeben	1. Gegebenheiten in physikalisch geprägten Lebenssituationen wahrnehmen, verstehen und wiedergeben

Abb. 6.10: Domänenübergreifender Vergleich deskriptiver Kompetenzebenen (dazu Jung 2007: 121f.)

7 Exkurs II: Die Artikulation des Kompetenzerwerbs

7.1 Ist Kompetenzerwerb strukturierbar?

Zur Einleitung in das Kapitel sollen wesentliche Erkenntnisse in Erinnerung gerufen werden, die auch die Gewagtheit des Anliegens zum Ausdruck bringen: Aus der historisch-pädagogischen Perspektive wurde die individuelle Kompetenzstruktur in drei aufeinander aufbauenden, sich gegenseitig bedingenden innerpsychischen Erscheinungsformen (Typen) beschrieben[43] (s. Kap. 4.1, S. 49). Jedoch sei die Kompetenzebene im Moment des Handelns dem Individuum nicht zugänglich, sondern könne erst durch nachträgliche Rekonstruktion erschlossen werden. Deshalb könne pädagogisches Handeln nur auf die Qualifikations-/Performanzebene bezogen werden. Kompetenzaneignungen stellen komplexe Prozesse dar, bei denen es nicht immer gelänge, das gewünschte Lernergebnis und die damit einhergehenden Erwartungen vollständig in Worte zu fassen (Blömeke 2002: 14). Kompetenz umfasse solche Dispositionen, die ein fruchtbares Handeln in offenen, komplexen und zum Teil ungeordneten Situationen erlauben. Sie ermöglichen selbst organisiertes Handeln unter nicht eindeutigen Rahmenbedingungen (Erpenbeck/v. Rosenstiel: 2007, XI).

Aus dem Dargestellten lassen sich Fragen ableiten wie: Welche Erscheinungsform von Kompetenz soll in didaktischen Kontexten angestrebt werden? Welche Teilmenge der Tiefenstruktur werde bei speziellen Herausforderungen warum aktualisiert? Wie ist Kompetenz fassbar, wenn nur die Performanzebene zu beobachten ist? Was ist anzustreben, wenn das Lernergebnis nicht richtig in Worte zu fassen ist? Ist fruchtbares Handeln in offenen, komplexen und ungeordneten Situationen überhaupt auf Lehr-Lernarrangements der formalen Bildung zu übertragen? So oder so ähnlich können die Fragen lauten, die für das Nichtverfassen des Kapitels plädieren. Wenn jedoch

---

[43] Die Typen waren a) die grundsätzliche Veranlagung bestimmte Fähigkeiten ausbilden zu können, b) die mögliche Idealentfaltung des vernunftbegabten Menschen und c) die besondere Vorgabe an die Fähigkeiten eines bestimmten Individuums (Köck/Ott 1994: 377f.).

- Kompetenzen als Ergebnisse eines synergetischen Zusammenwirkens unterschiedlicher (in der Regel getrennt betrachteter) Faktoren anzusehen sind;
- Beschreibungen mehrdimensionale Konzeptualisierungen (motivationale, volitionale, kognitive, psychomotorische, soziale) erfordern;
- der Kompetenzerwerb aus der subjektiven Perspektive als individueller Lern- und Entwicklungsprozess definiert wird,

dann sind Fragen nach den immanenten Entwicklungsstufen oder -phasen berechtigt, selbst wenn diese nicht so einfach fassbar und als „Wegweiser" in einem komplexen, dynamischen System zu verstehen sind.[44] Ein Blick in die Klieme-Expertise (Klieme u.a. 2003: 22) belegt, dass Kompetenzstufen durch bestimmte Prozesse und Handlungen von bestimmter Qualität gekennzeichnet seien, die die Lernenden am Ende der Stufe bewältigen können, aber nicht auf einer niedrigeren. Grundsätzlich ist der Frage nach der Kohärenz von Niveau- und Entwicklungsstufenmodellen (analytisch und didaktisch) eine hohe Bedeutung beizumessen (Brand u.a 2005: 5). Dies belegt auch, dass ihre Entwicklung im Rahmen des durch die Klieme-Expertise begründeten Programms als zentrales Anliegen definiert wird (ebd. 74 ff).[45]

7.2 Taxonomien als Klassifizierungssysteme

Zur Analyse von komplexen Lehr-Lernprozessen werden seit Bloom u.a. (1972; ©1956) zweidimensionale Gliederungen (Taxonomien) verwandt, die in aktuellen Analysen und Diskursen oftmals auf den Kompetenzerwerb übertragen werden. Dies ist verständlich, denn gerade bei der Kompetenzvermittlung, dem eher instruktionsbezogenen Erwerb von Kompetenzen, erscheint es wichtig, dass die Lehrenden über klare Vorstellungen hinsichtlich des Kompetenzaufbaus und der Schrittfolge des Erwerbs kompetenten Verhaltens verfügen. Taxonomien sind Klassifizierungssysteme zur Ordnung von Lernergebnissen („learning outputs"), die den komplexen Prozess zweidimensional in einen Funktions- und einen Verhaltensbereich ordnen. Sie helfen, die Erwartungen an den Lehr-Lernprozess möglichst präzise zu formulieren und komplexe Aneignungsprozesse über kognitive, psychomotorische oder affektive Merkmale zu stufen. Ihr Aufbau ist hierarchisch, d.h. dass jede ranghöhere

---

[44] Dass die hier gemeinten Entwicklungs- oder Niveaustufen von Kompetenz nur auf der Performanzebene zu erfassen sind, stellt kein Problem dar, denn Lernerfolg wird grundsätzlich über die erzielten Ergebnisse ermittelt.

[45] Konzeptuierungen und Forschungen zur Bildungsevaluation sowie zur Standardentwicklung sind in Kooperation zwischen der jeweiligen Fachdidaktik und der empirischen Bildungsforschung zu entwickeln.

Stufe die niedere einschließt. Dadurch wird es möglich, das Erreichen der Lernziele durch die Zuordnung zu einer Kategorie und über ihre Komplexität zu interpretieren. Jedoch muss der hierarchische Aufbau (kumulative Hierarchie), angesichts der vorliegenden Befundlage als eher hypothetisch, aber hilfreich betrachtet werden (Franke 2005: 11, 13).

Als in der Erziehungswissenschaft bedeutsame Taxonomien sind hervorzuheben: a) Kognitiver Bereich (nach Bloom u.a. 1972, ©1956)), b) Wahrnehmungsbereich (nach Moore 1967), c) Psychomotorischer Bereich (nach Simpson 1966) und d) Affektiver Bereich (nach Krathwohl/Bloom/Masia 1975, ©1964). Wegen ihrer noch heute besonderen Bedeutung für die Planung, Durchführung und Reflexion von Lehr-Lernprozessen, die Beschreibung von Lernzielen und -ergebnissen und ihrer Anwendung auf die Beschreibung von Niveaustufen von Kompetenz, sollen die *Taxonomie kognitiver Bereich* und die *Taxonomie affektiver Bereich* näher betrachtet werden.

Die *Taxonomie der Lernziele des kognitiven Bereichs* wurde in den 1950er Jahren als Klassifikation von kognitiven Lernzielen für College- und Universitätsprüfungen entwickelt. Sie steht in behavioristischer Tradition.[46] Bloom u.a. differenzierten den Aufbau in zweidimensionaler Weise (Funktions-/Verhaltensbereich). Dabei unterschieden sie zwischen dem niedrigsten (aber grundlegenden) Level (Wissen) und fünf darauf aufbauenden Verhaltensbereichen (Franke 2005: 12). Die Kategorie Wissen bezieht das Erinnern (Wiedererkennen, Reproduzieren) von Ideen, Material und Erscheinungen ein (Bloom u.a. 1972: 71). Die aufbauenden Stufen umfassen auf das Wissen bezogene intellektuelle Fähigkeiten und Fertigkeiten.

1) Wissen: Klassifizierungen und Kategorien: kennen, Informationen abrufen können, sich an Ereignisse oder Sachverhalte erinnern. Wissen umfasst das Erinnern an Besonderheiten und Allgemeinheiten, an Methoden und Prozessen oder das Erinnern an Mustern, Strukturen oder Festlegungen.
- Wissen von konkreten Einzelheiten
- terminologisches Wissen
- einzelner Faktoren
- der Wege und Mittel, mit konkreten Einzelheiten zu arbeiten
- von Konventionen
- von Trends und zeitlichen Abfolgen
- von Klassifikationen und Kategorien
- von Kriterien
- von Methoden
- von Verallgemeinerungen und Abstraktionen eines Fachgebietes

---

[46] Psychologierichtung, die Verhalten als Ergebnis von Reaktionen des Menschen auf Impulse (Reize) der Umwelt versteht und genetische Konstellationen und Reifeprozesse ausschließt.

- von Prinzipien und Verallgemeinerungen
- von Theorien und Strukturen (ebd. 217-220)

2) Verstehen: stellt die niedrigste Ebene des Begreifens dar. Das Individuum weiß worüber gesprochen wird. Es gilt, Ereignisse und Sachverhalte zu durchschauen, Erklärungen nachzuvollziehen,
- Übersetzen
- Interpretieren
- Extrapolieren (ebd. 220-221)

3) Anwendung: Verwendung von Abstraktionen sowohl in besonderen als auch in konkreten Situationen. In einzelnen und konkreten Situationen Kenntnisse und Einsichten übertragen (ebd. 221)

4) Analyse: Zerlegen einer Nachricht in ihre grundlegenden Elemente, so dass eine Hierarchie von Ideen klar und/oder die Beziehungen zwischen den ausgeführten Ideen deutlich gemacht werden. Organisationsprinzipien suchen, Relationen und Elemente finden, Strukturen durchschauen,
- Analyse von Elementen
- Analyse von Beziehungen
- Analyse von ordnenden Prinzipien (ebd. 221-222)

5) Synthese: Zusammenfügen von Elementen und Teilen zu einem Ganzen. Ableitungen abstrakter Beziehungen, Auffinden von Grundmustern; Auffinden von Einzelheiten, Sachverhalte miteinander verknüpfen,
- Herstellen einer einzigartigen Nachricht
- Entwerfen eines Plans für bestimmte Handlungen
- Ableiten einer Folge abstrakter Beziehungen (ebd. 222-223)

6) Evaluation: Bewertung des Wertes von Materialien und Methoden für einen gegebenen Zweck.
- Urteilen aufgrund innerer Evidenz
- Urteilen aufgrund äußerer Kriterien (ebd. 223)

Abb. 7.1: Taxonomie von Lernzielen im kognitiven Bereich (nach Bloom u.a. 1972: 217-223)

Die *Taxonomie der Lernziele des affektiven Bereichs* (Krathwohl u.a. 1974) differenziert in ein apperzeptives (in Bereitschaft versetzendes) Stadium und den eigentlichen gestuften Dimensionen. Darstellung 7.2 teilt den affektiven Bereich in die fünf Kategorien *Aufnehmen, Reagieren, Werten, Wertordnung* und *Bestimmtsein durch Werte*.[47] Gemäß des hier vertretenen Verständnisses von Kompetenz (zielgerichtetes Zusammenwirken von Aspekten des Wollens, Wissens, Handelns, Reflexion) wird deutlich, dass additiv nebeneinander stehende Taxonomien (kognitiv, affektiv, psychomotorisch) nicht ausreichen, die komplexen Prozesse zu erklären.

---

[47] Auf eine breitere Darstellung des „apperzeptiven Sockels" im Sinne eines Aufnehmens, Aufmerksam- oder Gewahrwerdens von Situationen, Objekten und Beziehungen wird in der Sekundärliteratur leider oft verzichtet (Franke 2005: 19).

Taxonomien als Klassifizierungssysteme

---

1. Aufnehmen (Aufmerksam werden)

Der Lernende ist für die Existenz bestimmter Phänomene oder Reize sensibilisiert. Er soll bereit sein, sie aufzunehmen oder zu beachten. Er bringt durch vorangehende Erfahrungen (formelle/informelle) eine Sichtweise oder Haltung in jede Situation mit, die es ihm entweder erleichtert oder erschwert das zu erkennen, was der Lehrer ihm vermitteln will.

1. Bewusstheit (Awareness)
2. Aufnahmebereitschaft (Willingness to reiceive)
3. Gerichtete oder selektive Aufmerksamkeit (Controlled or selected attention)

2. Reagieren (Responding)

Auf Grund seiner Motivation besitzt der Lernende nicht nur eine Aufnahmebereitschaft, viel mehr ist er in der Lage, seine Aufmerksamkeit auf etwas Bestimmtes zu lenken. Allerdings handelt es sich hierbei zunächst nur um ein sehr niedriges Niveau, so dass noch nicht von einem „Wert" des Schülers gesprochen werden kann.

1. Einwilligung ins Reagieren (Acquiescence in responding)
2. Bereitschaft zum Reagieren (Willingness to respond)
3. Befriedigung beim Reagieren (Satisaction in response)

3. Werten (Valuing)

Es ist ein wichtiges Element des Verhaltens, das wir mit Werten charakterisieren, das es motiviert ist durch die Bindung des Individuums an einem grundlegenden Wert, der das Verhalten lenkt und es nicht gesteuert ist von der Absicht, nachzugeben oder zu gehorchen.

1. Annahme eines Wertes (Acceptance of value)
2. Bevorzugung eines Wertes (Preference for a value)
3. Bindung an einen Wert (Commitment)

4. Wertordnung (Organization)

Wenn der Lernende immer mehr Werte internalisiert, wird er in Situationen kommen, in denen mehr als ein Wert relevant ist. Damit wird es notwendig, a) die Werte in ein System zu organisieren, b) die Beziehung zwischen ihnen zu regeln und c) sich auf dominante und durchgängigere Werte festzulegen.

1. Konzeptbildung für einen Wert (Conceptualization of a value)
2. Organisation eines Wertesystems (Organization of a value system)

5. Bestimmtsein durch Werte (Characterization by value or a value complex)

Auf dieser Ebene der Internalisierung sind die Werte fest in der Werthierarchie des Individuums verankert; sie sind organisiert in einem innerlich konsistenten System und haben das Verhalten des Individuums schon lange genug kontrolliert, so dass es für die Person zu einer Gewohnheit geworden ist, sich in einer bestimmten Weise zu verhalten.

1. Verallgemeinertes Wertsystem (Generalized set)
2. Bildung einer Weltanschauung (Characterization)

Abb. 7.2: Taxonomie affektiver Bereich (nach Krathwohl u.a. 1974: 168 - 173)

Dazu sind integrative Konzepte gefordert, die volitionale und motivationale Aspekte über den „apperzeptiven Sockel" des Aufnehmens, Aufmerksam- und/oder Gewahrwerdens von Situationen, Objekten und Beziehungen einbeziehen. Selbst wenn die Zweidimensionalität der Bloomschen Taxonomie (Wissen/intellektuelle Fähigkeiten und Fertigkeiten) den Prozess in eine Wissens- und eine Könnensdimension differenzieren, sollten damit keine Kompetenzerwerbsprozesse beschrieben werden. Dazu wird oftmals eine jüngere Taxonomie herangezogen, die darzustellen ist.

7.3 Die Taxonomie von Anderson und Krathwohl

Um der Breite des verwandten Kompetenzbegriffs entsprechen zu können, muss eine Taxonomie auch die *„unsichtbaren Seiten der Kompetenz"* darstellen, die das Potential bzw. die Dispositionen umfasst, An- und Herausforderungen erfüllen zu können. Dieser Anspruch überragt den kognitiven Bereich (Wissen) und entsprechende fachbezogene Fertigkeiten, er schließt persönlichkeitsbezogene Aspekte wie z. B. Motivation, Bereitschaft, Volition, Kommunikationsfähigkeit ein (Dieterich-Schöpff 2008: 34). Im Zusammenhang mit dem Kompetenzerwerb wird sich öfters auf die Taxonomie von Anderson und Krathwohl (2001) bezogen. Diese stellt eine Weiterentwicklung des bekannten Bloomschen Modells in der Weise dar, dass die Wissensdimension zeitgemäßer ausdifferenziert und von der kognitiven Prozessdimension unterschieden wird. Dabei wird die Grundidee der kumulativen Hierarchie kognitiver Prozesse beibehalten und weiter entwickelt. Diese Taxonomie findet in der Berufs- und Wirtschaftspädagogik ihre Verwendung (z.B. Brand u.a. 2005, Franke 2005, Dieterich-Schöpff 2008) und liegt in verschiedenen weiterentwickelten Versionen vor. Sie wird für die Darstellung von gestuften Kompetenzerwerbsprozessen als beispielhaft angesehen. Ihr Geltungsbereich reicht von der sinnlichen Erfassung des Gegenstands bis zur kritischen Reflektion des Handelns und der daraus erwachsenden Konsequenzen.

Gemäß der verkürzenden Beschreibung, dass Kompetenz das *Wissen* und *Können* umfasst, das Lernenden am Ende einer Aneignungsphase erworben haben sollen, wird die Taxonomie in die Dimensionen Wissen (vertikal) und Können (horizontal) differenziert. Das Können beinhaltet das taxonomische Kontinuum kognitiver Prozesse und wird in die Kategorien *erinnern verstehen, anwenden analysieren, bewerten* und *schaffen* differenziert (Franke 2005: 12; Dieterich-Schöpff 2008: 34), wobei Kategorien höherer Ordnung die jeweils niederen einschließen.[48]

---

[48] Das Nachstehende stellt eine Kurzform der Darstellung Dieterich-Schöpffs (2008: 34-47) dar, wobei auf den Einbezug der vielen wissenschaftlichen Verweise weitgehend verzichtet wird.

7.3.1 Die kognitive Prozessdimension

Die *erste Stufe* des Kompetenzaufbaus bildet das Erinnern. Sie gliedert sich in die Unterstufen *erkennen* und *erinnern*. **Erinnern** setzt das Wahrnehmen eines Gegenstandes voraus, wobei nur ein geringer Teil der im Wachzustand aufgenommenen Reize gedanklich verarbeitet und längerfristig gespeichert werden. „Die Kategorie ‚erinnern' bezieht sich auf Kognitionsprozesse, die Wissensbestände aus dem Langzeitgedächtnis erkennen und zurückrufen. Sie bildet die essentielle Basis komplexer Denkoperationen und kann sich auf alle Arten von Wissen beziehen" (Dieterich-Schöpff 2008: 35). In der darauf aufbauenden Stufe **Erkennen** bilden Begriffe das zentrale Medium. Darunter werden sprachlich-symbolische Repräsentationen von Gegenständen, Dingen und Gegebenheiten verstanden, „mit deren Hilfe sich Ordnungskategorien des Denkens bilden lassen". Symbolische Repräsentationen werden von analogen Repräsentationen (d.h. 1 zu 1 Speicherung, z.B. eines bestimmten Klanges oder Geruches) unterschieden. Sie sind nicht als eindeutige Erlebnisqualitäten speicherbar, sondern bedürfen der sprachlichen bzw. bildlichen Vermittlung. Begriffe konstituieren sich innerhalb von sozialen Kontexten auf der Grundlage kulturell gebundener Vereinbarungen und werden in Form semantischer Netzwerke gespeichert. Für den Kompetenzerwerb ist bedeutend, dass Erinnerungen am nachhaltigsten gelingen, wenn sie mit Erfahrungen und Affekten gekoppelt sind. Dabei lassen sich symbolische Repräsentationen wegen ihres großen Geltungsumfangs auf unterschiedlichste Situationen beziehen. Jedoch hat ihre Wahrnehmung keine unmittelbare Erlebnisqualität. Erst durch die Verknüpfung mit sinnlichen Erfahrungen aus der Lebens-, Lern- und Handlungswelt werden sie abruf- und erinnerbar (ebd. 36f.).

1. Erinnern (remember) Relevantes Wissen aus dem Langzeitgedächtnis abrufen.	
1.1 **erkennen** (recognizing)	Identifizieren von Wissen im Langzeitgedächtnis, das mit aktuell vorliegendem Material konsistent ist.
1.2 **erinnern** / ins Gedächtnis zurückrufen (recalling)	Wiederfinden von relevantem Wissen aus dem Langzeitgedächtnis.

Abb. 7.3: Remember (Dieterich-Schöpff 2008: 35)

Die *zweite Stufe* der Kompetenzentwicklung bildet die Kategorie **Verstehen**. Sie gliedert sich in die Unterstufen: erklären, vergleichen, folgern, zusammenfassen, klassifizieren, erläutern und interpretieren. Die Stufe lässt sich aus der kompetenztheoretischen Perspektive als ein vertikaler Transformationsprozess darstellen, bei dem situativ gewonnene Eindrücke, Erfahrungen oder Problemstellungen mit bereits verfügbaren Wissensbeständen auf der Tiefenebene verglichen werden. Grundsätzlich sind zwei Vergleichsarten voneinander zu unterscheiden, die auch in den Kognitionswissenschaften kontrovers diskutiert werden:

> Der Vergleich zwischen aktuellen Anlässen und bereits gewonnenen Denkmustern anhand logischer Strukturen. Dabei werden bekannte formal-logische Strukturen und Zusammenhänge in neuen Situationen entdeckt, wodurch bestimmte Phänomene zu verstehen sind.
>
> Erklärungsleistungen menschlichen Denkens und Verstehens stellen das Ergebnis von Einsichten in die Bedeutung der Situation dar. Damit vollzieht sich menschliches Denken und Verstehen weniger entlang einer formalen Logik, sondern wird von den in Frage stehenden Inhalten und Kontexten bestimmt. Beide Versionen implizieren Mängel.

Wenn Verstehen sich „aus einer Transformation der Vorstellungsinhalte von einem situativen Kontext auf einen anderen vollzieht und nur bedingt aus der strikten Anwendung logischer Anleitungsregeln" (gemäß a) entsteht, erklärt dies, dass sich Alltagswissen oft in assoziativer bzw. intuitiver Form vollzieht. Deshalb werden Urteile und Handlungsentscheidungen auf der Grundlage „komplexer, selten vollständig definierter Kontextbedingungen gefällt", weshalb sie häufig formal inkorrekt, vage und auf die unmittelbare Wahrnehmung begrenzt seien. Andererseits erfolge das Verstehen von Phänomenen (gemäß a) nicht immer regelgeleitet und formal-logisch. Es werde sich teilweise an Erklärungen orientiert, die zwar alltagstauglich jedoch objektiv als unzulässig anzusehen seien.

Die Konzeptualisierung der Alltagstheorien wird über den Einbezug von Denkinhalten und aufgabenbezogenem Wissen bewirkt, wodurch kognitive und mentale Modelle (Konzepte) in den Fokus der Betrachtung geraten. Dabei handelt es sich um holistische (das Ganze betreffende) Vorstellungsbilder über Prozesse und Wirkungszusammenhänge, die es ermöglichen, generalisierende Aussagen über die Bedingungen und Wirkungsweisen zu treffen.

Damit lassen sich z.B. Schlussfolgerungen ziehen, Vorhersagen treffen, Phänomene verstehen und Prognosen erstellen. Obwohl sie vage, kontextgebunden, intuitiv (und vielleicht gerade deshalb erfolgreich) sind, bedient sich Verstehen „im Alltag häufig holistischer Modelle und einfacher wenn-dann-Regeln". Dagegen können formal-logische Kausalregeln zur Erklärung von Phänomenen herangezogen werden, wenn sich intuitive Modelle als unzureichend erweisen (ebd. 37-39).

2. **Verstehen** (understand) Bedeutung bzw. Relevanz von Wissen erkennen / herstellen.	
2.1 **interpretieren** (interpreting)	Wechsel der Repräsentationsform, z.b. Übertragung numerischer Informationen in verbale.
2.2 **erläutern** (exemplifying)	Illustrieren eines Konzepts oder Prinzips durch ein Beispiel.
2.3 **klassifizieren** (classifying)	Bestimmen, dass etwas zu einer bestimmten Kategorie (z.b. Begriff, Prinzip) gehört.
2.4 **zusammenfassen** (summarizing)	Herausarbeiten der wesentlichen Punkte einer Information; etwas auf eine allgemeine Formel bringen; etwas in groben Zügen darstellen.
2.5 **folgern** (inferring)	Einen logischen Schluss aus Prämissen ziehen.
2.6 **vergleichen** (comparing)	Übereinstimmungen und Unterschiede zwischen zwei oder mehr Ideen, Objekten, Ereignissen, Problemen oder Situationen entdecken.
2.7 **erklären** (explaining)	Konstruieren eines Ursache-Wirkungs-Modells, das beschreibt, wie sich Veränderungen in einem Teil des Systems auf die anderen Teile auswirken.

Abb. 7.4: Understand (Dieterich-Schöpff 2008: 37)

Die *dritte Stufe* der Kompetenzentwicklung bildet das *Anwenden*. Im Sinne Blooms und Krathwohls wird angenommen, dass nur verstandenes Wissen angewendet werden kann. Auch vermutete Bloom, dass es durch die Akkumulation von Lernzielen einer darunter liegenden taxonomischen Ebene (z.B. Faktenwissen) möglich sei, höhere Lernebenen (z.B. Verstehen von Regeln und Zusammenhängen) zu erreichen. Damit erwachse aus der Abstraktion der Besonderheiten des Einzelfalls die Handlungsfähigkeit in unterschiedlichen Situationen. Gemäß Anderson und Krathwohl bildet die Anwendung die Stufe oberhalb des Verständnisses. Sie besteht darin, unterschiedlichstes Wissen in Praxissituationen anzuwenden. Aus der konstruktivistischen Perspektive wird jedoch beim Handeln nicht Wissen genutzt. Vielmehr würden situationsspezifisch erworbene Handlungsmuster umgesetzt, ohne dass diese „kognitiv überprüft worden seien" (ebd. 39-41). Letzteres mag wohl auf viele einfache, sich wiederholende und leicht transferierbare Handlungsweisen zutreffen, jedoch sind komplexe Problem lösende Handlungsfolgen ohne kognitive Antizipation, Planung und anschließender intensiver Überprüfung nicht vorstellbar.

3. Anwenden (apply)	
Bestimmte Verfahren in bestimmten Situationen ausführen bzw. verwenden.	
3.1 **ausführen** (executing)	Ein Verfahren bzw. eine Methode bei einer bekannten Aufgabe anwenden.
3.2 **implementieren** (implementing)	Ein Verfahren bzw. eine Methode bei einer nicht vertrauten Aufgabe anwenden.

Abb. 7.5: Apply (Dieterich-Schöpff 2008: 39)

Die *vierte Stufe* der Kompetenzentwicklung bildet die *Analyse*. Sie gliedert sich in die Unterstufen zuschreiben, organisieren und differenzieren. Diese Stufe wird einerseits als eine Vertiefung des Verstehens und andererseits als eine Vorstufe des Bewertens erachtet. Bereits 1972 hat Bloom die Stufe in drei Niveaus begründet. Der Lernende solle

- „den Stoff in seine wichtigsten Teile zerlegen, um die Elemente der Information zu identifizieren und zu klassifizieren" (1. Stufe);
- „die Beziehungen zwischen den Elementen klar legen, um ihre Abhängigkeit und ihre Zusammenhänge zu bestimmen";
- Erkenntnis über die organisierenden Prinzipien, die Anordnungen und die Struktur erlangen, „welche die Information als Ganzes verbindet" (Bloom u.a. 1972: 157).

4. **Analysieren** (analyse) Gliederung von Material in seine konstituierenden Teile und Bestimmung der Relationen dieser Teile zueinander / zu einer übergeordneten Struktur.	
4.1 **differenzieren** (differentiating)	Unterschiede zwischen relevanten und irrelevanten Teilen einer Sache.
4.2 **organisieren** (organizing)	Herausfinden, wie die Elemente einer Struktur zusammenpassen und funktionieren.
4.3 **zuschreiben** (attributing)	Bestimmen des Standpunktes, des Vorurteils, der Werthaltung oder der Absicht, die einem Text zugrunde liegt.

Abb. 7.6: Analyze (Dieterich-Schöpff 2008: 41)

Im Alltag bedeutet Analysieren häufig nicht mehr als „eine sehr reflexartige Ursachenbeschreibung auf der Grundlage kontext- und subjektabhängiger Schemata".

Aus der formal-logischen Perspektive bedeutet es die Differenzierung einzelner Elemente und deren Reorganisation auf der Grundlage von Regeln" (Dieterich-Schöpff 2008: 41f.).
Die *fünfte Stufe* der Kompetenzentwicklung bildet das **Bewerten**. Sie gliedert sich in die Unterstufen *kritisch beurteilen* und *überprüfen*. Es wird darauf hingewiesen, dass alle Denkprozesse affektiv beeinflusst werden und alle Kompetenzstufen bewertende Elemente enthalten. Das hier Gemeinte bezieht sich auf Beurteilungsprozesse anhand von Kriterien und Standards. Deshalb müssen die verwandten Maßstäbe „ …erinnert, verstanden, hinzugezogen und auf ihre Relevanz hin analysiert werden, ehe sie als Grundlage von Bewertungen eingesetzt werden könnten". Unter Hinweis darauf, dass Bewertungen nicht immer auf der Grundlage rationaler Standards getroffen werden, wird für die höhere Taxonomiestufe eine Bewertung nach objektivierbaren Kriterien gewünscht, die durch Lernprozesse ermöglicht werden muss (ebd. 43).

5. **Bewerten** (evaluate) Urteile anhand von Kriterien und Standards fällen.	
5.1 **überprüfen** (checking)	Aufdecken von Widersprüchen und Irrtümern; feststellen, ob ein Prozess oder ein Produkt eine innere Konsistenz besitzt.
5.2 **kritisch beurteilen** (critiquing)	Beurteilen, ob eine Methode für eine Problemlösung adäquat ist; ermitteln, ob Widersprüche zwischen einem Produkt und externen Kriterien bestehen.

Abb. 7.7: Evaluate (Dieterich-Schöpff 2008: 43)

Die *sechste Stufe* der Kompetenzentwicklung bildet das *(Er-) Schaffen*. Sie wurde von Anderson und Krathwohl (2001) neu eingeführt und gliedert sich in die Unterstufen: produzieren, planen und generieren. Gegenstand der Stufe ist es, Elemente zu einem neuen kohärenten und/oder funktionsfähigen Ganzen zusammenzufügen. Sie zielt auf die Befähigung, Neuartiges zu antizipieren, Handlungspläne zu entwickeln und Ziele anzustreben, die über die lineare Anwendung von Bekanntem hinaus reichen. Damit wird angenommen, dass Individuen über die epistemische Struktur des Faktenwissens hinaus über heuristische Denkstrukturen verfügen, die es ermöglichen Probleme zu lösen und Neues zu entwickeln (ebd. 44).

6. (Er)Schaffen (create) Elemente zu einem neuen, kohärenten oder funktionierenden Ganzen zusammenfügen; Elemente zu einem Muster reorganisieren.	
6.1 **generieren** (generate)	Hypothesen bilden, um ein beobachtetes Phänomen zu erklären.
6.2 **planen** (planing)	Ein Verfahren bzw. eine Methode zur Bewältigung einer bestimmten Aufgabe entwerfen.
6.3 **produzieren** (producing)	Ein Produkt für einen bestimmten Zweck erfinden.

Abb. 7.8: Create (Dieterich-Schöpff 2008: 44)

Die vorangestellten fünf Kategorien der Kompetenzentwicklung gelten für konvergente, d.h. für eng an der Problemstellung orientierte Lösungsprozesse, die Schlussfolgerungen ermöglichen. Für divergentes Denken und Handeln sind Umgestaltungs- und Umstrukturierungsprozesse erforderlich, die Neukombinationen und Neukonzeptionen ermöglichen. Dazu gilt es bekannte Strukturen, Regeln und Kriterien zu hinterfragen und ggf. zu überwinden. Die hier gemeinten Kompetenzentwicklungen fordern die Kreativität der Kompetenzträger, die divergentes Denken und die Fähigkeit umfasst, verschiedene neue Lösungswege durch originelle und produktive Einfälle zu finden und zu erproben. Das Bildungsziel Kreativität, das in gegenwärtigen Lehr-Lern-Arrangements eher vernachlässigt wird, zielt auf die Befähigung Handlungsweisen, Beziehungen, Wege, Problemlösungen usw. „neu" zu entdecken und dabei Bekanntes kritisch zu hinterfragen und umzudefinieren. Dabei gilt es ungewöhnliche Ideen und Einfälle zu produzieren, diese hinsichtlich ihrer Umsetzbarkeit zu überprüfen und dabei von herkömmlichen Denk- und Handlungsschemata abzuweichen.

7.3.2 Die Dimension Wissen

Die zweite Kompetenzdimension bildet das Wissen, die Anderson und Krathwohl in die vier Wissenstypen: Faktenwissen, Begriffliches Wissen, Verfahrenswissen und Metakognitives Wissen stufen. Faktenwissen und Begriffliches Wissen fragen nach dem *Was*. Während das *Faktenwissen* das reine Kennen von Terminologien und einzelnen Fakten umfasst, bezieht das *begriffliche Wissen* „ein tiefergehendes, organisierteres, integriertes und systematisches Wissen" ein. Das *verfahrensbezogene Wissen* bezieht sich auf die Methodik und fragt nach dem *Wie*. Das Metakognitive Wissen umfasst das Wissen über die Erkenntnis und bildet die Summe des gesamten Wissens (BLK-Projekt Hannover 2004: 5).

Die Taxonomie von Anderson und Krathwohl

Wissensdimension	Untertypen
Faktenwissen: Basiswissen, um mit einer Fachdisziplin vertraut zu sein oder Probleme in dieser Disziplin lösen zu können	• Kenntnis der Terminologie … • Kenntnis spezifischer Details und Elemente …
Begriffliches Wissen: Wissen über die Interrelationen der einzelnen Elemente des Basiswissens innerhalb eines größeren Zusammenhangs, das ein gemeinsames Funktionieren sichert	• Kenntnis der Klassifikationen und Kategorien • Kenntnis der Prinzipien und Verallgemeinerungen (z.B. Theoreme, Gesetze) • Kenntnis der Theorien, Modelle und Strukturen …
Verfahrensorientiertes Wissen: Wissen darüber, wie man etwas tut; Wissen über Methoden des Nachforschens sowie Anwendungskriterien für Fähigkeiten, Algorithmen, Techniken und Methoden	• Kenntnis fachspezifischer Fähigkeiten und Algorithmen • Kenntnis fachspezifischer Techniken und Methoden • Kenntnis der Kriterien zur Anwendung bestimmter Verfahrensweisen …
Metakognitives Wissen: generelles Wissen über den Erkenntniszuwachs als auch das Bewusstsein und Wissen über den persönlichen Erkenntniszuwachs	• Strategisches Wissen (z.B. Kenntnis der allgem. Lern-, Denk- und Problemlösungsstrategien) • Wissen über die kognitiven Aufgaben unter Einbeziehung des kontextuellen und bedingten Wissens • Wissen über die eigenen Stärken und Schwächen …

Abb. 7.9: Die Wissensdimensionen und ihre Untertypen nach Anderson und Krathwohl (BLK-Projekt Leistungspunktesystem Universität Hannover 2004)

In konzeptionellen Weiterentwicklungen wird die Wissensdimension (gemäß Mandl u.a. 1994, 1997) in die Kategorien: *Faktenwissen, konzeptuelles Wissen* und *prozedurales Wissen* gestuft:

Faktenwissen: Diese Stufe gliedert sich das in eine terminologische und empirische Kategorie. Erstere beinhaltet Namen, Ziffern, Zeichen, Bilder usw., „deren Beschreibung ohne Bezüge zu anderen Phänomenen auskommt". Die zweite umfasst empirisches Faktenwissen, in dem es quantitative oder qualitative Formen des Sachverhaltes einschließt „ohne Zusammenhänge zu erklären oder zu begründen" (Dieterich-Schöpff 2008: 45; Hofmeister 2005).

Konzeptuelles Wissen: Diese Stufe umfasst komplexere Wissensstrukturen. Diese erlauben einerseits Ordnungen, Strukturen und Gesetzmäßigkeiten zu erkennen, andererseits umfassen sie das System begrifflicher Über- und Unterordnung sowie Klassifikationsprozesse. Darüber hinaus erlauben sie den Erwerb von Theorien und mentalen Modellen über bestimmte Sachgebiete, die z.B. Funktionswissen, Erklärungen, Zusammenhänge, Regelmäßigkeiten, Gemeinsamkeiten und Unterschiede umfassen (ebd.).

Prozedurales Wissen: Dies Stufe wird als die Wissensart bezeichnet, auf der Fertigkeiten beruhen. Sie basiert auf anlagebedingten Faktoren, die herausgebildeten Fertigkeiten werden aber je nach Einübungsintensität und Feedbackqualität unterschiedlich gut beherrscht.[49] Grundsätzlich werden kognitive und psychomotorische Fertigkeiten unterschieden. Die kognitiven beziehen sich auf rein mentale Prozesse, die im Gedächtnis gespeichertes Wissen nutzen. Psychomotorische Fertigkeiten beziehen sich auf die Bewegung des Körpers und der Körperteile, im Sinne räumlich zeitlich koordinierter und kontrollierter Bewegungsabläufe (Mandl u.a. 1997: 173).

7.4 Über die Bedeutung von Kompetenztaxonomien

Die voran stehende erläuterte Taxonomie beschreibt ein zweidimensionales Kategoriensystem, welches den Kompetenzerwerb in die Dimensionen Wissen und Können gliedert. Bei gleicher kognitiver Prozessdimension (Können) ergeben sich Unterschiede durch die Art und Weise der Elaborierung der Wissensdimension. Während Anderson und Krathwohl diese in die Kategorien: Faktenwissen, Begriffliches Wissen, Verfahrensorientiertes Wissen und Metakognitives Wissen differenzieren, integrieren andere Darstellungen (s. Abb. 7.10) den aktuellen wissenstheoretischen Erkenntnisstand von Mandl u.a. (1994: 173, 177f; s. BLK-Projekt 2004).

Eine Beurteilung der Bedeutung dieser Taxonomie sollte unterschiedliche Sichtweisen einbeziehen:

- Aus der *analytischen Perspektive* beinhaltet diese Artikulation ein Instrumentarium, das komplexe Kompetenzerwerbsprozesse zweidimensional ordnet, was bei deren Planung, Durchführung und Evaluationen als überaus hilfreich anzuerkennen ist. Dabei ist die kognitive Prozessdimension (Horizontale) eindeutig konzeptionshierarchisch gegliedert. Die Dimension Wissen (Vertikale) besteht aus vier Kategorien mit aufsteigender Komplexität.

---

[49] Gemäß Mandl u.a. (1997: 177) verläuft der Erwerb in den drei Stufen: a) Erwerb von deklarativem Wissen über den Ablauf eines Verfahrens, b) Ausführen des Verfahrens und zunehmender flüssiger Ablauf und c) Wissensoptimierung und Verfeinerung bis zur Automatisierung (Dieterich-Schöpff 2008: 46).

- Auch aus der *empirischen Perspektive* erscheint die Artikulation als bedeutsam. In Anwendung der für empirische Erhebungen vorgenommenen *doppelten Eingrenzung* (Weinert) auf einen bestimmten Sektor von Kontexten und Situationen einerseits und auf den kognitiven Bereich andererseits, bietet sie ein zweidimensionales Übersichts- und Gliederungsinstrumentarium. Testaufgaben sind so zu erstellen, dass sie, der Gestuftheit von Kompetenz entsprechend, den jeweils erreichten Dimensionsgrad abbilden und überprüfen.

- Aus der *funktionalen Perspektive* ist zu fragen, ob die kognitive Prozessdimension in den beiden letzten Kategorien richtig gestuft ist oder das Bewerten (5.) mit dem Erschaffen (6.) getauscht werden muss. Denn kreative, gestalterische und schöpferische Phasen/Bereiche/Dimensionen unterliegen in besonderer Weise der kritischen Bewertung und Reflektion.

- Aus der *didaktischen Perspektive* ist kritisch anzumerken, dass durch diese funktionale Bestimmung von Kompetenzen allgemeine intellektuelle Fähigkeiten sowie motivationale und affektive Aspekte weitgehend ausgegrenzt bleiben, was die Taxonomie eher als eine kognitive als eine kompetenzorientierte kennzeichnet. Grundsätzlich sei die Frage erlaubt, was die 24 (bei Ausdifferenzierung der kognitiven Prozessebene 80) richtig gefüllten Matrixfelder (über ihre analytische und empirische Bedeutung hinausgehend) hinsichtlich des Aufbaus und der Konzeption komplexer und interdependenter Kompetenzerwerbsprozesse zum Ausdruck bringen und auf welche Weise denn die implizite Gestuftheit in Lehr-Lernarrangements prozesshaft zu inszenieren ist? Denn pädagogisch-didaktische Artikulationen sollten nicht nur heuristischen Ansprüchen gerecht werden, sondern auch methodische Anleitungen/Hilfen zur Gewinnung neuer Erkenntnisse erteilen.

- Aus einer *grundsätzlichen Perspektive* wird angezweifelt, konzeptionshierarchisch angelegte Niveaustufen mit Kompetenzentwicklungsmodellen gleichzusetzen. Auch ergebe es sich nicht zwingend, dass individuelle Entwicklungsprozesse einer Abstufung in Niveaustufen folgten. Damit wäre es didaktisch nicht geboten, Sequenzen des Kompetenzerwerbs entlang einer Stufung zu konzipieren (Brand u.a. 2005: 5).

- Aus der *bewertenden Perspektive* bleibt darauf zu verweisen, dass diese Taxonomie (unter Einbezug der Weinertschen Eingrenzung) als kompetenztheoretisch bedeutsam anzusehen ist. Grundsätzlich unterliegen jedoch Modelle des gestuften Kompetenzaufbaus den gleichen Anforderungen wie alle anderen Modelle. Sie stellen die Wirklichkeit modellhaft, d.h. Komplexität reduzierend, dar und verfolgen dabei bestimmte Ziele. Dabei erläutern sie Wesentliches. Vertiefende Blicke auf das Ausgegrenzte – z.B. das synergetische Zusammenwirken unterschiedlicher Kompetenzaspekte, den Aufbau und Verlauf des Kompetenzerwerbs und evtl. existierender Regelhaftigkeiten – sind weiterhin erforderlich. Deshalb können die Kapitel 6.4 und 6.5, begründete Kompetenzaufbau- und -entwicklungsverläufe (obwohl voran stehend), durchaus auch als inhaltliche Weiterführung dieses Kapitels verstanden werden, zumal die aus empirischer und didaktischer Perspektive begründete Überschaubarkeit eingehalten wird.

DIMENSION WISSEN	KOGNITIVE PROZESS-DIMENSION					
	1. Erinnern	2. Verstehen	3. Anwenden	4. Analysieren	5. Bewerten	6. (Er-)Schaffen
A. Faktenwissen terminologisch						
B. Faktenwissen empirisch						
C. Konzeptuelles Wissen						
D. Prozedurales Wissen						

Abb. 7.10: Anderson/Krathwohl – Taxonomie (nach Dieterich-Schöpff 2008: 34-46)

8 Kompetenzmodelle ausgewählter fachdidaktischer Disziplinen

Wie in Kap. 6 erläutert, sahen sich die Nicht-PISA-Disziplinen aufgrund administrativer Vorgaben gefordert, die kompetenzorientierten Aufbereitungen ihrer Gegenstandsbereiche unter großem Zeitdruck vorzulegen (dazu Jung 2005c: 9; Köller 2009: 39). Die Zielsetzung war durch die Expertise definiert. Es galt Kompetenzmodelle „*auf der Basis fachdidaktischer Konzepte*" zu beschreiben, die „*Komponenten und Stufen der Kompetenzen*" enthielten und sich dabei „*auf pädagogisch-psychologische Forschungen zum Aufbau von Wissen und Können*" stützen (Klieme u.a. 2003: 17). Die Modelle wurden zwischen den beteiligten Expertinnen und Experten diskursiv und konsensuel vereinbart. Jeder fachdidaktische Entwurf dokumentiert eine eigenständige Tradition in selbstbewusster Weise. Aufgrund der zeitlichen Enge blieben Abstimmungen zwischen benachbarten Disziplinen jedoch aus. Auch war der Dachverband (DFG) trotz unterstützender Aktivitäten wenig bereit, einen kompetenztheoretischen Rahmen (z.b. für Fächerfamilien Fremdsprachen, Naturwissenschaften, Sozialwissenschaften) zu empfehlen. Aus diesen Gründen resultiert eine bunte Vielfalt überaus interessanter Modelle, gepaart mit kompetenztheoretischen Eigenartigkeiten.[50]

Auch setzte sich die Erkenntnis durch, dass die Entwicklung von Kompetenzmodellen und der Entwurf von Bildungsstandards nur die erste Stufe des aus der Klieme-Expertise erwachsenen Modernisierungsprogramms beschreibt (dazu: Sloane/Dilger 2005: 2). Dieses umfasst eine fachdidaktische Aufgabenbereicherung in vier Stufen[51], die in den meisten Disziplinen unter stark eingegrenzten personellen und ausstattungsgemäßen Bedingungen zu realisieren war. Auch deshalb wurden nach dem Abebben der ersten Aktualitätswelle in vielen Fachdidaktiken die weiteren Aufga-

---

[50] Auf diese bezieht sich Hartig (2008: 18), in dem er klarstellt, dass z.B. die Wortschatzbeherrschung und die Beherrschung von grammatikalischen Regeln sowie Ausspracheregeln eine wesentliche Voraussetzung für Fremdsprachenkompetenz und keine eigenständige Kompetenz darstelle.

[51] Wie in Kap 6 dargestellt, umfasst das in der Expertise definierte Innovationsprogramm darüber hinaus den Entwurf von Aufgabensätzen zur Leistungsmessung (2), die Durchführung und Auswertung der Erhebung (3) und das Schulmonitoring (4).

ben nur eher halbherzig angegangen.[52] Darüber hinaus fehlten die finanziellen Mittel um das innovative Gesamtkonzept interdisziplinär (Fachdidaktiker, empirische Bildungsforscher) zu inszenieren. Im Weiteren wird der Blick auf einige eher zufällig ausgewählte fachdidaktische Modelle gerichtet, die es kurz kompetenztheoretisch zu analysieren und an den Anforderungen der Klieme-Expertise zu spiegeln gilt.

8.1 Das Kompetenzmodell der politischen Bildung

Als das Kompetenzmodell der politischen Bildung wird der Entwurf der Gesellschaft für Politikdidaktik und politische Jugend- und Erwachsenenbildung: *Nationale Bildungsstandards für den Fachunterricht in der Poltischen Bildung an Schulen* (GPJE 2004) bezeichnet. Dieser gliedert sich in eine mehrseitige Begründung des Beitrags des Faches für die Bildung, der Erläuterung der Kompetenzbereiche (S. 13-18), die Darstellung nationaler Bildungsstandards für den Fachunterricht an Schulen in unterschiedlichen Abschlussniveaus (Grundschule, mittlerer Abschluss, gymnasiale Oberschule, Berufsschule; ebd. 19-28) und dem Entwurf typischer Aufgabenbeispiele (ebd. 29-59). Letztere sollen illustrieren, wie sich Aufgaben mit Bezug zu speziellen Standards konstruieren lassen, eine erste Grundlage für die Ermittlung des stufenbezogenen Lernstandes bilden, aber noch kein Testinstrumentarium darstellen. Ebenfalls sollen sie nicht als Vorgaben für die Standardisierung unterrichtlicher Leistungsbewertungen verstanden werden (ebd. 29).

Der Kompetenzerwerb im Politikunterricht wird als an vorhandene Fähigkeiten anknüpfend, diese quantitativ erweiternd und qualitativ verbessernd beschrieben. Er gliedert sich in die Bereiche: Politische Urteilsfähigkeit, Politische Handlungsfähigkeit und Methodische Fähigkeiten. Diese stehen nicht additiv nebeneinander, sondern bedingen sich wechselseitig und sind vom *Konzeptuellen Deutungswissen* umrahmt (ebd. 13). Obwohl sich die Begründung auch auf andere Wissensformen bezieht, werden grundlegende Annahmen, Deutungen und Erklärungsmodelle über Politik, Wirtschaft, Gesellschaft – in Ausblendung des deklarativen und prozeduralen Wissens – unter der Bezeichnung *Konzeptuellen Deutungswissens* subsumiert (ebd. 14). Zu dieser elaborierten Wissensform wird (an anderer Stelle) ausgeführt,

---

[52] Bereits in der Einleitung wurden Gegensätze zwischen Kompetenzskeptikern und -befürwortern angeführt, die hauptsächlich in den fachdidaktischen Gesellschaften geführt werden. Grundsätzlich erweckt die Thematik noch immer den Argwohn der Skeptiker, weshalb in manchen Disziplinen nicht nur latente Auseinandersetzungen ausgetragen werden. Dabei wird der Eindruck vermittelt, als werde die „freie Wissenschaft" unter ein KMK-Diktat gezwungen und wissenschaftliche Freiheiten ohne Not aufgegeben. Hingegen bietet ein Kompetenzmodell für die Befürworter den Nachweis des Zeitgemäßen, denn es belegt, dass es so etwas auch in unserer Domäne („unserem Fach") gibt und wir uns auf „dem aktuellen Stand" befinden (dazu Schott/Ghanbari 2008:16f).

dass sie kategorialen und instrumentellen Charakter besitze und Lernenden helfe, „politische und gesellschaftliche Phänomene wahrzunehmen, auszuwählen, zu interpretieren, zu strukturieren und zu bewerten". Damit beinhalte sie grundlegende Konzepte, die für das Verstehen von Politik, Wirtschaft, Recht und Gesellschaft unverzichtbar seien, die den Lernenden die Funktionen von Institutionen und Ordnungsmodellen erschließen sowie eine Einführung in die Denkweisen der Sozialwissenschaften leisten (MBJS-Brandenburg 2006: 9).[53]

Konzeptuelles Deutungswissen	
Poltische Urteilsfähigkeit	**Politische Handlungsfähigkeit**
Poltische Ereignisse, Probleme und Kontroversen sowie Fragen der wirtschaftlichen und gesellschaftlichen Entwicklung unter Sachaspekten und Wertaspekten analysieren und reflektiert beurteilen können	Meinungen, Überzeugungen und Interessen formulieren, vor anderen angemessen vertreten, Aushandlungsprozesse führen und Kompromisse schließen können
Methodische Fähigkeiten	
Sich selbstständig zur aktuellen Politik sowie zu wirtschaftlichen, rechtlichen und gesellschaftlichen Fragen orientieren, fachliche Themen mit unterschiedlichen Methoden bearbeiten und das eigene politische Weiterlernen organisieren können	

Abb. 8.1: Kompetenzbereiche der politischen Bildung (GPJE 2004: 13)

Die im Abschnitt Aufgabenbeispiele dargebotenen Anforderungsbereiche sind für ein gestuftes Kompetenzmodell konstituierend. Sie stellen einen erfahrungsbezogenen Orientierungsrahmen für Schülerleistungen dar, der Aussagen über die Angemessenheit, Qualität und Komplexität der Anforderungen zulässt. Die Aufgabenbeispiele sind so konzipiert, dass ihre Bearbeitung Leistungen aus allen Anforderungsbereichen voraussetzt. Differenzierungen und Stufungen (Jahrgangsstufen, Schulfor-

---

[53] So könnten Lernende beispielsweise „Beiträge der wirtschaftspolitischen Debatte mit kontroversen wirtschaftstheoretischen Konzeptionen in Verbindung bringen und die Erklärungskraft solcher Beiträge auch theoretisch reflektieren". Dabei sei es weniger wichtig, „alle Details solcher Vorschläge zu erfassen, als vielmehr deren Ziele und mögliche Folgen zu erkennen und zu problematisieren". Deutungswissen sei somit mehr als Kenntnisse über Einzelaspekte des politischen, wirtschaftlichen und sozialen Lebens, es sei „notwendige Grundlage zum Aufbau von Kompetenzen" (ebd).

men) erfolgen über die Gewichtung der Anforderungsbereiche. Darüber hinaus ist der Schwierigkeitsgrad über

- „die Komplexität der Aufgabenstellung;
- die Differenziertheit des zu bearbeitenden Problems;
- die Anforderungen an Kontext- und Deutungswissen;
- die Anforderungen hinsichtlich der Nutzung sozialwissenschaftlicher Methoden;
- die Anforderungen bei der Anwendung der Fachsprache;
- den Umfang und die Differenzierung in der Begründung des politischen Urteils" zu steuern (ebd. 29f.).

Anforderungsbereich I	Anforderungsbereich II	Anforderungsbereich III
Kennen und wiedergeben	Analysieren, Erklären und Transfer	Reflektiert politisch urteilen und handeln
Vergegenwärtigen des notwendigen inhaltlichen und methodischen Wissens sowie den notwendigen Arbeitstechniken für die Bearbeitung der Aufgaben. Artikulation eigener Meinungen.	Gewinnen von Erkenntnissen durch Strukturieren, Einordnen und Analysieren von Informationen. Anwendung von Erkenntnissen auf neue, vergleichbare Probleme. Sich mit anderen Positionen als der eigenen angemessen auseinandersetzen.	Selbstständiges, reflektiertes politisches Argumentieren und Urteilen. Methodenbewusstes Vorgehen bei der eigenen Lernorganisation. Sicheres, situationsangemessenes Verhalten in der Öffentlichkeit.

Abb. 8.2: Anforderungsbereiche für die Bewertung von Schülerleistungen (GPJE 2004: 30)

8.2 Das Kompetenzmodell der ökonomischen Bildung

Als *Kompetenzmodell der ökonomischen Bildung* wird das Konzept der *Deutschen Gesellschaft für ökonomische Bildung* „Kompetenzen der ökonomischen Bildung für allgemein bildende Schulen und Bildungsstandards für den mittleren Abschluss" (DGÖB 2004) erläutert. Darin werden die Kompetenzen in fünf Kompetenzberei-

chen begründet. Die Entwürfe für den Grundschulabschluss (Degöb 2006) und für den Gymnasialabschluss (Degöb 2009) sind analog aufgebaut[54].
Von der didaktischen Legitimationsfrage („Warum ökonomische Allgemeinbildung?") ausgehend, wird die Notwendigkeit ökonomischer Bildung als unverzichtbarer Bestandteil schulischer Allgemeinbildung anspruchsvoll begründet (Degöb 2004: 2f.). Die Eingebundenheit aller Individuen in Wirtschaftsprozesse, das Agieren und Reagieren in vielfältigen wirtschaftlich geprägten Rollen (Konsument, Produzent, Anbieter, Nachfrager, Arbeitnehmer, Selbstständiger, Sparer, Steuerzahler, Transferempfänger, Zivil- und Staatsbürger) belegt dies in beispielhafter Weise. Jedoch resultieren aus den „das Wirtschaften" konstituierenden Rahmenbedingungen Herausforderungen und Konflikte, die es zu bewältigen gilt. Dazu ist der Erwerb von Kompetenzen im Sinne von Befähigungen zur Bewältigung ökonomisch geprägter Herausforderungen erforderlich. Kompetenzen bündeln Domänen bezogenes Wissen, Können und Reflektieren zielgerichtet und synergetisch. Dabei erfordern die systembezogene Komplexität, Differenzierung und Dynamik einen systematischen Erwerb der erforderlichen Kompetenzen. Diese sollen das Individuum befähigen, „sich im wirtschaftlichen Dasein zu orientieren, dieses zu verstehen, es zu beurteilen und mündig, sachgemäß und verantwortlich mitzugestalten (ebd.).

Aus dem dargebotenen Begründungszusammenhang und der Zielsetzung *Erwerb von Orientierungs-, Urteils-, Entscheidungs- und Gestaltungsfähigkeit* (ebd. 3) resultieren die beiden Kompetenzen, die alle Individuen zur Bewältigung von Herausforderungen in der modernen Gesellschaft befähigen sollen:

1. „Das Individuum kann zum eigenen Wohl wie auch zum Wohle Anderer ökonomisch urteilen, argumentieren, entscheiden und handeln".

2. „Das Individuum soll befähigt werden, in ökonomisch geprägten Situationen und Strukturen des gesellschaftlichen Zusammenlebens angemessen zu entscheiden und zu handeln sowie an deren Gestaltung mitzuwirken, um eine lebenswerte Gesellschaft zu sichern und zu erweitern" (Degöb 2004, 5).

Diese Kompetenzbeschreibung bildet den Überbau der fünf (begründeten und standardisierten) Kompetenzbereiche (ebd. 6 f.; dazu Weber 2005), die als bereichsspezifische Teilkompetenzen zu verstehen sind.

---

[54] Die Veröffentlichungen über die Bildungsstandards (www.degöb.de) sind wie folgt gegliedert: Vorwort, legitimatorischer Teil, Verortung in der Allgemeinbildung, Begründung der Kompetenzbereiche, Standards, Einbettung, Ausblick.

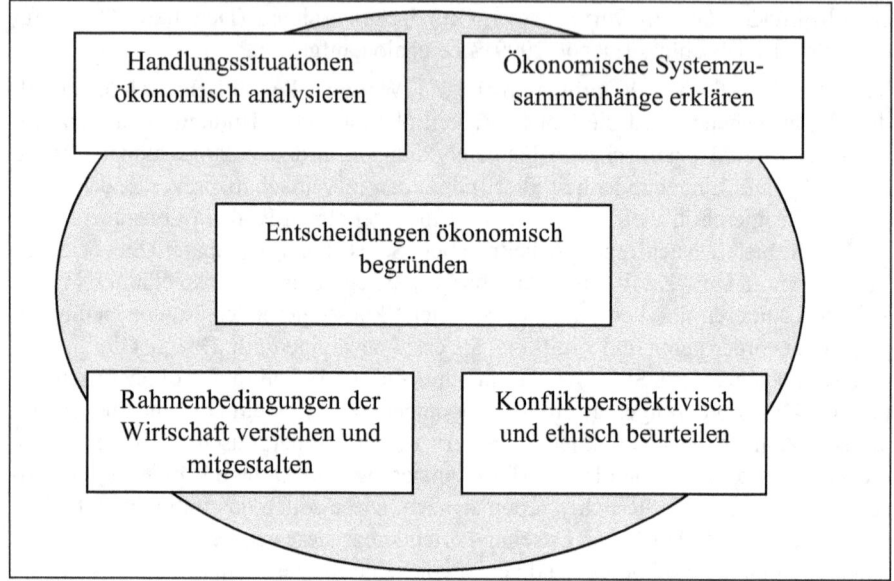

Abb. 8.3: Kompetenzbereiche der ökonomischen Bildung (DeGÖB 2004)

Dieser kurze Anriss verdeutlicht, dass die fachdidaktische Grundlegung von Kompetenzen, Kompetenzbereichen und Bildungsstandards der ökonomischen Bildung zeitgemäßen kompetenztheoretischen Ansprüchen entspricht. Ziel ist die Bewältigung domänenbezogener Herausforderungen, die nach dem Akteurmodell rollentheoretisch gebündelt werden. Das beschriebene Agieren und Reagieren umfasst die vielfältigen kognitiven, emotionalen und handelnden Operationen des Lernenden, um die vorhandenen Herausforderungen über kompetentes Verhalten (Wissen, Können, Reflektieren) zu bewältigen. Die angestrebten Output-Ziele werden in fünf *Kompetenzbereichen der Ökonomischen Bildung* inhaltsübergreifend gebündelt und in ca. 30 Bildungsstandards domänenspezifisch ausdifferenziert (Jung 2009c: 201).

8.3 Das Geographie-Kompetenzmodell

Als Kompetenzmodell Geographie wird das Konzept der Deutschen Gesellschaft für Geographie *Bildungsstandards im Fach Geographie für den Mittleren Schulab-*

Das Geographie-Kompetenzmodell 135

schluss (DGfG 2007) erläutert.[55] In der Begründung der Kompetenzbereiche wird das Fach Geographie als „Brückenfach" zwischen natur- und gesellschaftswissenschaftlichen Denkweisen verortet. Die Kompetenzen werden in sechs Kompetenzbereiche differenziert, wobei vier (Fachwissen, Methoden, Kommunikation, Beurteilung/Bewertung) durch ihre Nähe zur Naturwissenschaft, ein Kompetenzbereich (Handlung) in Anlehnung an gesellschaftswissenschaftliche Disziplinen und einer (Räumliche Orientierung) als Alleinstellungsmerkmal begründet werden. Ihr Zusammenwirken versteht sich nicht als additiv, sondern als miteinander verflochten. Deshalb sind sie im Rahmen unterrichtlicher Problemstellungen zu erwerben.

Kompetenzbereich	Zentrale Kompetenzen
Fachwissen (F)	Fähigkeit, Räume auf den verschiedenen Maßstabsebenen als natur- und humangeographische Systeme zu erfassen und Wechselbeziehungen zwischen Mensch und Umwelt analysieren zu können.
Räumliche Orientierung (O)	Fähigkeit, sich in Räumen orientieren zu können (topographisches Orientierungswissen, Kartenkompetenz, Orientierung in Realräumen und die Reflexion von Raumwahrnehmungen).
Erkenntnisgewinnung / Methoden (M)	Fähigkeit, geographisch/geowissenschaftlich relevante Informationen im Realraum sowie aus Medien gewinnen und auswerten sowie Schritte zur Erkenntnisgewinnung in der Geographie beschreiben zu können.
Kommunikation (K)	Fähigkeit, geographische Sachverhalte zu verstehen, zu versprachlichen und präsentieren zu können sowie sich im Gespräch mit anderen darüber sachgerecht austauschen zu können.
Beurteilung / Bewertung (B)	Fähigkeit, raumbezogene Sachverhalte und Probleme, Informationen in Medien und geographische Erkenntnisse kriterienorientiert sowie vor dem Hintergrund bestehender Werte in Ansätzen beurteilen zu können.
Handlung (H)	Fähigkeit und Bereitschaft, auf verschiedenen Handlungsfeldern natur- und sozialraumgerecht handeln zu können.

Abb. 8.4: Kompetenzbereiche der Geographie (DGfG 2007: 9)

Da das Erkenntnisinteresse auf allgemeingeographische Gesetzmäßigkeiten in den natur- und humangeographischen Subsystemen gerichtet ist, sind die jeweiligen Subsystemkomponenten auf ihre räumlichen Ausprägungen zu beziehen (z.B. Län-

---

[55] Dieses gliedert sich in die Begründung des Beitrags des Faches für die Bildung (DGfG 2007: 5-7), die Darstellung der Kompetenzbereiche (S. 8-9), die Erläuterung der Standards für die Kompetenzbereiche (S. 10-29) und eine umfangreiche Dokumentation von Aufgabenbeispielen (ebd. S. 30 - 92).

der, Regionen). Breite und Komplexität der Inhalte erfordern eine didaktische Reduktion auf „den Kern geographischen/geowissenschaftlichen Wissens sowie ein exemplarisches Vorgehen". Beides könne über Basiskonzepte erfolgen, die die Inhalte eines Faches strukturierten. Vom Selbstverständnis der Geographie als Systemwissenschaft getragen, stellt das Hauptbasiskonzept das Systemkonzept dar, dem die Systemkomponenten Struktur, Funktion und Prozess zugeordnet sind (DGfG 2007: 10f.).

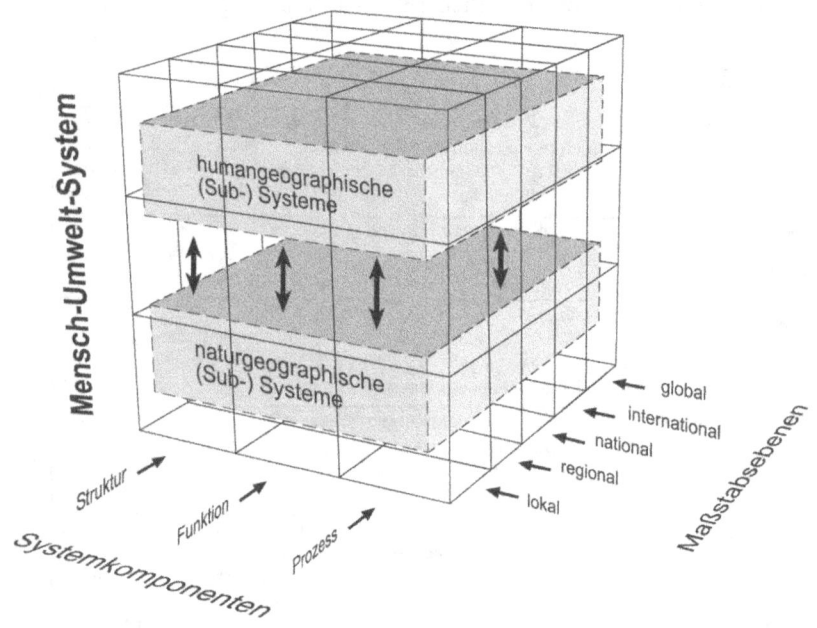

Abb. 8.5: Basiskonzepte der Analyse von Räumen im Fach Geographie (DGfG 2007: 11)

Die sechs Kompetenzbereiche werden in eine jeweils unterschiedliche Zahl von Standards differenziert.[56] Hinsichtlich der Begründung der Standards der Kompetenzbereiche muss auf die Quelle verwiesen werden (DGfG 2007: 13-29).

---

[56] Fachwissen: 5 Bereiche (25 Standards); Räumliche Orientierung: 5 Bereiche (16 Standards); Erkenntnisgewinnung/Methoden: 4 Bereiche (11 Standards); Kommunikation: 2 Bereiche (6 Standards); Beurteilung/Bewertung: 4 Bereiche (8 Standards), Handlung: 4 Bereiche (11 Standards).

8.4 Das KecuBHTW-Kompetenzmodell

Das Kompetenzmodell des Lernbereichs Beruf-Haushalt-Technik-Wirtschaft/ Arbeitslehre (KecuBHTW 2006) wurde von einer interdisziplinären Arbeitsgruppe entworfen. Es stellt die Endform der in den Vorentwürfen als Kerncurriculum Arbeitslehre (KECAL) bezeichneten Zwischenergebnisse dar. Mit der Namensänderung wird eine Zuständigkeit sowohl für die additive (Haushalt, Technik, Wirtschaft) als auch für die integrative Arbeitslehre dokumentiert, die auch inhaltlich eingelöst wird. Intentionen, Ziele und Konzept werden von Oberliesen/Zöller (2007: 168-204) eindrucksvoll beschrieben. Das Kerncurriculum enthält auch ein komplexes Kompetenzmodell, welches den Anforderungen der beteiligten Fachdidaktiken weitgehend entspricht. Das Lernfeld differenziert sich in die vier den Namen bildenden Teildomänen (Beruf, Haushalt, Technik, Wirtschaft), die sowohl additiv als auch integrativ verstanden werden können. Jede Domäne wird durch eine Teildomänenkompetenz („Leitkompetenz" einer Teildomäne) ganzheitlich umschrieben. Diese gliedert sich jeweils in drei Kompetenzen, die durch je drei bis vier Standards inhaltlich gefüllt werden (KecuBHTW 2006: 6-8).

Teildomäne Beruf

„Die Kompetenz, individuelle Voraussetzungen, Ansprüche und Entwicklungen der Berufs- und Arbeitswelt einzuschätzen sowie die vielfältigen Übergänge zwischen Schule-Ausbildung-Studium-Erwerbsarbeit erfolgreich zu bewältigen".

Kompetenzen:

- Entscheidungen zur Arbeits- und Berufsfindung individuell erfolgreich treffen und Bewerbungsprozesse selbständig gestalten.
- Arbeitsweltliche und berufsbezogene Entwicklungen analysieren und bewerten.
- Ein berufliches Selbstkonzept entwickeln.

Teildomäne Haushalt

Die Kompetenz, physische, personale, soziale, ökonomische und kulturelle Voraussetzungen und Einflussfaktoren für das Haushaltshandeln zu verstehen, zu berücksichtigen und zu nutzen, um das eigene Leben im Rahmen eines persönlichen Ressourcenmanagements bedürfnisgerecht und sozialverantwortlich zu führen und zu gestalten.

Kompetenzen:

- Lebensstil, persönliches Ressourcenmanagement und Konsumverhalten eigen- und sozialverantwortlich entwickeln.
- Im Kontext der Lebensführung einen gesundheitsförderlichen Lebensstil entwickeln.
- Eine dem Wohlergehen der Einzelnen und der Familie/sozialen Gemeinschaft dienende Lebensführung unter Berücksichtigung der Widersprüche zwischen 'Beruf und Leben' (Work-Life Balance) gestalten.

Teildomäne Technik

„Die Kompetenz, sozio-technische Systeme und Prozesse, auch in ihrer Wechselwirkung mit Natur und Gesellschaft, zu verstehen, zu beurteilen, zu nutzen und zu gestalten".

Kompetenzen:
- Technisch Handeln und Kommunizieren.
- Technische Sachsysteme und Prozesse analysieren.
- Sozio-technische Systeme und Prozesse bewerten.

Teildomäne Wirtschaft

„Die Kompetenz, ökonomische Entscheidungen im Interesse einer befriedigenden Existenzsicherung und Lebensführung begründet zu treffen und ökonomische Strukturen und Prozesse im Kontext gesellschaftlicher und politischer Rahmenbedingungen zu analysieren, zu beurteilen und mitzugestalten".

Kompetenzen:
- Bedürfnisgerechte und sozialverträgliche Entscheidungen in ökonomisch geprägten Lebenssituationen treffen.
- Ökonomische Strukturen, Prozesse und wirtschaftspolitische Entscheidungen als Konsument, Erwerbstätiger und Wirtschaftsbürger analysieren und beurteilen.
- Individuelle und soziale ökonomische Probleme bewerten und mitgestalten.

Abb. 8.6: Teildomänenkompetenzen des Lernbereichs Beruf-Haushalt-Technik-Wirtschaft (KecuBHTW 2006: 6-8)

Angesichts föderaler Unterschiede sind die Teildomänen in der Lernbereichsorganisation sowohl additiv als auch integrativ zu verwenden. Die drei konstitutiven Teildomänen (Haushalt, Technik, Wirtschaft) überschneiden sich in der (vierten) Teildomäne Beruf (Handeln in arbeitsrelevanten Lebenssituationen), was nachvollziehbar begründet und im Aufbau der Wissensdomäne (ebd. 4) interessant illustriert wird. Wie die nachstehende Darstellung verdeutlicht wird das Kompetenzmodell des Lernbereichs durch vier Dimensionen beschrieben. Über diese werden ein übergreifender Kompetenzerwerb über interdisziplinäre Kooperation, ein Umgang mit Wissen und Können und der Gebrauch der Fachsprache angestrebt. Die Dimension

- *Teildomäne* umfasst den jeweiligen Gegenstandsbereich des Lernfeldes (Beruf, Haushalt, Technik und Wirtschaft);
- *Handlungsebene* definiert den Bezug zur Lebenswelt (persönliche Lebenssituation, Systemzusammenhänge, Gesellschaft);
- *Handlungsphase* gliedert den Handlungsablauf in die Phasen: Analysieren, Bewerten/Reflektieren und Entscheiden/Ausführen;
- *Niveaustufen* umschreibt den Grad der Anforderungen in den Bereichen Reproduktion, Reorganisation, Problemlösung. Sie stellt eine Unterteilung der Dimension *Handlungsebene* dar (KecuBHTW 2006:5).

Anmerkungen zu den fachdidaktischen Kompetenzmodellen 139

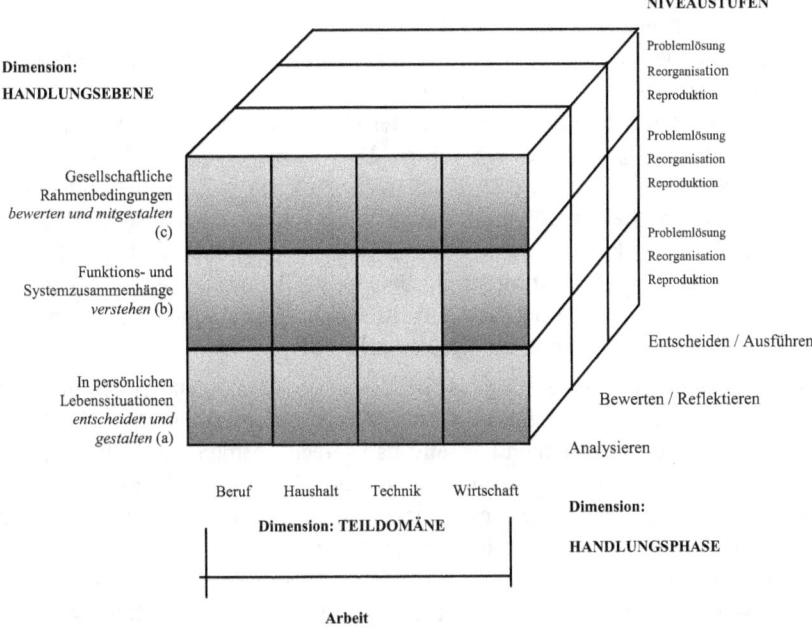

Abb. 8.7: Kompetenzmodell des Lernbereichs (KecuBHTW 2006: 5)

8.5 Anmerkungen zu den fachdidaktischen Kompetenzmodellen

Beim Versuch, die dargestellten Kompetenzmodelle hinsichtlich der Anforderungen der Klieme-Expertise einzuordnen, fällt auf, dass fachdidaktische Ziele und Intentionen dominieren und keine empirisch-diagnostischen. Die Modelle verstehen sich als die fachdidaktischen Beiträge im Rahmen des durch die Klieme-Expertise initiierten interdisziplinären Gesamtprozesses.

Mit dem *GPJE-Entwurf* werden wichtige und für die Disziplin längst überfällige didaktische Positionsbestimmungen vorgenommen. Er ist klar strukturiert und schlägt den Bogen vom Bildungsauftrag des Faches bis zu den Kompetenz überprüfenden Aufgabenbeispielen. Dabei erweitert er die bekannten Ziele: Urteilsfähigkeit und Handlungsfähigkeit durch die Integration methodischer Fähigkeiten (domänenbezogenes Können) und verbindet das Modell mit drei Anforderungsbereichen, die konzeptuell leider verspätet eingebracht werden. Diese entsprechen denen, wie sie seit langem in den Einheitlichen Prüfungsanforderungen (EPA) für die gymnasiale Oberstufe verwandt werden. Damit wird weitgehend Bekanntes kompetenztheoretisch neu geordnet, was durch die Anforderungsbereiche auch empirisch zu überprüfen ist. Jedoch lässt sich das Modell nicht widerspruchsfrei als ein gestuftes zwei dimensionales Modell darstellen. Die Kompetenzbereiche können nur über die Anforderungsbereiche aufbauend gestuft werden. Die *Wissensdimension* bleibt, durch die Fixierung auf das *Konzeptuelle Deutungswissen,* die in der Zusammenschau mit den Inhalten der gestuften Anforderungsbereiche als nicht haltbar erscheint, leider ungestuft und nicht widerspruchsfrei.[57] Die *Könnensdimension* offenbart ähnliche Mängel. Einerseits ist sie im Anforderungsbereich 3 *(Reflektiert politisch urteilen und handeln)* angemessen verortet, andererseits durchdringt sie die beiden Kompetenzbereiche (Handlungsfähigkeit und Methodische Fähigkeiten).

Das *DEGÖB-Modell* differenziert den ökonomischen Kompetenzerwerb in fünf begründete Bereiche. Ein Abgleich mit den „Klieme-Anforderungen" verdeutlicht, dass es den definierten Ansprüchen nur teilweise gerecht werden kann. Hinsichtlich des Selbstverständnisses als didaktisches Modell regt sich disziplinbezogene Kritik. So wird die Einteilung der Kompetenzbereiche als nicht systematisch beurteilt und eine Vermischung kompetenztheoretischer, fachdidaktischer und wirtschaftswissenschaftlicher Kategorien beklagt (IÖB 2004: 2f.). Schlösser/Schuhen (2006: 4) vermissen die klare Struktur, „die es Lehrern, Schülern, Eltern und fachdidaktischen Forschern erlaubt, die angestrebte Output-Sicht einzunehmen und den Bildungsstandard einschätzen zu können". Eine genauere Analyse der Kompetenzbereiche und Bildungsstandards offenbart eine kognitive Dominanz im angestrebten Outcome der Lernenden. Dies entspricht durchaus den offen gelegten Weinertschen Eingrenzungen, jedoch sind die Kompetenzen nicht systematisch nach Aspekten, Abstufungen und Entwicklungsverläufen geordnet und lassen sich auch nicht domänenspezifisch in Niveaustufen, Dimensionen und Teildimensionen untergliedern. Deshalb kann das Modell dem Anspruch auf einen gestuften Kompetenzerwerb in ökonomisch geprägten Lebens- und Lernsituationen, im Kontext des allgemein bildenden Lernens, nur teilweise gerecht werden (Jung 2009c: 201 f.).[58]

---

[57] Natürlich ist Wissen über Zusammenhänge, Wahrnehmungen und Deutungen („Konzeptuelles Deutungswissen") im Rahmen des Politischen überaus bedeutsam, jedoch erscheinen ebenso Elemente des deklarativen (Faktenwissen) und prozeduralen Wissens (über Verläufe und Methoden) notwendig.

[58] Dies verwundert etwas, da entsprechende Stufungen wie der Erwerb von „Orientierungs-, Urteils-, Entscheidungs- und Gestaltungsfähigkeit" (Degöb 2004: 3) oder die akteursspezifischen Differenzierungen ökonomisch geprägter Lebenssituationen (Konsument, Berufswähler... ; ebd. 4) bereits konzeptionell angelegt und begründet waren.

Anmerkungen zu den fachdidaktischen Kompetenzmodellen

Das *Geographie-Modell* ist durch eine logische Struktur gekennzeichnet, so dass es als „gelungenes Beispiel" bewertet wird (Köller 2009: 39). Es leitet die bisherigen lernzielorientierten Vorgaben in ein Kompetenzmodell über. Dabei wird der Lehr-Lern-Erfolg nicht mehr in auf das Kurzzeitgedächtnis bezogenen Stoffinhalten ermittelt, sondern über die in den Aufgaben entwickelten Kompetenzen sichtbar gemacht. Ebenfalls werden Dimensionen des Wissens und Handelns unterschieden (Rothe-Jüchten 2009: 126). Von besonderer Qualität sind die über 60 Seiten umfassenden Aufgabenbeispiele. Sie wurden für den mittleren Bildungsabschluss definiert und zielen auf die Selbsttätigkeit der Lernenden (DGfG 2007: 30). Nachstehende Tabelle definiert die Kompetenz- und Anforderungsbereiche.

		Kompetenzbereiche des Faches Geographie					
		Fachwissen	Räumliche Orientierung	Erkenntnisgewinnung / Methoden	Kommunikation	Beurteilung/ Bewertung	Handlung
Anforderungsbereiche (AFB)	AFB I	Merkmale und Sachverhalte beschreiben	Lage beschreiben, Karten lesen	Fachmethoden beschreiben	Sachverhalte unter Verw. von Fachsprache wiedergeben	Kriterien des Beurteilens nennen	Handlungsfelder und Akteure nennen
	AFB II	Funktionen von Faktoren erklären und Zusammenhänge in Systemen erläutern	Ordnungssysteme analysieren, Karteninhalte erklären	Fachmethoden vergleichen und nutzen	Logische fachliche und argumentative Qualität von Aussagen analysieren und vergl.	Kriterien und geographische Kenntnisse beim Beurteilen anwenden	Mögliche alternative Handlungen erläutern und vergleichen
	AFB III	Systeme untersuchen: Mensch-Umwelt-Beziehungen problembezogen erörtern und relektieren	Raumwahrnehmung und -konstruktion reflektieren: Kartograph. Darstellungen konzipieren	Fachmethoden problemangemessen anwenden, Erkenntniswege reflektieren	Fachliche Aussagen in einer Diskussion begründen und zielorientiert formulieren	Fachlich relevante Sachverhalte/ Argumente kriteriengestützt beurteilen, Wertmaßstäbe reflektieren	Räuml. Auswirkungen mögl. Handlungen reflektieren; Handlungen begründen, bewerten und ggf. vollziehen

Abb. 8.8: Kompetenz-/Anforderungsbereiche Geographie (DGfD 2007: 31)

Das Kompetenzmodell des *Lernbereichs: Beruf-Haushalt-Technik-Wirtschaft/ Arbeitslehre* (KecuBHTW 2006) ist überaus komplex. Es konstituiert sich über die vier Ebenen (Handlungsebene, Teildomäne, Handlungsphase, Niveaustufen), wobei die „Dimension" *Niveaustufen* (y-Achse) eine Unterteilung der Dimension *Handlungsebene* darstellt (y-Achse). Die Niveaustufen (Reproduktion, Reorganisation, Problemlösung) gelten in aufsteigender Ordnung für alle drei Handlungsebenen (persönliche Lebenssituation, Funktions- und Systemzusammenhänge, Gesellschaftliche Rahmenbedingungen), was grundsätzlich einleuchtet. Wenn jedoch Ebene I) mit „Entscheiden und Gestalten" umschrieben wird, II) mit „Verstehen" und III) mit „Bewerten und Mitgestalten" (s. S.136), dann ist die Stufung wenig nachvollziehbar. Denn sie suggeriert, dass es in den Handlungsebenen I und III (Persönliche Lebenssituation, Gesellschaftliche Rahmenbedingungen) nichts zu verstehen gäbe. Eine Betrachtung der Dimensionen Handlungsphase (z-Achse; Stufung: I Analysieren, II Bewerten/Reflektieren, III Entscheiden/Ausführen), die auf jede Ebene der Dimension Handlungsebene (y-Achse) wirkt, offenbart ebenfalls eine eigenwillige Gestuftheit fernab von allem in Kapitel 6 und 7 Begründeten. Die Überprüfung des KecuBHTW-Kompetenzmodells anhand der definierten Intention (Versteh- und Anwendbarkeit für Lehrkräfte, kompetenzdiagnostische Stringenz) verdeutlicht eine zu hohe Komplexität. Deshalb bleibt einiges unklar, sowohl aus der didaktischen als auch aus der diagnostischen Perspektive.

8.6 Aktuelle Anmerkungen

Deutlich wurde, dass die Entwicklung von domänen- bzw. fachspezifischen Kompetenzmodellen und nationaler Bildungsstandards nur die erste Stufe in dem von der Klieme-Expertise angeregten Innovationsprogramm beschreibt. Das Gesamtprogramm definiert eine den bisherigen fachdidaktischen Gegenstandsbereich weit überragende Aufgabenstellung und provoziert die Frage, ob eine Realisierung unter den gegebenen (personellen und sachlichen) Rahmenbedingungen leistbar ist. Andererseits erscheinen Regulierungen der damit verbundenen Aufgaben ohne fachdidaktische Beteiligung wenig sinnvoll.

Im Rahmen der umschriebenen Aufgabenbereicherung umfasst der Einbezug der *fachdidaktischen Kompetenzdiagnostik* (in Forschung und Lehre) die wichtigste und arbeitsintensivste Innovation (dazu: Kap. 10.4). Denn es lässt sich nicht leugnen, dass „*die Fachdidaktiken*" in Deutschland traditionell eher wenig empirisch ausgerichtet waren.[59] Auch lässt der Blick in die vorliegenden Befunde der internationalen und nationalen *large scale assessments* den Eindruck entstehen, dass die entworfenen Kompetenzmodelle manchmal aus einer überhöhten Perspektive verfasst wur-

---

[59] Bis auf wenige Ausnahmen waren auch die erforderlichen Kapazitäten (angemessene Institutsgröße, mögliche Arbeitsteilung, Forschungsmittel) nicht vorhanden und stets gab es viel anderes zu tun.

den.[60] So gilt es die Anforderungen Hartig (2008: 19) zu berücksichtigen, der den wissenschaftlichen und praktischen Nutzen eines Konstrukts umso höher bewertet, je besser Anzahl und Art der Kategorien gegründet und je klarer die Kriterien zur Klassifizierung der interessierten Phänomene definiert sind. Grundsätzlich sollten die entworfenen Kompetenzmodelle *fachdidaktisch umsetzbar* und *empirisch belastbar* sein.

Auch darf die Domänenbezogenheit von Kompetenz und Kompetenzerwerb nicht in überzogener Weise realisiert werden. Sie legitimiert sich durch eine spezielle Fachlichkeit im Sinne domänenbezogenen Wollens, Wissens, Könnens und Reflektierens. Dabei verdeutlichen sich die Unterschiede im Wissen und Handeln und weniger durch die Originalität der Darstellung des Kompetenztheoretischen. Ohne die Besonderheiten einer Domäne ausblenden zu wollen, erscheinen Fächerfamilien kompetenztheoretische Übereinstimmungen aufzuweisen, die sich in gemeinsamen Kompetenzniveau- und Kompetenzstrukturmodellen (dazu Klieme u.a. 2007: 11f.) äußern sollten. Denn die Art und Weise in der unterschiedliche Kompetenzfacetten in ihrem Zusammenwirken Kompetenz konstituieren und sich Einzelkompetenzen zu Kompetenzmodellen modellieren, wird in benachbarten Fächern nur gering voneinander abweichen.[61] Deshalb stimmt die aktuelle Entwicklung, das domänenbezogene Wissen und Können durch spezielle *Basis-* und *Fachkonzepte* einzubringen, hoffnungsvoll.

Wie das Beispiel Geographie (s. Schaubild S. 134) zeigt, beinhaltet das Basiskonzept[62] die Analyse von Räumen in den Systemkomponenten *Struktur, Funktion* und *Prozess*, die für beide Subsysteme, das naturgeographische und das humangeographische, gelten (DGfG 2007: 10f.). Für die Politikdidaktik werden die Basiskonzepte *Ordnung, Entscheidung* und *Gemeinwohl* (Weißeno u.a. 2010: 11f.) begründet, aus denen sich 30 Fachkonzepte (ebd. 61-97; 108-150; 161-187), in alphabetischer Reihenfolge von Demokratie (Ordnung) bis Wahlen (Entscheidung), ergeben. Das dahinter stehende *Kompetenzmodel des Fachwissens* beschreibt inhaltsbezogene kognitive Fähigkeiten, über die Lernende zu verfügen haben, um fachliche (hier politische) Probleme lösen zu können (ebd. 10).

---

[60] Für das Fach Technik werden in Theuerkauf/Meschenmoser/Meier/Zöllner (Hrsg.), Berlin 2009, auf ca. 90 Seiten (S. 210 -290) entsprechende internationale Beiträge dokumentiert.

[61] Es kann nicht darum gehen, die aussagefähigste Heuristik zu entwerfen, die – holistisch optimiert – alles aufnimmt, was der eigenen fachdidaktischen Tradition entspricht und dazu noch zeitgemäßen kompetenztheoretischen Anforderungen (didaktischen, diagnostischen) entsprechen soll.

[62] Basiskonzepte repräsentieren zentrale Prinzipien bzw. Paradigmen einer Domäne. Sie beinhalten das Spezifische einer Domäne, auf den Unterricht an allgemein bildenden Schulen bezogen. Sie bilden die Grundlage für den systematischen Wissensaufbau und dienen der horizontalen und vertikalen Vernetzung des Wissens im Unterricht (Weißeno u.a. 2010: 48).

9 Didaktisch-methodische Aspekte des Kompetenzerwerbs

Sollen wesentliche Aspekte für die Generierung eines didaktischen Ansatzes Kompetenzerwerb aufbereitet werden, bedarf es einer kurzen Auffrischung kompetenzdidaktischer Merkmale.

☞ Kompetenz wird als individuelle (bzw. kollektive) Befähigung zur selbständigen und eigenverantwortlichen Bewältigung von An- und Herausforderungen verstanden. Sie impliziert wachstumsbezogene Elemente und integriert Aspekte des Wollens, Wissens, Könnens und Reflektierens.

☞ Der Kompetenzerwerb konstituiert sich immer im „Zusammenwirken" der subjektiven und objektiven Ebenen und grenzt sich dadurch sowohl von anderen Lernformen als auch von aktionistischen Handlungsweisen ab. Erfolgreicher Kompetenzerwerb besitzt positive Auswirkungen auf das weitere Verhalten. Die Kompetenzträger streben nach Erhaltung bzw. Weiterentwicklung ihrer kognitiven, psychomotorischen und sozialen Befähigungen sowie nach neuen motivierenden und stimulierenden Aufgaben. Angesichts der Fülle positiver Merkmale und einem Kompetenzverständnis als erlernbare kognitiv verankerte Befähigungen, geraten die Aneignungsprozesse in den Fokus der Betrachtung.[63]

Darüber hinaus haben seit der Klieme-Expertise Unterricht und Lernaufgaben auf die Förderung fachspezifischer Kompetenzen zu zielen, was neue Herausforderungen an die Planung, Durchführung und Reflexion von Unterricht stellt.

☞ Bereits in der Einleitung wurde darauf verwiesen, dass die Begriffe Kompetenzerwerb, Kompetenzvermittlung und Kompetenzentwicklung nicht synonym verwandt werden und die Bezeichnung Kompetenzerwerb den Überbegriff bildet. Die beiden darunter liegenden Aneignungsformen unterscheiden sich dadurch, dass die Kompetenzvermittlung einen eher angeleiteten Prozess (Instruktion) und die Kompetenzentwicklung einen eher selbst gesteuerten Prozess (Konstruktion) be-

---

[63] Kompetenzen müssen die in der Klieme-Expertise (2004: 74f.) definierten Merkmale erfüllen: Nutzung und Erweiterung gegebener Fähigkeiten, eigenständiges Beschaffen und Erweitern von Wissen und Können, Treffen und strategisches Entwickeln von Lösungs- und Handlungsentscheidungen usw.

schreibt. Grundsätzlich ist die Vermittlung als Vorstufe der Entwicklung zu verstehen, so dass die nachstehenden Merkmale konstruktivistischer Lernkonzepte optimale Kompetenzentwicklungsprozesse umschreiben. Grundsätzlich unterscheiden sich beide Lernkonzeptionen in nachstehender Weise.

Instruktivistische Lernkonzepte	Konstruktivistische Lernkonzepte
lineares, sequentielles Lernen	nichtlineares, individualisiertes Lernen
strukturiertes, abschließbares Wissen	Konstruktionsabhängiges, offenes Wissen
Steuerbarkeit des Lernprozesses	autonomes Lernen
Instruktion durch die Lehrperson	Konstruktion durch den Lernenden
Wissensvermittlung	Wissenskonstruktion
geschlossene Lehr-/Lernform	Offene Lehr-/Lernform
Lehrperson als Wissensautorität	Lehrperson als Wissensberater
lehrerzentrierter Lehr-/Lernprozess	lernerzentrierter Lehr-/Lernprozess
vermittelnder Unterricht	Lernangebot

Abb. 9.1: Unterschiede instruktivistischer und konstruktivistischer Lernkonzeptionen (Hallet 2006: 17).

Da sich Kompetenzerwerbsprozesse im Wechselverhältnis objektiver Situationsanforderungen und subjektiver Befähigungen konstituieren, müssen pädagogisch-didaktische Maßnahmen auf beide Seiten des Erwerbsprozesses ausgerichtet sein: Als *objektorientierte Interventionen* zielen sie auf die Gestaltbarkeit von Situationen und umfassen die Bedingungen, die die Entwicklung des Menschen zur eigenverantwortlichen Persönlichkeit ermöglichen oder wenigstens nicht behindern (objektive Seite des Qualifizierungsprozesses). Obwohl sie zielgruppen- und lebensbereichsbezogen sind, zielen sie – unabhängig vom einzelnen Individuum – auf die Modifikation von Umweltaspekten. Sie können sich auf die unterschiedlichsten Inhaltsbereiche beziehen und auf alle Domänen, in denen der Kompetenzerwerb stattfindet. Als *subjektorientierte Interventionen* zielen sie auf die Veränderungen personaler Verhaltensweisen, die zur Erreichung der Ziele erforderlich sind. Sie beziehen sich immer auf die Veränderung von Persönlichkeit bzw. der Person-Umwelt-Beziehung. Hier geht es um den Erwerb von Wissen, Können und Reflektieren, also um Lernen im Sinne von Modifikation von Verhalten. Im Fokus steht der einzelne Mensch (oder die Gruppe), im Rahmen wahrgenommener und zu bewältigender Herausforderungen (Jung 1993: 225f.).

Die begründete Erfordernis, zeitgemäße Bildungsprozesse an Kompetenzzuwächsen zu orientieren, wirft die Frage auf, ob der Kompetenzerwerb besonderen Lehr-/Lernerfordernissen unterliegt. Zur Beantwortung erscheint es erforderlich, wesentliche legitimatorische, lerntheoretische, differentialpsychologische und lernorganisatorische Aspekte einzubeziehen.

9.1 Legitimatorische Aspekte

Die Besonderheiten einer Kompetenzdidaktik wären mit Blick auf ein allgemeines Verständnis von Didaktik zu begründen.

☞ Didaktik definiert sich (im Allgemeinen) als Wissenschaft vom Lehren und Lernen und im engeren Sinne als Unterrichtslehre (dazu Kron 1994: 43ff.). Sie befasst sich mit Zielen, Inhalten, Methoden, Anschauungsmitteln usw. von Lehr-/Lernprozessen. Vereinfacht ausgedrückt ist sie die Wissenschaft vom Was, Warum, Wozu und Wie sowie von den Bedingungen des Lehrens und Lernens.[64]

☞ Konzeptionell legitimieren gesellschaftliche Zielvorgaben, wie z.B. das Streben nach einer überlebensfähigen, menschenwürdigen, demokratischen Gesellschaft, entsprechende Bildungsziele. Aus ihnen ergeben sich didaktische Zielvorgaben bis hin zu domänenbezogenen Kompetenzen und dazu gehörenden Standards. Diese bilden wiederum die Grundlage für die Auswahl spezieller Inhalte. Im Rahmen didaktischer Transformationsprozesses wird das Erreichen definierter Ziele über zieladäquate Methoden und ausgewählte Inhalte angestrebt (Hilligen 1995: 223f.). In diesem Verfahren besitzt die Legitimationsfrage[65] eine besondere Bedeutung, obwohl sie in Zeiten von curricularen Vorgaben (Rahmenpläne, Stoffverteilungspläne) unter Bedeutungsverlust leidet. Auf der darunter liegenden Ebene zielt eine weitere Leitfrage auf die Art und Weise des Erwerbs des Gegenstandsbereichs. Angesichts unserer Thematik könnte diese lauten: *Ist der Erwerb von Kompetenzen – im Sinne einer Befähigung zur positiven Bewältigung (gegenwärtiger und zukünftiger) Lebens-, Lern- und Arbeitsherausforderungen – so bedeutsam, dass Prozesse des Kompetenzerwerbs zum Bestandteil des Bildungsprogramms zu erheben sind?*

---

[64] Während „das Warum" und „das Wozu" die legitimative Komponente definieren, umschreibt „das Was" die curriculare Komponente der Auswahl und Begründung von Lehr-/Lernzielen und -inhalten, während „das Wie" die methodische Komponente zum Gegenstand hat (Jung 2001: 11).

[65] Aus der bildungstheoretischer Perspektive könnte die didaktische Legitimationsfrage lauten: Welche Bildungsgegenstände (Was) sind so bedeutsam (Warum), dass sie als Lerngegenstände an die nächste Generation (Allgemeinbildung) oder an einen zu qualifizierenden Personenkreis (Spezialbildung) zu vermitteln sind, und auf welche Weise kann dies am effizientesten geschehen?

Obwohl diese Frage, angesichts des in Kap. 3 Begründeten, als beantwortet gelten muss, soll die Legitimität einer Kompetenzdidaktik aus dreifacher Perspektive verdeutlicht werden:

a) **Technologisch-ökonomische Perspektive:** Verdeutlicht wurde, dass die gegenwärtig verlaufenden technologisch-ökonomischen Transformationsprozesse mit einem tief gehenden Bedeutungswandel von Wissen und Können einhergehen (s. Kap. 3), der mit neuen Anforderungen an die Qualität des Human- und Sachkapitals einhergeht. Dieser Paradigmawechsel hat Modernisierungsprozesse initiiert, die das Bildungs- und Arbeitssystem selbst grundlegend verändern. Das Spektrum der zu bewältigenden Herausforderungen ist durch permanente Wissens-, Könnens- und Komplexitätszuwächse gekennzeichnet, aus denen Forderungen nach lebenslangem, ganzheitlichem und eigenverantwortlichem Lernen, nach methodenvielfältigem Erwerb des Lerngegenstandes und multimedialer Bildungstechnologie erwachsen. Die Bewältigungen der vielfältigen Herausforderungen gehen mit dem Erwerb von Kompetenzen einher, die selbst organisiertes Handeln unter den „nicht eindeutigen Rahmenbedingungen" (Erpenbeck/v.Rosenstiel: 2007, XI) ermöglichen.

b) **Gesellschaftliche Perspektive:** In dieses „Handeln unter nicht eindeutigen Rahmenbedingungen" sind die Entwicklungen und Veränderungen einzubeziehen, die durch die Begriffe *Individualisierung* und *Pluralisierung* gefasst und zumeist in einem negativen Kontext verwandt werden. Sie verdeutlichen eine weitgehende „Verflüssigung" traditioneller gesellschaftlicher und sozialer Zusammenhänge und werden als Erosion der bisher ordnenden Institutionen (Kirchen, Parteien, Gewerkschaften, Vereine, Familie) umschrieben. Angesichts einer im historischen Rahmen beispiellosen evolutionären Dynamik[66] wird gesellschaftliche Zukunft immer schwerer prognostizier- und planbar. In positiver Wendung kann durch den Verlust an Überzeugungskraft und Praktikabilität überlieferter Rezepte des individuellen Zusammenlebens und des kollektiven Zusammenwirkens nahezu alles als gestaltungsfähig und gestaltungsbedürftig begriffen werden (Beck 1997: 32). Die beschriebenen Prozesse bewirken große Verunsicherungen, ihre individuellen Bewältigungen erfordern besondere Befähigungen und Strategien, die mit Begriffen wie Selbstorganisation und gedankliches und gegenständliches Handeln zu fassen sind. Dadurch gerät die Gestaltungskompetenz reflektierender und handelnder Subjekte in den Fokus didaktischen Bestrebens (Jung 2002b: 118).

c) **Individuelle Perspektive:** Aus den nicht eindeutigen Rahmenbedingungen, im Sinne rasanter ökonomisch-technischer Veränderungen, der Gestaltungsbedürftig-

---

[66] Diese beispiellose evolutionäre Dynamik geht mit einer ständigen Zunahme von Intensität, Geschwindigkeit und Reichweite der Änderungen einher, so dass in der Folge feste überdauernde Identitäten und Strukturen keinen dauerhaften Bestand zu besitzen scheinen (Reinhardt 1997: 13).

keit traditioneller (familiärer, gesellschaftlicher, sozialer) Zusammenhänge und den daraus erwachsenen Erfordernissen zu selbst organisiertem Gestalten, resultiert eine neue Qualität individueller Anforderungen, die tief greifende Folgen für den Einzelnen in sich birgt (Jung 2001: 13). Wenn nun Bildung (wie in Kapitel 6.3 beschrieben) die Verbindung zwischen Welt und Mensch in allgemeiner und universeller Weise umfasst und Kompetenzen erlernbare und kontextualisierte Fähigkeiten umschreiben, situativen Anforderungen entsprechen zu können, dann muss der Kompetenzerwerb (im Rahmen von Bildungsprozessen) Individuen zur Bewältigung von Herausforderungen befähigen. Diese müssen in der Lage sein, sich in einer immer komplexer und unübersichtlich werdenden Welt zu orientieren, wobei die Bildung die ordnende und Kompetenz die gestaltende Funktion einnimmt. Es gilt das Individuum darin zu unterstützen, sein (gesellschaftliches) Umfeld zu interpretieren und sich mit den eigenen Interessen und Positionen einzubringen. Diese Zielsetzung integriert Aspekte der Aufklärung, der Selbstfindung, der Autonomie und der Partizipation, im Sinne einer klaren Handlungs- und Aktionsbezogenheit (Beer 1998: 219 f.).[67]

Die hier umrissenen Herausforderungen lassen sich mit traditioneller bildungstheoretischer Curricula nur schwer bewältigen, selbst wenn die didaktischen Kategorien Gegenwartsbezug und Zukunftsbedeutung dynamisch erweitert würden. Die implizierte Dynamik erfordert pädagogische Verfahrensweisen, die bei der Reflexion der umschriebenen Entwicklungen ansetzen und Denken, Handeln und Reflektieren unter nicht eindeutigen Rahmenbedingungen ermöglichen.

9.2 Lerntheoretische Erfordernisse

Aus der lerntheoretischen Perspektive werden die umrissenen Entwicklungen als Prozesse erläutert, die einen „schnellen Wandel des Bildungssystems, des Schulwesens, der Unterrichtswirklichkeit und der Lernkultur erzwingen". Noch bevor internationale Lernstandsstudien deutschen Schülerinnen und Schülern einen unteren Mittelplatz zuwiesen[68] und der aktuelle Kompetenzdiskurs eingeleitet war, forderte Weinert (1998: 102 ff.), dass unabhängig davon, wie begabungsspezifisch, kompe-

---

[67] Dabei findet das Streben nach Autonomie, Selbstverantwortung und Freiheit der Persönlichkeitsentfaltung als zentraler normativer Bezugspunkt seine Grenzen im entsprechenden Streben der jeweils anderen (Kahsnitz 1996: 28).

[68] Deshalb wundert es nicht, wenn anwendungsorientierte Testansätze, die Potentiale für weiterführendes kumulatives Lernen erfassen, zu eher ernüchternden Ergebnissen führen. Anerkennung fand zwar, dass in deutschen Schulen viel gelernt werde, aber keine Kompetenzen entwickelt würden. Dadurch kennzeichne sich das Gelernte als „träges Wissen".

tenzorientiert und zukunftsoffen kommende Bildungsreformen verliefen, „ihr Herzstück" eine deutliche Verbesserung des schulischen Lehrens, Lernens und Leistens umfassen müsse (ebd. 104). Aktuelle lerntheoretische Defizite verdeutlicht er am Beispiel des Mathematikunterrichts[69], der an deutschen Schulen als zu inhaltsbezogen und zu wenig verständnisorientiert, zu leistungsbezogen und zu wenig lernorientiert, zu themenbezogen und zu wenig begabungsdifferenziert, zu wissensbezogen und zu wenig nutzungsorientiert sowie zu informierend und zu wenig qualifizierend beschrieben wird (ebd.). Damit knüpft Weinert an das didaktische Bestreben nach einer tiefgehenden Revision des bisherigen Verständnisses schulischer Leistung an, das Wolfgang Klafki (1996: 75 ff. © 1985) beispielhaft begründete. Das Ziel *Schaffung einer demokratischen und humanen Schule* benötige ein verändertes Leistungsverständnis, weshalb der überkommene Leitungsbegriff revidiert werden müsse. Möglich sei dies über die Abkehr

- von einem ergebnisorientierten Leistungsverständnis und die Hinwendung zu einem prozessorientierten;
- von einem individualistischen-konkurrenzorientierten Leistungsverständnisses und die Hinwendung zu Kriterien, die „an der Lösung gemeinsamer Aufgaben in lernenden Gruppen orientiert" sind;
- von einem ausschließlich auf Fremdbeurteilung orientierten Leistungsverständnisses und die Hinwendung zu Verfahren, die „schrittweise Selbst- und Mitbestimmung der Lernenden einbeziehen";
- von Verfahren der Leistungsbeurteilung, die Informationen über (statt für) Lernende liefern, und die Hinwendung zu Verfahren, die die Befähigung zu Selbstständigkeit, Selbststeuerung und Selbstbeurteilung fördern" (Bastian 1997: 234).

Deshalb erfordere ein *zeitgemäßes schulisches Lehren und Lernen*[70] drei wesentliche Voraussetzungen: a) eine fundierte Wissensbasis, b) eine sinnbezogene Lernabsicht und c) einen verständnisorientierten Unterricht (Weinert 1998: 108f.). Die Erkenntnis eines „zu pseudohaft leistungsbezogen und zu wenig lernorientierten" Unterrichts verdeutlicht sich durch die nachstehende Unterscheidung (Abb. 9.2).[71]

---

[69] Das hier Beschriebene scheint den Mathematikunterricht zu überragen. Es sollte als symptomatische Beschreibung lernpsychologischer Mängel angesehen werden, die für weite Bereiche des schulischen Lernens gelten.

[70] Dieses beschreibt Weinert als produktives Nutzen neuer Informationen, deren Verwendung für ein vertieftes Verständnis von Phänomenen und die flexible Lösung anspruchsvoller Aufgaben (ebd.).

[71] Anstatt Unterricht als Kette von „Pseudo-Leistungssituationen" zu organisieren und damit Lernen zu behindern, sei es die Aufgabe eines guten Unterrichts, Lern- und Leistungssituationen im Bewusstsein der Schüler zu separieren. Guter Unterricht müsse beides leisten: Lernen als Aufnahme,

	Leisten	Lernen
Ziel	Bewähren: Erfolge erzielen, Misserfolge vermeiden	Aufnehmen und bearbeiten neuer Informationen, Herausforderungen bewältigen
Umfeld	motivational gespannt, Konkurrenzdruck, Alternativen: bewähren oder versagen	motivational entspannt, offen, sach-, informations-, problemorientiert
Merkmale	Niemand ist motiviert, Neues zu lernen, Wissenslücken zu schließen und Unklares zu verstehen	man möchte etwas wissen, entdecken, erfassen, erproben, Fehler müssen nicht vermieden werden
Strategien	Gewusstes aktivieren, mangelndes Wissen verbergen, Fehler vermeiden, sich selbst positiv präsentieren	aus Fehlern lernen, Mitschüler sind keine Konkurrenten, sondern Lernpartner
Lehrerfunktion	Prüfinstanz	Pädagogischer Berater

Abb. 9.2: Vergleich unterrichtliches Leisten und Lernen (nach Weinert 1998: 109f.)

☞ Ein erfolgreicher Kompetenzerwerb beinhaltet die Förderung von Aspekten des unterrichtlichen Lernens (rechte Seite). Er konstituiert sich im Wechselbezug kompetenzförderlicher äußerer Situationsbedingungen (objektive Ebene) und innerer Komponenten (subjektive Ebene) und basiert auf einer besonderen persönlichen Grundhaltung (s. Kapitel 2.4: *Merkmale kompetenter Persönlichkeiten*, S. 14 ff.).

☞ Danach streben erfolgreiche Kompetenzträger nach eigenverantwortlicher und selbst organisierter Lebensgestaltung sowie nach dem Aufbau und der Aufrechterhaltung (ggf. Wiedererlangung) realistischer Zukunftsperspektiven. Das progressive Gefühl *Herausforderungen positiv bewältigt zu haben* ist es, das zur Übernahme neuer und größerer Herausforderungen motiviert.

☞ Die hier genannten personalen Eigenschaften sind nur auf der Grundlage von zwei bedeutenden differentialpsychologischen Persönlichkeitskonstrukten zu verstehen: dem Selbstkonzept und dem Kontrollbewusstsein. Mit Blick auf den Kompetenzerwerb sollen beide in ihren wesentlichen Grundsätzen kurz umrissen werden.

Verarbeitung, Erprobung, problemorientierter Auseinandersetzung von gut verstandenem und flexibel einsetzbaren Wissen als auch Leistung „zur Bewährung und Bekräftigung des Gelernten und zur sozialen und kritialen Selbstbewertung der Lernenden" (ebd. 110).

9.3 Selbstkonzept und Kompetenzerwerb

☞ Das Selbstkonzept wird in der psychologischen Literatur als ein *„organisiertes, relativ konstantes, aber änderbares Konzeptmuster"* des Individuums zur eigenen Person beschrieben. Es verdichtet (vorangegangene) Erfahrungen und speichert Informationen in ein eigenes Bezugsystem. Da sich das organisierte Konzeptmuster auf vielfältige personale Bereiche bezieht, ist es multidimensional zu verstehen.[72] Somit beschreibt das Selbstkonzept (oder Fähigkeitskonzept) die Gesamtheit der auf das eigene Verhalten, die angelegten Fähigkeiten und Eigenschaften bezogenen Einstellungen, Urteile und Werthaltungen eines Individuums (Laskowski 2000, 10ff.). Es umfasst sowohl die Wahrnehmung der das Selbst konstituierenden Variablen als auch deren Bewertungen, die es vergleichend zu anderen realisiert. Dieses System von Einstellungen (Attitüden) zur eigenen Person besitzt einen Persönlichkeit konstituierenden Charakter. Es umfasst Kognitionen, Emotionen und Verhaltensweisen (Auffassungen, Vorstellungen, Überlegungen, Gefühle, Handlungen usw.) des Individuums zur eigenen Person. Diese werden als individuelle Struktur präsentiert und als Selbstkonzept bezeichnet (Jung/Oesterle 2010: 181).

Trotz aller Heterogenität der Selbstkonzeptforschung ist ein Zusammenhang zwischen dem Bild eines Individuums über sich selbst und seinem Verhalten als gesichert anzusehen. Demnach ist die selbst eingeschätzte Höhe der Fähigkeiten eines Lernenden (Beispiel schulisches Selbstkonzept) für dessen Lern- und Leistungsverhalten und damit für den Schulerfolg von Bedeutung (Schöne u.a. 2003: 4). Das hier gemeinte Teilkonzept definiert sich als Gesamtheit der Einstellungen über die eigenen Fähigkeiten in schulischen Leistungssituationen. Es konstituiert sich aus kognitiven und affektiven Inhalten (Repräsentationen), wobei letztere als emotionale Folgen der ersten zu verstehen sind (Oesterle 2009: 133). Mit dem Beispiel zum Kompetenzerwerb: „Ich freue mich sehr" (emotionale Folge) „die Herausforderung bewältigt zu haben" (kognitive Repräsentation), wird der Sachverhalt verdeutlicht.

Im Zusammenhang mit einem ganzheitlichen, am Kompetenzerwerb orientierten Lernen müssen auch Könnens- und Reflexionsaspekte in die Selbstkonzeptgenerierung einbezogen werden. Der Aussage: *„Ich freue mich sehr* (emotionale Folge), *dass mir Handlungen und/oder Handhabungen von Geräten, Werkzeugen, Werkstoffen usw.* (psychomotorische Repräsentation) *besonders gut gelingen"*, muss ein vergleichbarer *Selbstwert bildender Einfluss* zugestanden werden. Von größter Bedeutung sind die emotional-volitionalen Auswirkungen, die im Zusammenwirken

---

[72] Deshalb wird auch oft von „den Selbstkonzepten" einer Person gesprochen, wobei von einer intensiven Interaktion und erheblicher Interdependenz zwischen den Teilkonzepten auszugehen ist (Deusinger 1986: 11).

mit den kognitiven Repräsentationen zu weiteren Kompetenzentwicklungsprozessen motivieren oder diese be- oder verhindern. Das von gelungenen Kompetenzentwicklungsprozessen ausgehende progressive Gefühl „*etwas bewegt/gelöst/reguliert zu haben*" und dessen Auswirkungen auf das weitere Bewältigungsverhalten wurden in Kap. 2.4 (S. 18) dargestellt und im Zusammenhang mit dem Matthäusprinzip („wer hat, dem wird gegeben") beschrieben. In den Kompetenzentwicklungen des Alltagslebens (informeller Kompetenzerwerb) ist es die Freude und der Stolz über gelungene Herausforderungsbewältigungen, evtl. verbunden mit positiven Verstärkern aus dem sozialen Umfeld (Lob, Anerkennung), die dieses progressive Gefühl vermitteln und die motivationalen und volitionalen Kompetenzebenen stärken. Der formelle Kompetenzerwerb impliziert Nachteile, besonders dann, wenn entsprechende Lehr-Lernprozesse (Unterricht) als „zu pseudohaft leistungsbezogen und zu wenig lernorientiert" beurteilt werden.

9.4 Kontrollüberzeugung/Kontrollbewusstsein

Das Kontrollbewusstsein beschreibt ein differentialpsychologisches Persönlichkeitskonstrukt, was im Rahmen der Sozialen Lerntheorie (Rotter) entwickelt wurde. Es fand zunächst in der Arbeitswissenschaft (Hohner/Hoff 1983) und später in der Umwelterziehung (Hoff 1999, Retzmann 2000) eine besondere Beachtung. Seine besondere Bedeutung im Rahmen des Kompetenzerwerbs liegt in der Hervorhebung der volitionalen Komponente. Hier sind Motivationen und Bereitschaften aufzubringen, die Herausforderung anzunehmen und den gesamten Prozess „durchzustehen". Es gilt Wissen und Können (Kompetenzen) bereitzustellen und zu entwickeln, das Verfahren volitional zu beeinflussen (zu steuern) und den Prozess und die Ergebnisse kritisch zu bewerten (Reflexion). Das Konzept Kontrollüberzeugung/Kontrollbewusstsein liefert dazu nicht nur wesentliche Erklärungsansätze, vielmehr umfasst es auch eine didaktische Zielebene im Sinne angestrebter quantitativer und qualitativer Zuwächse.

☞ Kontrollüberzeugungen sind generalisierte Erwartungshaltungen von Individuen darüber, inwieweit sie im Rahmen ihrer Interaktion mit der Umwelt wichtige Ereignisse im eigenen Leben (Situationen) im Sinne der eigenen Ziele beeinflussen können. Das Konstrukt zielt auf die Kontrollier- und Gestaltbarkeit von Situationen und schließt deren Wahrnehmung, Beschreibung und Analyse ein (Krampen 1982: 1). Verhalten erklärt sich damit nicht nur in Abhängigkeit individueller Bedürfnisse einer Person, sondern auch in Funktion der Erwartung, inwieweit die Situation beeinflussbar erscheint. Somit stiften die Kontrollüberzeugungen eines Individuums –

als generalisierte Form des inhaltlichen Erwartungstyps – die Beziehung zwischen dessen Bedürfnissen, den situativen Möglichkeiten und dem Verhalten. Grundsätzlich wird zwischen einer stärker innen geleiteten und einer stärker außen geleiteten Ursachenzuschreibung unterschieden, die als internale und externale Kontrollüberzeugungen bezeichnet werden.[73] Hohner und Hoff (1983: 32.f.) erkennen in dem Kontinuum internaler/externaler Kontrollüberzeugungen das Problem, dass Kontrollvorstellungen, die sich aus dem Zusammenspiel innerer und äußerer Faktoren konstituieren, keine Berücksichtigung finden. In Überwindung dessen berücksichtigt ihr Konstrukt Kontrollbewusstsein interaktionistische Kontrollvorstellungen. Das Kontrollbewusstsein bildet damit ein handlungsrelevantes Steuerungssystem, das affektive und kognitive Elemente beinhaltet. Es spiele im Einklang mit anderen handlungsrelevanten Größen wie z.B. Motivation/Antriebsregulation „eine wesentliche Rolle für die Auslösung versus Unterdrückung/Hemmung von Handlungen und für die Regulation von Handlungs-/Verhaltensprozessen." Darüber hinaus wird dem Kontrollbewusstsein eine kompensatorische Funktion zugeschrieben, welche die Widersprüche oder Diskrepanzen zwischen objektiven und subjektiven Faktoren ausgleicht. Im Zusammenwirken der personalen Faktoren („Art und Intensität des Kontrollbewusstseins") mit den objektiven Faktoren („Restriktivität/Verstrukturiert-heit bestimmter Situationen") bestimmt sich die Funktion des Kontrollbewusstseins für Handeln/Verhalten (ebd. 33).

Zu erkennen ist, dass die Verknüpfung beider Interventionsarten dem Kompetenz konstituierenden Wechselverhältnis objektiver Situationsanforderungen und subjektiver Befähigungen entspricht. Im Rahmen von Aneignungsprozessen bewirken Individuum zentrierte pädagogische Interventionen (z.B. Verbesserungen im Wissen, Verstehen, Erklären, Handeln und Reflektieren) immer auch Erhöhungen objektiver Umweltanteile (Wahrnehmung der Herausforderung, Problemlöseverhalten). Umgekehrt führen umweltbezogene Maßnahmen (objektive Ebene; besondere situative Herausforderungen) zu einer stärkeren Herausbildung subjektiver Faktoren (Wahrnehmen, Verstehen, Problem lösen). Im Sinne des Kompetenz konstituierenden Wechselverhältnisses ist eine auf die Modifikation der objektiven Umwelt zielende Intervention immer auch auf das einzelne Individuum ausgerichtet. Ebenso ist

---

[73] „Externale Kontrollüberzeugungen liegen vor, wenn eine Person Verstärkungen und Ereignisse, die eigenen Handlungen folgen, als nicht kontingent zum eigenen Handeln oder zu eigenen Charakteristika wahrnimmt, sondern sie als das Ergebnis von Glück, Zufall, Schicksal, als von anderen mächtigeren Personen kontrolliert oder als unvorhersehbar (aufgrund der hohen Komplexität der Umweltkräfte) perzipiert. Internale Kontrollüberzeugungen liegen dagegen vor, wenn eine Person Verstärkungen und Ereignisse in der persönlichen Umwelt, die eigenen Handlungen folgen, als kontingent zum eigenen Verhalten oder zu eigenen Persönlichkeitscharakteristika wahrnimmt." (Krampen 1982: 44).

eine auf das Individuum zielende subjektive Intervention nur im Konnex mit der Umwelt zu verstehen („Ich muss das Problem lösen!"; „Ich will den Motor zum Laufen bringen!"). Die Zielsetzung *subjektbezogener Interventionen* besteht somit in der Aneignung kognitiver und handlungsrelevanter Persönlichkeitsdimensionen, die der *objektbezogenen Interventionen* in der autonomieorientierten Modifikation (Gestaltung) von der Lebens-, Lern- und Arbeitssituationen.

☞ Deutlich wird, dass die Befähigung zum Kompetenzerwerb und das dabei realisierte Niveau durch die umrissenen differentialpsychologischen Persönlichkeitskonstrukte (Selbstkonzept, Kontrollbewusstsein) beeinflusst werden. *„Ich bin bereit und in der Lage die gestellte Herausforderungen gut zu bewältigen"* lautet die entsprechende, auf ein positives Selbstkonzept verweisende Selbsteinschätzung, die die Grundvoraussetzung für einen erfolgreichen Kompetenzerwerb bildet. Jedoch wurde auch klar, dass sich diese Selbstkonzeptfacette aus kognitiven und affektiven Inhalten konstituiert, in die vorangegangene Erfahrungen in ein Bezugsystem eingeordnet werden. Dabei entstehen affektive Gehalte als emotionale Folgen der kognitiven oder psychomotorischen Repräsentationen *(„Ich habe/Du hast die Lern-Herausforderung gut gelöst").* Damit ist dem positiven Erleben von Unterricht eine Schlüsselposition im Rahmen der Entwicklung (schulischer) Selbstkonzepte zuzugestehen, womit traditionelle Unterrichtsrituale an weitere Grenzen stoßen. Angesichts der Weinertschen Kritik (Unterricht sei *„zu pseudohaft leistungsbezogen und zu wenig lernorientiert")* werden didaktisch-methodische Konzeptionen benötigt, die in der Lage sind, die registrierten Defizite (zu wenig verständnisorientiert, lernorientiert, begabungsdifferenziert, nutzungsorientiert qualifizierend und zu themenbezogen) zu kompensieren.

9.5 Das didaktische Prinzip Kompetenzorientierung

Wie erläutert bilden die Vermittlung von Befähigungen zur rationalen Urteilsfindung, zum verantwortbaren Handeln und Verhalten und zur kritischen Reflexion die Leitziele der Kompetenz orientierten Didaktik, die auf die Besonderheiten aller Domänen zu beziehen sind. Kompetenzerwerb kennzeichnet sich als Lern- und Entwicklungsprozess, der sich auf fachliche Inhalte und zentrale Zusammenhänge einer Domäne (Fach, Fachgebiet, Lernbereich) bezieht und in Wechselbeziehung zwischen kognitivem, affektivem und sozialem Lernen sowie dem domänenbezogenem Handeln konstituiert. Diese Merkmale kennzeichnen den kompetenztheoretischen Gesamtanspruch, der in konkreten Lehr-Lernarrangements nicht immer im vollen Umfang zu realisieren ist. Deshalb umschreibt die Bezeichnung Kompetenzorientierung auch einen reduzierten Idealanspruch auf das in den jeweiligen Lernprozessen Machbare und Bedeutsame. Das didaktische Prinzip Kompetenzorientierung bündelt entsprechende Anforderungen an Lehr-Lernprozesse, die auf Kompetenzzuwächse der Lernenden zielen. Sie integriert Elemente der Zielsetzung und Anforderungen an das methodische Verfahren der Zielerreichung. Die am Kompetenzerwerb orientierten Lehr-Lernarrangements haben den nachstehenden Anforderungen zu entsprechen:

Kompetenzorientierte Lehr-Lernarrangements
- basieren auf motivationalen und volitionalen Aspekten,
- entwickeln sich anhand wahrgenommener Herausforderungen, die das Individuum gemäß eigener Ziele, Wünsche und Interessen zu regulieren versucht,
- beinhalten Möglichkeiten auf vorhandenes Wissen und Können zurückzugreifen und gegebene Fähigkeiten, Fertigkeiten und Kenntnisse zu nutzen, zu erproben und weiter zu entwickeln,
- ermöglichen einen weitgehend eigenständigen Wissens- und Könnenserwerb,
- lassen Lernenden strategische Formen der Zielerreichung und des Handlungsvollzugs entwickeln und erproben, um damit Erfahrungen zu sammeln und zu nutzen,
- geben Freiräume, Entscheidungen zu treffen und diese zu überprüfen,
- ermöglichen es, im Rahmen domänenbezogener Möglichkeiten, Prozesse des Kompetenzerwerbs, den Grad der Zielerreichung und den Einbezug von Normen und Werten kritisch zu reflektieren

---

Abb. 9.3: Grundsätze kompetenzorientierter Lehr-Lern-Arrangements (Jung 2008c: 194f.)

Hinsichtlich der Planung, Durchführung und Reflexion kompetenzorientierter Lehr-Lernarrangements ist zu konkretisieren: Um die motivationalen und volitionalen Bereitschaften und Fähigkeiten der Lernenden für den Lernprozess nutzen und entwickeln zu können, müssen den domänenbezogenen Herausforderungen eine zentrale Stellung zugestanden werden. Deren Problemhaftigkeit ist von den Lernenden wahr und ernst zu nehmen. Sie ist nicht nur auf die Motivations- und Einstiegsphase zu beziehen, sondern durchzieht den gesamten Prozess wie ein roter Faden. Da Lernherausforderungen lebensweltliche Sonderformen darstellen, sind sie didaktisch zu konstruieren. Auf der Grundlage der Herausforderungen kann sich Kompetenz als zielgerichtetes Zusammenwirken von Wollen, Wissen, Handeln und Reflektieren (Bewältigen der Herausforderung) entwickeln. Anstatt Wissen zu reproduzieren, gilt es, Problem lösende, entdeckende, entwickelnde, disponierende, produzierende usw. Verfahren zu integrieren. Hierdurch werden ein weitgehend eigenständiger Erwerb von Wissen und Können sowie die Schaffung und Wahrnehmung von Handlungs- und Gestaltungsspielräumen möglich (Jung 2008c: 194f.). Darauf hinzuweisen ist, dass sich die Bewältigung nicht in einer angemessenen Analyse, einem Abwägen und der Reflexion von Sachverhalten erschöpfen darf. Hier dominieren die kognitiven Aspekte des Kompetenzerwerbs.[74]

9.6 Das didaktische Prinzip Handlungsorientierung

Auf die Besonderheiten von Lernwelten wurde bereits mehrfach verwiesen. Lebensweltliche Herausforderungen beinhalten Probleme, Anforderungen oder Aufgabenstellungen, die es real zu bewältigen gilt. Diese lassen sich nur schwer direkt auf Lernsituationen übertragen und auf den Gegenstandsbereich von Schulfächern eingrenzen. Deshalb sind die für Lehr-Lernarrangements ursächlichen Herausforderungen zumeist nicht direkt lebensweltlich, sie werden für den didaktischen Kompetenzerwerb aufbereitet (konstruiert). Zur Linderung des Problems tragen die pädagogisch-didaktischen Reformansätze bei, die die Lebensferne und Kopflastigkeit des schulischen Lernens beklagen und ganzheitliches Lernen (mit Kopf, Herz und Hand) forderten (Meyer 1994: 214 ff.).[75]

In jüngerer Zeit waren diese Bestrebungen mit den Konzepten des handlungsorientierten Unterrichts[76] verbunden. Dabei sind das Bildungsziel *Handlungsfähigkeit* und die didaktisch-methodische Kategorie *Handlungsorientierung* auf den handelnden Erwerb des Bildungsgegenstandes ausgerichtet. Sie umfassen neben Formen des realen Handelns, simultanes Handeln und gedankliches Probehandeln (Jung 2002a: 145). Deshalb müssen Konzeptionen des handlungsorientierten Lernens, die den Lernenden einen handelnden Umgang mit den Bildungsgegenständen ermöglichen, in dem materielle und/oder soziale Tätigkeiten den Ausgangs- und Bezugspunkt von Lernprozessen bilden, für den schulischen Kompetenzerwerb als grundlegend angesehen werden (Gudjons 1992: 36 ff.; 1995: 248; Meyer 1994: 214 ff.).

---

[74] Deshalb weicht ein diagnostisches Kompetenzverständnis, im Sinne Weinerts, in dem die kognitiven Komponenten wegen des messtechnisch Machbaren hervorgehoben werden, von einem didaktischen ab.

[75] Hilbert Mayer charakterisiert den handlungsorientierten Unterricht als ganzheitlich und schüleraktiv, in dem die zwischen Lehrer und Schülern „vereinbarten Handlungsprodukte die Organisation des Unterrichtsprozesses leiten, so dass Kopf- und Handarbeit der Schüler in ein ausgewogenes Verhältnis zueinander gebracht werden" können (ebd.).

[76] Der handlungsorientierte Unterricht basiert auf Inhalten der kognitiven Handlungstheorie. Diese liegt nicht als einheitliches in sich geschlossenes Theoriekonstrukt vor (Pädagogische Psychologie), sondern in Form verschiedener Theoriesegmente. Auf der Basis eines dialektischen Person-Umwelt-Modells wird menschliches Tun als Handlung aufgefasst, welche nicht nur Verhalten (reaktiv, passiv) erklärt, sondern die gesamte Auseinandersetzung des Menschen mit seiner Umwelt umfasst (Jung 1997: 10f).

Die Debatte um die Vorteile handlungsorientierten Lernens kann als abgeschlossen betrachtet werden. Unter Berücksichtigung des gemäßigten Konstruktivismus, der Lernprozesse vorrangig als aktive, selbst gesteuerte, soziale und situative Prozesse versteht, werden die Anforderungen an ein handlungsorientiertes Lernkonzept zeitgemäß fixiert, die vom Autor kompetenztheoretisch optimiert wurden (Abb. 9.4; dazu Dubs 1995: 890f; Gudjons 1997: 126f.). Ebenfalls erfordert dass kompetenztheoretische Bildungsziel „*Befähigung Bewältigung*" einen antizipierenden Umgang mit den Bildungsgegenständen, da es zukünftige (vermutete) Herausforderungen einbezieht.

Handlungsorientiertes Lernen

a) zielt auf den handelnden Erwerb des Bildungsgegenstandes, ermöglicht einen die Fachlichkeit überragenden Kompetenzerwerb, fördert die persönliche Vielseitigkeit, vermittelt Fähigkeiten zum permanenten Um- und Weiterlernen und zur lebenslangen Lernfähigkeit und Lernbereitschaft;

b) fördert ganzheitliche Lernprozesse, die Wollen, Wissen, Handeln und Reflektieren in der Weise integrieren, dass fachliches, theoriegeleitetes und wertorientiertes Denken und Handeln in komplexen Situationen zu entwickeln ist;

c) ist in dreifacher Weise handlungsbezogen: „Es ist erstens theoretisches Lernen, das auf Handeln vorbereitet, zweitens ein Lernen durch Handeln und drittens kritische und interaktive Reflexion über das Handeln" (Kaiser 2003: 127f);

d) befähigt Schüler, sich selbstständig Wissen und Können anzueignen, Probleme zu lösen, neue Lebens-, Arbeits- und Lernsituationen (mit-)gestalten zu können;

e) ist durch Methodenpluralismus und Lernortvielfalt gekennzeichnet, so dass Lernprozesse auf unterschiedliche Weisen und in unterschiedlichen Erfahrungszusammenhängen initiiert und realisiert werden können;

f) integriert die Reflexion über richtige Ziele und verantwortliches Handeln für die Gesellschaft, den Einzelnen und die Umwelt und strebt nach Vermittlung von Fähigkeiten, moralische Konfliktsituationen zu bewältigen;

g) initiiert Lehr- und Lernprozesse, die aus der Perspektive der Lernenden konstruiert sind, d. h. dass sie lernende Subjekte in den Mittelpunkt des Lernprozesses stellen;

h) setzt auf Lernprozesse, die zunehmend von den Lernenden selbst gesteuert werden, indem sie systematisch Planungs-, Arbeits- und Lerntechniken vermitteln und offen gestaltbare Medien in Form von Lernmaterialien mit Arbeitsaufträgen und Leitfragen bereitgestellt werden, für die Selbstorganisation der Lernprozesse;

i) verlangt vom Lehrenden, sich in der traditionellen Rolle des Wissensvermittlers zurückzunehmen und vorrangig die Schüler anzuleiten, sich das erforderliche Wissen und Können (und Reflexionsfähigkeit) selbständig anzueignen;

j) schafft Bedingungen, die die Selbstorganisation der Lernenden ermöglichen und fördern.

Abb. 9.4: Charakteristik handlungsorientierten Lernens (nach Kaiser 2003: 127 f.; erweitert)

Damit schließt sich der Bogen zum hier begründeten Kompetenzverständnis: Wenn Kompetenzen nach den Grundsätzen des handlungsorientierten Lernens erworben werden, synthetisieren sich die Bildungsziele Urteilsfähigkeit und Handlungsfähigkeit. Der Kompetenzerwerb in den Schritten *Herausarbeitung des Wesentlichen, Entwerfen und Überprüfen von Lösungswegen und reflexive Auswertung von Zielen, Verlauf und Ergebnissen* entspricht dem hier begründeten Kompetenzverständnis, selbst wenn das domänenbezogene Handeln auf Lernwelten eingegrenzt und weitgehend simultan vollzogen wurde. Damit reduziert (und kompensiert) die didaktische Kategorie Handlungsorientierung die lernweltlichen Defizite im Rahmen des Kompetenzerwerbs. Sie trägt zu einer deutlichen Verbesserung des schulischen Lehrens, Lernens und Leistens im Sinne der von Weinert (1998: 102 ff.) beschriebenen Defizite (s.o. zu „wenig verständnisorientiert", zu „wenig lernorientiert" usw.) bei.

9.7 Das konstitutive Prinzip Selbsttätigkeit

Im Rahmen der Erkenntnisfindung wurde mehrfach die Befähigung zur Selbstorganisation und Selbstverantwortung als konstitutives Merkmal des Kompetenzerwerbs hervorgehoben, die von kritischen Autoren im Lichte marktliberaler Transformationen bewertet wurden (s. Kap. 3.6). Dieser wurde eine kompetenztheoretische Begründung entgegengestellt, die die Selbsttätigkeit als wesentliches Merkmal des autonomen Subjekts begründete. Für die Begründung wesentlicher Elemente eines didaktischen Ansatzes Kompetenzerwerb kann die vielschichtige Literatur nicht aufbereitet werden. Dennoch ist, wegen der Bedeutung von Selbsttätigkeit und Selbstorganisation für den Kompetenzerwerb, konzeptionell Bedeutendes hervorzuheben.

Darauf zu verweisen ist, dass Reflexionen über selbst gesteuertes Lernen in der Pädagogik eine lange Tradition besitzen.[77] Der Boden der Erkenntnisfindung wird unter Offenlegung wesentlicher Konzepte über die Reformpädagogik bis in die Gegenwart geschlagen (Straka 2005: 3). Gegenwärtig hat die Einsicht über die Notwendigkeit der Stärkung der Fähigkeiten zu eigenverantwortlichem und selbstständigem Lernen die Bildungspolitik und Bildungspraxis erreicht[78]. Einen Zusammen-

---

[77] Der Beginn der Bestrebungen wird mit der Gott ebenbildlichen menschlichen Fähigkeit zu selbstständigem schöpferischem Handeln belegt (Comenius: Didactica Magnus 1676/77, zitiert nach Straka 2005: 3).

[78] Diese Erkenntnis hat die Bund-Länder-Kommission zum Forschungsprogramm SKOLA veranlasst, was die Gestaltungsebenen Unterricht, Schulorganisation/-kultur und Lehreraus- und -fortbildung zielgerichtet und synergetisch verbindet (Euler/ Pätzold 2004: 7).

hang zwischen lebenslangem Lernen, der Selbststeuerung von Lernprozessen und einer ausgeweiteten Nutzung neuer informationstechnischer Bildungsmedien wurde – auf die berufliche Weiterbildung bezogen – im Jahr 2000 administriert.[79] Die intentionale Begründung der Notwendigkeit von Selbstorganisation und -steuerung von Lernprozessen setzt bei den beschriebenen dynamischen Veränderungen in Gesellschaft und Beruf an, auf die Bildung mit dem Anspruch des *lebenslangen Lernens* reagiert. Dadurch erhält das Bildungsziel *Selbständiges Lernen* eine besondere Qualität. Lernen findet auch außerhalb unterrichtlich organisierter Formen (informell) statt, wodurch sich die Prozesse weder räumlich noch zeitlich begrenzen lassen. Auch erfordern humanistische Vorstellungen vom Individuum dessen eigenständiges, verantwortungsbewusstes und vernunftorientiertes Handeln, was auch auf Lernprozesse zu beziehen ist (Kaiser 2003: 129).

In Verbindung mit der beschriebenen Dynamik erhält die Notwendigkeit eines selbstverantwortlichen und eigenständigen Lernens eine immer größere Bedeutung. Eine besondere Beachtung wurde dabei auf die Bereitschaft und die Befähigung des Einzelnen gerichtet, sich permanent neues Wissen und Können anzueignen. Kompetenzdidaktisch geht es um die Frage, welche Aspekte in besonderer Weise gefordert sind „um selbstständig (und dabei möglichst effektiv) lernen zu können" Brunstein/Spörer (2001: 623). Diese werden aus der Perspektive der Lernenden als fünf Kriterien der Selbstorganisation definiert (Kaiser 2003: 128; Dubs 1993: 114):

---

1. **Zielsetzung**: „Die Lernenden sind in der Lage, sich selbst Ziele zu setzen".
2. **Planung**: „Sie planen die zur Erreichung der Zielsetzung erforderlichen Lernschritte selbstständig".
3. **Ausführung**: „Die Ausführung der Lernschritte wird ... ohne fremde Hilfe realisiert".
4. **Reflektion**: „Die Lernenden können ihren Lernprozess kritisch reflektieren (Metakognition) und Rückschlüsse für das weitere Vorgehen ziehen".
5. **Motivation/Volition**: „Sie können sich selbst motivieren und die Konzentration eigenständig aufrechterhalten".

Abb. 9.5: Lernerbezogene Kriterien der Selbstorganisation (nach Kaiser 2003: 128)

Wie bereits in der Einleitung verdeutlicht wurde, umfassen Kompetenzen personale Dispositionen, die ein fruchtbares Handeln in offenen, komplexen und zum Teil

---

[79] Diesen Aufbruch beschreibt die KMK in der Weise: „Mit der Aufforderung zum lebenslangen Lernen wird als grundlegendes Prinzip zur Gestaltung der Lernprozesse die Eigenverantwortung des Lernens neu bestimmt. Damit sind umfassende organisatorische, curriculare und methodisch-didaktische Veränderungen auf allen Ebenen des Bildungssystems verbunden" (KMK 2000: 2).

ungeordneten Situationen erlauben. Damit ermöglichen sie selbst organisiertes Handeln unter nicht eindeutigen Rahmenbedingungen, weshalb sie auch als „Selbstorganisationsdispositionen des gedanklichen und gegenständlichen Handelns" definiert werden (Erpenbeck/Rosenstiel: 2007, XI). Grundsätzlich umschreiben die Begriffe „Selbstregulation des Lernens" und „Selbstgesteuertes Lernen" Lernformen, in denen der Lernende die wesentlichen Entscheidungen darüber trifft „ob, was, wann, wie und woraufhin er lernt" (Weinert 1982: 102). Die in der Definition angelegte Offenheit der Handlungsspielräume definiert den Rahmen, nicht aber die eigentlichen Bedingungen. Diese beziehen sich auf die Fertigkeiten und Fähigkeiten die es ermöglichen, bestehende Spielräume für die selbständige Aneignung neuen Wissens und Könnens zu nutzen. In Auswertung wesentlicher Literatur identifizieren Brunstein/Spörer (2001: 623) drei Funktionsbereiche bzw. charakteristische Komponenten.

1. Die kognitive Komponente: Sie schließt neben konzeptuellem und prozeduralem Wissen auch das Wissen über aufgabenspezifische Strategien einschließlich der Anwendungsbedingungen ein.

2. Die motivationale Komponente: Sie ist durch die Initiierung (Selbstmotivierung) und Aufrechterhaltung (Willenskontrolle) von Lernaktivitäten gekennzeichnet, schließt intrinsische und extrinsische Motivation sowie die adaptive Bewertung von Lernergebnissen ebenso ein, wie Überzeugungen hinsichtlich der Wirksamkeit des eigenen Verhaltens (Kontrollüberzeugungen).

3. Die metakognitive Komponente: Sie zielt neben dem Wissen über die eigenen Fähigkeiten und das eigene Lernverhalten auch auf die Planung, Überwachung und Korrektur des eigenen Denkens und Handelns im Hinblick auf die angestrebten Lernziele (ebd.).

Abb. 9.6: Charakteristische Komponenten des selbst gesteuerten Lernens (nach ebd.).

Modelle der Förderung und Aneignung selbst gesteuerten Lernens verlaufen zyklisch. Wie in Kap. 2.6 für den Kompetenzerwerb dargestellt, wird nach einem einmaligen Durchlaufen ein erhöhtes Niveau erreicht, so dass bei der Bewältigung zukünftiger Herausforderungen (hier neuer Selbstlernerfordernisse) von einer erhöhten Basis ausgegangen werden kann. Damit wird ein zirkularer, aufeinander aufbauender, erfahrungsbezogener Prozess deutlich, nach dem selbst gesteuertes Lernen nicht nach einem einmaligen Durchlaufen des Zyklus endet. Vielmehr setzt er sich durch die Annahme neuer, anspruchsvollerer Selbstlernherausforderungen fort. Auch entwickelt sich der Prozess des selbst gesteuerten Lernens nur im ganzheitlichen Zusammenwirken der vier konstitutiven Komponenten: Selbstbeobachtung, Zielsetzung, Strategiewahl und Evaluation (Brunstein/Spörer 2001: 625).

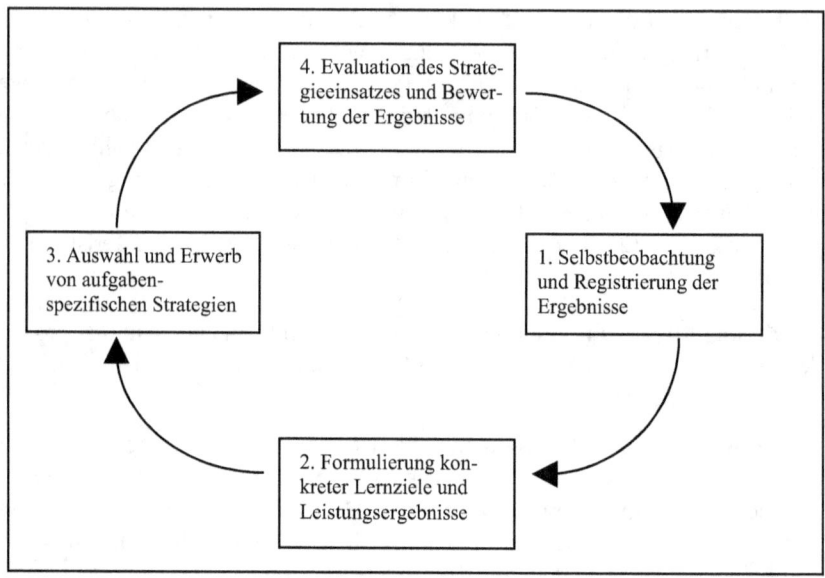

Abb. 9.7: Förderung selbst gesteuerten Lernens

In Bezug auf den aktuellen Erkenntnisstand charakterisieren Sembill u.a. (2007), dass Konzepte selbst organisierten Lernens die Enge und Begrenztheit vergleichbarer Konzepte („Selbstregulation", „motiviertes Lernen", „kooperatives Lernen", „offener Unterricht", usw.) überwinden. Zentrale Leitidee bilde das Problem lösende, geplante Handeln, was beim gemeinsamen Lernen in Kleingruppen „sowohl die sozialen als auch die emotionalen, motivationalen und kognitiven Prozesse" bewirke. Mit dem *„Lernen für sich"*, dem *„Lernen mit anderen"* (Lernen in Gruppen), dem *„Lernen für andere"* (arbeitsteiliges, verantwortungsbehaftetes Lernen) und dem *„Lernen mit Risiko"* werden vier Lerndimensionen konzeptionell voneinander unterschieden. Die letzte verweist auf die Möglichkeit, angesichts komplexer Anforderungen Fehler zu machen und aus diesen zu lernen.[80]

---

[80] „Dies erfordert von allen Beteiligten ein konstruktives Fehlerverständnis und -management, wobei die vier Lerndimensionen jeweils antagonistisch die Perspektiven des Einzelnen vs. die der Anderen

9.8 Der didaktische Ansatz

Aus dem voran gestellten begründeten Kompetenzverständnis[81], der entfalteten sechsfach gestuften Schrittfolge des Kompetenzerwerbs[82] und den definierten Anforderungen an die didaktische Inszenierung lässt sich der didaktische Ansatz des Kompetenzerwerbs generieren, der die Allgemeingültigkeit des Konstruktes verdeutlicht und dessen didaktische Umsetzung ermöglicht. Ursache eines jeden Kompetenzerwerbsprozesses ist immer eine lern-, lebens- oder arbeitsweltliche Herausforderung, die es durch das Individuum oder die Gruppe anzunehmen gilt. Ziel ist deren Überwindung, im synergetischen Zusammenwirken von Aspekten des Wollens, Wissens, Handelns und Reflektierens, die je nach Art und Intensität der Herausforderung im jeweils unterschiedlichen Maß aktiviert werden. Die angestrebten „kompetenten" Gestaltungen von Lern-, Lebens- oder Arbeitssituationen beinhalten qualitative und quantitative Zuwächse in der jeweiligen Fachlichkeit, dem verwandten Handlungsrepertoire, den Reflexionsweisen und den Formen des sozialen Miteinanders. Realisierte Zuwächse (Abb. 9.8) führen dazu, dass ursächliche Herausforderungen, entgegen dem bisher Erlebten, qualitativ und quantitativ verändert (auf einem höheren Niveau) wahrgenommen und bewältigt werden. Die Basis zum Erfolg bilden affektiv-volitionale Komponenten, die Kompetenzzuwächse verdeutlichen sich auf unterschiedlichen Ebenen.

Eine wesentliche Veränderung, die mit der kompetenzorientierten Didaktik einhergeht, ist der Wandel von der Input- zur Outcome-Orientierung (Klieme u. a. 2003: 12, 90). In der lernzielorientierten Didaktik wurden Bildungsziele in den unterschiedlichen schulischen Kontexten (Schulform, Fächer, Klassenstufen) über Lernziele definiert. Diese gaben vor, welche Inhalte, Fähigkeiten und Fertigkeiten auf welcher Stufe eines Bildungsgangs Gegenstand des Unterrichts waren. Sie wurden in Lehr- oder Rahmenplänen curricular gebündelt und zum Verfassen von Lehrgängen und Lehrwerken mit linear gestuften Inhalten herangezogen, falls diese nicht

---

[81] (der Gemeinschaft) gegenüberstellen. Der prinzipiellen Dezentralisierungsidee werden so eine selbstreflexive und explizite Kontrolle zur Seite gestellt" (Sebill u.a. 2007).
In Kap 6.5, (S. 100 ff.; besonders Abb.6.7: Kompetenz im Zusammenwirken unterschiedlicher Aspekte) wurde Kompetenz als das synergetische und zielgerichtete Zusammenwirken von Aspekten des Wollens, Wissens, Handels und Reflektieren begründet,

[82] In Kap 2.2 (S. 10 ff., besonders Abb. 2.2: Prozess der Kompetenzentwicklung) wurde der Kompetenzerwerb in den sechs Stufen begründet: 1. Herausfordernde Lebens-, Lern- oder Arbeitssituation wahr- und annehmen, 2. Überwindung der Herausforderung anstreben, Ziele entwickeln, 3. Erwerb/Aktualisierung und Weiterentwicklung kognitiver, sozialer, strategischer und handlungsbezogener Befähigungen, 4. zielgerichteter Einsatz vorhandener und entwickelter Befähigungen/ Potentiale (Wissen und Können) 5. Regulierung/Bewältigung der ursächlichen Herausforderung und 6. Reflexion von Zielen, Bewältigungsschritten und erzielten Ergebnissen.

direkt aus fachwissenschaftlichen Lehrwerken deduziert waren. Durch internationale Bildungsstudien befördert setzte sich die Erkenntnis durch, dass das Wissen und Können der Lernenden am Ende einer Bildungseinheit (Outcome) nur wenig mit den Lernzielvorgaben übereinstimmte. Der dadurch ausgelöste Paradigmawechsel bestimmt die Inhalte eines Bildungsgangs vom Ende her – über das (am Ende) verfügbare Wissen und Können der Lernenden. Ebenfalls soll überprüfbar sein, ob und in welchem Maße die Kompetenzen tatsächlich erworben wurden. Aus diesem Grund enthalten kompetenzorientierte Bildungsmodelle Standardisierungen, anhand derer der Bildungserfolg gemessen und evaluiert werden kann (Hallet 2006: 21). Unmittelbar damit verbunden ist das Prinzip des kumulativen Lernens. Dabei werden Bildungsinhalte nicht, wie im Rahmen der Curriculumorientierung üblich, als behandelt und gelernt angesehen, sondern müssen immer wieder aktiviert, differenziert und in neue Zusammenhänge transferiert werden (eda. 22; Klieme u.a. 2003: 27).

	Differenzielle Kompetenzzuwächse
Wahrnehmungsebene	Domänenbezogene Herausforderungen werden sensibler wahrgenommen und differenzierter erlebt
analytische Ebene	Das Problemhafte wird genauer analysiert, fundierter erklärt und besser verstanden; Alternativen können generiert werden
strategische Ebene	eingeschlagene Wege werden exakter und zielstrebig verfolgt; sie werden besser auf die gesetzten Ziele ausgerichtet; Alternativen können verfolgt werden
Handlungsebene	Handlungsweisen können aus einem umfangreicheren Handlungsrepertoire ausgewählt und praktiziert werden, Alternativen können realisiert werden
Reflexionsebene	Ziele, Ergebnisse, Verläufe, Verfahrensweisen sowie komplexe Prozesse sind auf einem höheren Niveau zu reflektieren

Abb. 9.8. Kompetenzzuwächse auf unterschiedlichen Ebenen

Hinsichtlich des in Kapitel 2 dargestellten für den Kompetenzerwerb konstitutiven Zusammenfallens objektiver Situationsanforderungen und subjektiver Befähigungen ist die synthetische Verknüpfung beider Ebenen auch bei der didaktischen Konstruktion von Kompetenzerwerbsprozessen grundlegend. Kompetenzerwerb soll über inszenierte Lehr-/Lernarrangements (Instruktion) ermöglicht werden, die die Grundlage für selbst gesteuerte Kompetenzentwicklungen (Konstruktion) bilden. Jedoch bleibt der nachstehende Ansatz nicht nur auf Lehr-Lern-Arrangements des Kompetenzerwerbs bezogen. In seiner konstruktivistischen Variante umfasst er darüber hinaus lebensweltliche Kompetenzentwicklungen in ihrer gesamten Vielfältigkeit.

Der didaktische Ansatz 165

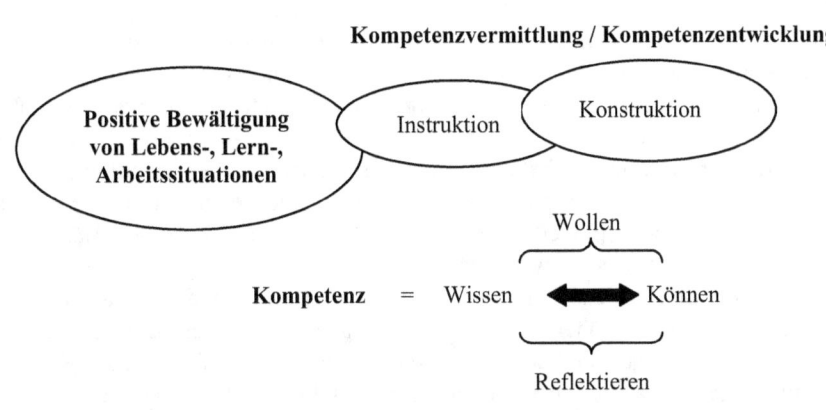

Zielgerichtetes Zusammenwirken der Kompetenzfacetten (*Werten, Einstellungen, Bedürfnissen, Erfahrungen usw.*) zur Bewältigung konkreter Herausforderungen

| Innere Befähigung | Wechselbeziehung | Äußere Situation |

Bereitschaft zur Kompetenzentwicklung **Möglichkeiten** der Kompetenzentwicklung

⇩ ⇩

Qualitatives Lernen Systemisches Verändern
Wachstum - Auftauen - Verändern -
Differenzierung - Konsolidieren
Integration Planen - Durchführen - Überprüfen

Kompetenzerwerb

Interdependente Bewältigungsschritte:
6. Reflexion der Bewältigungsschritte und der erzielten Ergebnisse
5. Regulierung der ursächlichen Herausforderung / Bewältigung
4. zielgerichteter Einsatz vorhandener und entwickelter Befähigungen / Potentiale
3. Erwerb / Aktualisierung und Weiterentwicklung kognitiver, sozialer, strategischer und handlungsbezogener Befähigungen
2. Zielsetzung *Überwindung der Herausforderung* planen / entwickeln
1. Herausfordernde Lebens-, Arbeits- und / oder Lernsituation wahr- und annehmen

Abb. 9.9: Didaktischer Ansatz Kompetenzerwerb

9.9 Reflexion und Diskussion

Der hier umrissene didaktische Ansatz Kompetenzerwerb versteht sich domänenübergreifend. Er steht in der Tradition der Curriculumtheorie (Befähigung zur Bewältigung) und erweitert diese um die kompetenztheoretische Perspektive. Dabei setzt er an der Gestaltungsbedürftigkeit von Lebens-, Lern- und Arbeitssituationen an, zu deren Umgestaltung er befähigt. Damit ermöglicht er die Vermittlung/Erwerb grundlegender Befähigungen zur selbst bestimmten und verantwortungsbewussten Lebensgestaltung und impliziert wesentliche Hilfen zur Befähigung von *Mündigkeit* (Steinmann 1997: 2). Der verwandte Situationsbezug ist breit gefasst und auf alle Lern-, Lebens- und Arbeitssituationen anwendbar. Damit ist der Ansatz in allen Domänen verwendbar, wobei ggf. domänenbezogene Spezifizierungen erforderlich sind. Herausforderungen in Lebens-, Arbeits- und/oder Lernsituation im Rahmen des entworfenen Ansatzes wahr- und annehmen und sie zu Lehr-Lernarrangements des Kompetenzerwerbs zu generieren, erfordert gewisse Rahmenbedingungen:

1. Herausforderungen (erklärungs- und verbesserungswürdige Situationen der Lebens-, Lern- und Arbeitswelt) sind zum Gegenstand des Kompetenzerwerbs zu erheben.

2. Qualitative Lernprozesse (Wachstum – Differenzierung – Integration) sind zu integrieren, damit das zur Bewältigung erforderliche Wissen und Können generierbar ist (bekanntes Wissen neu interpretieren, neues Wissen aneignen, ganzheitlich denken).

3. Schrittfolgen des Systemischen Veränderns/Gestaltens z.B. Problemstellung/Lösung/Evaluation sind zu integrieren.

4. Alternativen sind zu entwerfen und zu diskutieren, Strategien der Zielfindung/Problemlösung zu entwickeln und handelnd zu erproben.

5. Ziele, Lösungswege und Lösungen nach domänenbezogenen Grundsätzen und des Einbezugs von Werten und Normen sind zu beurteilen und zu reflektieren.

6. In den Aneignungsprozessen sind weitgehende Selbst- und Eigenständigkeiten zu gewährleisten.

Abb. 9.10: Merkmale kompetenzorientierter Lehr-Lernprozesse

Während das bisher Entfaltete eine allgemein kompetenzdidaktische Bedeutung besitzt, gilt es die Domänenbezogenheit des Kompetenzerwerbs zu verdeutlichen. Diese beinhaltet z.B. eine lebensweltliche Herausforderung, eine arbeitsweltliche

Aufgaben- oder Problemstellung oder eine didaktisch aufbereitete Lernherausforderung. Deren Bewältigung erfordert den Einbezug von domänenbezogenem Wissen (Fachwissen, Deutungswissen, Prozesswissen usw.) und Handlungsweisen, die in den unterschiedlichen Domänen verschieden sein können.[83] Deshalb können Bewertungen und Einordnungen kompetenztheoretischer Verfahrensweisen immer nur aus einer bestimmten Perspektive erfolgen. Aus dem Domänenbezug resultieren auch die in Kap. 8 exemplarisch dargestellten fachdidaktischen Kompetenzmodelle.

☞In Überleitung zu den methodischen Generierungen ist zusammenzufassen, dass sich der Kompetenzerwerb durch Wissens- und Könnenszuwächse kennzeichnet und in Interdependenz subjektiver und objektiver Determinanten des Lern- und Handlungsprozesses konstituiert. Deshalb sind Aneignungsprozesse auf beide Ebenen auszurichten.[84] Der Erwerb affektiver, kognitiver und handlungsrelevanter Persönlichkeitsdimensionen muss mit der autonomieorientierten Modifikation von Umwelt (objektive Ebene) konzeptuell verbunden werden. Deshalb müssen pädagogische Einflussnahmen beide Ebenen erreichen. Da Prozesse des Kompetenzerwerbs der Bereitschaft und des Engagements der Lernenden (volitionale Ebene) bedürfen, sind sie gemeinsam mit den Lernenden zu entwickeln.

9.10 Die Gestaltung des Kompetenzerwerbs

Werden Kompetenzzuwächse als Ziele von Bildungsprozessen angestrebt, gilt es, diese in allen konstitutiven Bereichen zu erzielen. Kompetenzerwerb hat sich nicht in Wissenszuwächsen zu erschöpfen, sondern muss Zuwächse im Zusammenwirken von Wollen, Wissen, Können und Reflektieren sichern.[85] Deshalb müssen kompetenzförderliche Verfahrensweisen neben dem Erwerb von Wissen auch Gelegenheiten bieten:

---

[83] Deshalb leuchtet es ein, dass z.B. ein sprachwissenschaftlicher Kompetenzerwerb anders strukturiert und modelliert ist, als ein sozialwissenschaftlicher.

[84] Individuelles Lernen (subjektive Ebene) muss mit systemischem Handeln/Verändern/Gestalten (objektive Ebene) „zusammenfallen" (dazu: Kap. 2.2, S 10 ff.).

[85] In diesem Sinne führt die Klieme-Expertise aus, dass „die Verknüpfung von Wissen und Können ... nicht auf Situationen ‚jenseits der Schule' verschoben werden" dürfe. Vielmehr sei bereits beim Wissenserwerb „die Vielzahl möglicher Anwendungssituationen mit zu bedenken" (Klieme u.a. 2003: 79).

mit dem Wissen etwas anzufangen (Können unter Beweis zu stellen, dieses mittels intelligenten Übens zu kultivieren (Lersch 2007: 37)

Ziele, Inhalte und Wege und Ergebnisse des Kompetenzerwerbs kritisch zu reflektieren

Lernprozesse weitgehend autonom (mit) zu gestalten.

Gerade in der Kompetenzvermittlung (Kompetenzerwerb unter Anleitung), ist das Bewältigen von Herausforderungen, Anforderungen und Aufgaben so zu arrangieren, dass aus ihnen mehr Selbständigkeit und eine größere Selbstverantwortung resultieren. Kompetenzfördernde Lehr-Lern-Prozesse sind deshalb stärker von den erforderlichen Lernanforderungen und Gegebenheiten her zu konzipieren (s. Abb. 9.2, S. 150) als von der kontinuierlichen Inhaltsabfolge. Deshalb bilden sie eine Symbiose aus Lehr- und Lernmethode.

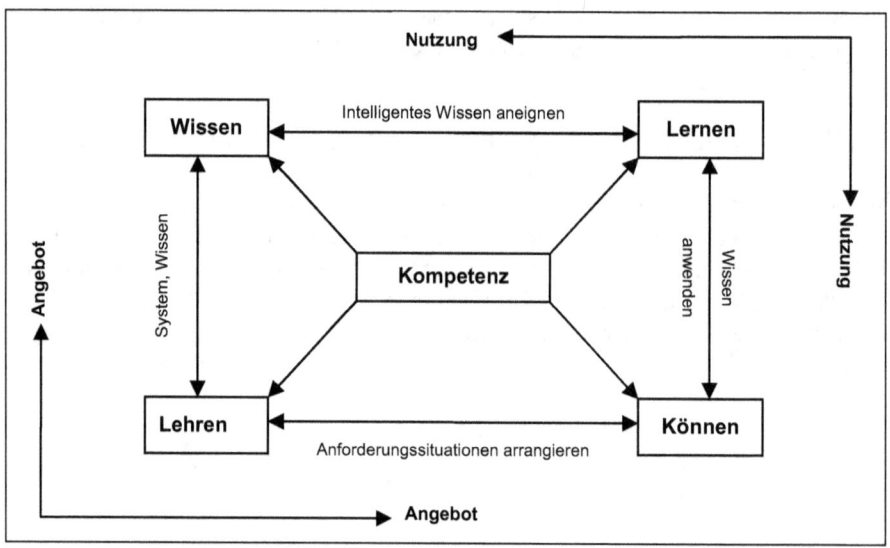

Abb. 9.11: Didaktische Systematisierung des Kompetenzerwerbs (Lersch 2007: 37)

Wie die Abb. 9.11 verdeutlicht, erfordert die Inszenierung von Kompetenzerwerb in Lehr-Lern-Prozessen auf der Seite der Lernenden den Erwerb von Wissen und Können (Lernen) und auf der Seite der Lehrenden das Angebot an Wissenselementen und deren Situierung in variablen Anwendungssituationen (Lehren). Erst das Zusammenwirken beider Seiten ermöglicht die angestrebten Kompetenzzuwächse.

☞ Hinsichtlich des Inhaltes und Verlaufs ist anzumerken, dass sich der Kompetenzerwerb auf Grundlage einer herausfordernden Ausgangssituation generiert, die erst über den Verlauf (Kompetenzerwerb) bewältigbar wird. Dabei entsprechen weder der alleinige *Erwerb deklarativen Faktenwissens* noch das bloße *Einüben von Fertigkeiten dem Anspruch* auf Kompetenzerwerb. Ersterem fehlt der Verwendungszusammenhang, weshalb es träges Wissen bleibt, was lediglich gedächtnismäßig reproduziert und abgefragt werden kann. Zweites bleibt inhaltsleer, eine reine Technik mit wenig Entwicklungspotential. Deshalb befähigen beide Lernformen nicht zur selbständigen Bewältigung variabler Anforderungssituationen (Lersch 2008: 44).

☞ Hingegen haben kompetenzfördernde Lehr-Lern-Prozesse den Erwerb fachlicher, überfachlicher und selbstregulativer Befähigungen zu ermöglichen, die Entwicklung kognitiver Strukturen zu fördern und zu fachlich angemessenen (kompetenten) und verantwortbaren (domänenbezogenen) Operationen und Handlungen zu befähigen. Um domänenbezogenes Können zu ermöglichen ist der systematische Wissenserwerb um die Situierung variabler Anwendungssituationen zu ergänzen (ebd. 47). Für die Planung kompetenzförderlicher Lehr-Lern-Arrangements wird die Verwendung eines Kompetenzerwerbsschemas empfohlen, das die zu beachtenden Zusammenhänge im Überblick verdeutlicht und den Kompetenzerwerb modelliert.

In diesem Sinne verdeutlicht die nachstehende Abb. 9.12 Kompetenzzuwächse in zweidimensionaler Perspektive, a) über den Erwerb systematischen Wissens und b) den Fortschritten im Können. Das dargestellte Modell umfasst die Entwicklung von drei Teilkompetenzen (TK) über drei Wissenselemente (W) und deren Situierung in elf Situationen. Jede Teilkompetenz wird in drei Niveaustufen differenziert. Die Situationen S1 bis S3 situieren Wissenselement W 1 über Übung und Anwendung und sichern so die erste Teilkompetenz. Situation S 4 könnte z.B. eine auf den Erwerb von W 2 gerichtete Übung oder Hinführung umfassen. Die Situationen S 5 bis S 7 sichern die Wissenselemente W2 (einschließlich W1) und die zweite Teilkompetenz (TK 2, einschließlich TK 1). Entsprechendes gilt in der nächsten Zeile: S 8 enthält eine auf W3 gerichtete Übung oder Hinführung, S 9 bis S 11 sichern TK 1 – TK 3 ab). Die Situationen S 12 bis S 13 verdeutlichen die Erweiterbarkeit des Modells, sie sind aber nicht in Wissenselemente und Teilkompetenzen gekennzeichnet (Lersch 2008: 48).

Unter Anwendung des Kompetenzerwerbschemas sind aufeinander aufbauende Kompetenzerwerbsprozesse (Kompetenzvermittlung, -entwicklung) im Rahmen von Lehr-Lern-Prozessen plan- und realisierbar. Sie konstituieren sich durch einen systematischen Wissensaufbau und die Situierung variabler Anwendungssituationen. Wenn beides in ein entsprechendes soziales Umfeld eingebettet ist, in dem ein höflicher und respektvoller Umgang sowie eine Kultur der Anerkennung gepflegt werden, kann davon ausgegangen werden, dass sich entsprechende Haltungen und Handlungsorientierungen entwickeln. Sollen darüber hinaus überfachliche Kompetenzen (z.B. Selbständigkeit, Kooperationsfähigkeit, Lernfähigkeit) angebahnt werden, muss die Lernsituation entsprechende Anforderungen implizieren (z.B. die Notwendigkeit zur Kommunikation, Problemlösung usw.). Ziele, Aufbau und Verfahrensweisen des Kompetenzerwerbs und das Erreichen überfachlicher Kompetenzen sind zu reflektieren und führen so zum Aufbau metakognitiver Kompetenzen (ebd. 47).

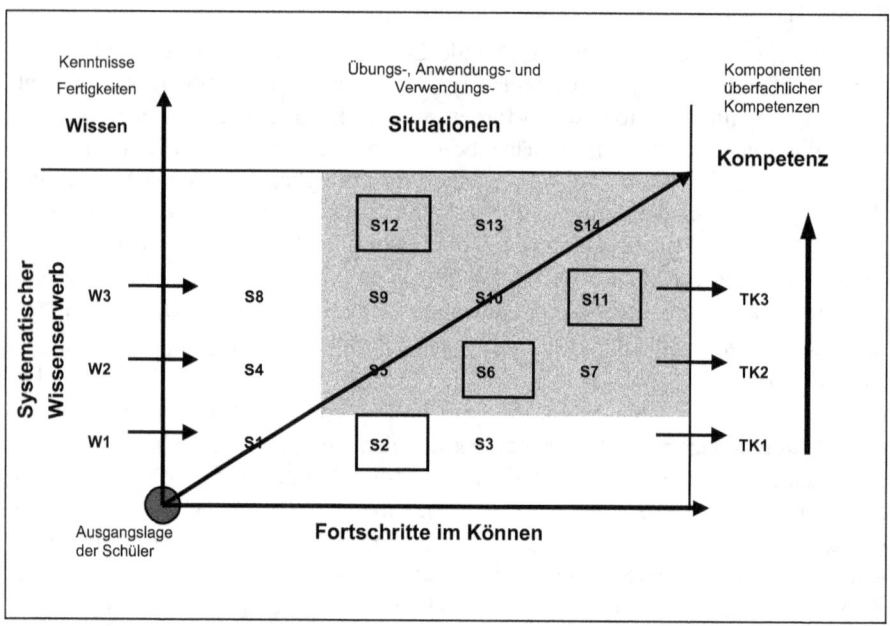

Abb. 9.12: Kompetenzerwerbschema (gem. Lersch 2008: 48; geändert)

9.11 Methodische Generierungen

Unter *Methode* wird das Vorgehen/das Verfahren/die Art und Weise verstanden, durch die ein angestrebtes Ziel unter gegebenen Voraussetzungen zu erreichen ist. Deshalb wird die gewählte Methode weitgehend durch das angestrebte Ziel und die existierenden Bedingungen bestimmt. Andererseits bedürfen spezielle Ziele zieladäquater Vermittlungsformen. Bei der Organisation von Lehr-Lernprozessen gilt es die

(Unterrichts-)Methode zu wählen, die jeweils die optimalen Bedingungen für die Begegnung von Lernenden mit dem Unterrichtsgegenstand bereitstellt. Grundsätzlich wird zwischen Makro- und Mikromethoden unterschieden. Mikromethoden unterstützen einzelne Phasen des Unterrichts, Makromethoden beschreiben methodische Großformen, die die Gesamtheit des Unterrichtsprozesses bestimmen.[86] Auf unsere Thematik bezogen, stellt sich die Frage nach den methodischen Verfahrensweisen, die den Kompetenzerwerb in besonderer Weise fördern bzw. ermöglichen. Dazu wurde im Kapitel 9.6 bereits die grundsätzliche Eignung der handlungsorientierten Didaktik begründet. Der zu Verfügung stehende Rahmen reicht nicht aus, das Repertoire handlungsorientierter Methoden hinsichtlich implizierter Potentiale der Kompetenzförderlichkeit zu analysieren und Brauchbares zu bündeln. Deshalb soll im Weiteren eine vom Autor entworfene Makromethode der Kompetenzentwicklung dargestellt werden, die mit Blick auf die Umgestaltung von Arbeitssituationen entwickelt wurde, aber auf die Gestaltung von Lebenssituationen übertragbar ist. Ebenfalls soll die Projektpädagogik hinsichtlich ihrer grundsätzlichen Eignung für den Kompetenzerwerb erschlossen werden.

9.11.1 Das Gestaltungslernen

Kompetenz definiert sich als individuelle (oder kollektive) Befähigung, in Abhängigkeit von den Lebensbedingungen, kognitive, soziale und verhaltensmäßige Fähigkeiten so zu organisieren und einzusetzen, dass eigene Wünsche, Ziele und Interessen zu erreichen sind. Personale Zielsetzung bildet ein lernendes, handelndes und reflektierendes Subjekt, welches im Rahmen seiner Grenzen und Möglichkeiten, Lebens-, Lern- und Arbeitssituationen realitätsadäquat wahrnehmen (Sehen), die zugrunde liegenden Strukturen analysieren und beurteilen sowie (evtl. mit anderen) Veränderungsstrategien entwickeln und durchzusetzen vermag (Jung 1993: 205 f.).

Gerade die Eignung zum Entwurf und zur Durchsetzung von Alternativen[87] war es, die den Autor zum Entwurf der Methode motivierte. Diese bezog sich zuerst auf Gestaltung/Umgestaltung von Arbeitssituationen im Rahmen der betrieblichen Mitbestimmung und wurde anschließend auf die generelle *Gestaltung von Lebenssituationen* erweitert (Jung 1993). Zugrunde liegt das in Kap. 2.8 (S. 28ff) umrissene

---

[86] Hinzuweisen ist auf den Band: *Methodentraining für den Ökonomieunterricht* (Retzmann, Hrsg. 2007), in dem 5 Mikromethoden und 7 Makromethoden hinsichtlich ihrer Kernkompetenzen für die ökonomische Bildung erschlossen werden.

[87] Das Vorhaben deckt sich intentional weitgehend mit der von Wittwer/Staak (2007:13) aktuell begründeten Veränderungskompetenz, die sie als Bereitschaft und Befähigung definieren auf unterschiedliche und wechselnde Anforderungen gesellschaftlicher Entwicklungs- und Veränderungsprozesse einzugehen und diese verarbeiten zu können.

sozialpsychologische Modell des *"Dreischritts der Veränderung sozialer Zustände"* (Lewin 1963: 262 f.), das zu einer methodischen Verfahrensweise sozialwissenschaftlichen Lernens generiert wurde. Dabei verlief der Kompetenzerwerbs in fünf aufeinander aufbauenden, sich wechselseitig beeinflussenden Schritten (vgl. Jung 1993: 126f.).

Die Methode wurde vom Autor in unterschiedlichen didaktischen Feldern (Wahrnehmung persönlicher Interessen, betriebliche Mitbestimmung, zivilgesellschaftliche Engagements usw.) erprobt. Diese auch als *Gestaltungslernen* (Jung 2000: 63) bezeichnete methodische Generierung lässt sich sowohl als eigenständige methodische Schrittfolge anwenden, als auch in komplexere Makromethoden (z.B. Projektverläufe) integrieren. Sie definiert sich primär als Schrittfolge einer angeleiteten Kompetenzvermittlung, kann aber – nach der Verinnerlichung – auch den Rahmen für selbst gesteuerte Kompetenzentwicklungsprozesse bilden.

☞ Wesentlich dabei ist, dass sich der Kompetenzerwerb nicht in der Bearbeitung der faktischen Ebene erschöpft, sondern die Ebene der (Um-)Gestaltung von Person(en) – Umwelt – Beziehung(en) anstrebt. Es gilt Verhaltensweisen aufzubauen, um vorgefundene (defizitär erlebte) Situationen in gewünschter Weise zu beeinflussen (umzugestalten) oder neue Situationen zielgerichtet und planvoll zu gestalten. Angesichts der Besonderheiten von Lernsituationen muss dies simultan erfolgen. Das Bestreben setzt die Existenz authentischer Lehr-/Lernsituationen voraus, in denen Handlungsspielräume vorhanden sind und das Gestalten/Verändern nicht nur zu verbalisieren ist (Jung 1993: 268 ff.).

☞ Leider bleiben entsprechende Prozesse des Kompetenzerwerbs im Rahmen des *schulischen sozialwissenschaftlichen Lernens* im Wesentlichen auf die Gestaltung des demokratischen schulischen Miteinanders begrenzt (reale Gestaltung des schulischen Miteinanders). In den übrigen Lehr-/Lernprozessen muss sich weitgehend auf die *Simulation von Realität* begrenzt werden, die – wenn sie handlungsorientiert inszeniert wird – durchaus den Zielen des Kompetenzerwerbs entsprechen kann.

☞ Obwohl diese Eingrenzung wesentliche Abweichungen von der Idealsituation des Kompetenzerwerbs beinhaltet, erfordert die Simulation von Wirklichkeit (z.B. Planspiel, Rollenspiel) neben der kognitiven und affektiven Bewältigung problemhaltiger Situationen, die Überwindung sozialisationsbedingter, resignativer Verhaltensweisen und die Konstituierung von Verhaltenskomponenten, die zur Überwindung problemhaltiger Situationen befähigen. Entsprechende Lehr-Lernformen erfüllen eine antizipierende Funktion. Sie vermitteln Kompetenz durch Lehr-Lernsituationen, die gestaltungsbedürftige Lebenssituationen simulieren. Damit leisten sie wesentliche Vorarbeiten für die positive Bewältigung späterer realer Lebenssituationen.

Methodische Generierungen 173

1. Fixierung der zu bewältigenden Situation / Zielbestimmung
a) Verdeutlichung der Herausforderung:
Welche Gegebenheiten meiner sozialen oder dinglichen Umwelt werden als defizitär oder gestaltungsbedürftig erlebt?
b) Offenlegung der Problemhaftigkeit
Was irritiert mich/uns besonders, wird als Herausforderung erlebt?
 - Definition und Begründung der angestrebten Ziele
 - *Was ist anzustreben?* (bitte die positiv gewendete Situation umschreiben)
c) Analyse des Handlungsspielraumes
Welche Möglichkeiten stehen uns zur Lösung/Verbesserung zu Verfügung?
d) Diskussion der Vorgehensweise (der folgenden *Lösungsschritte*)

2. Definition der erforderlichen Qualifikationen
a) Bestimmung der zur Zielerreichung erforderlichen individuellen Lernziele:
 Welches Wissen und Können muss ich mir / müssen wir uns
 aneignen, um die Herausforderung zu bewältigen?
b) Bestimmung der zur Zielerreichung systemischen Gestaltungsziele:
 Was muss ich/müssen wir an der defizitär erlebten Lebenssituation verändern/umgestalten, damit wir sie positiv erleben?

3. Vereinbarung über methodische Vorgehensweisen
 Offenlegung und Diskussion verschiedener Möglichkeiten:
a) *Wie gehen wir vor, um die Problemhaftigkeit zu überwinden und um unsere Ziele zu erreichen?*
b) *Welcher Teilabschnitt bedarf welcher speziellen (methodischen) Vorgehensweise?*

4. Prozess der Kompetenzvermittlung
a) Handlungsorientierte Erarbeitung (Aneignung) der individuellen Lern- und systemischen Handlungs-/Gestaltungsziele
b) Aneignung und Anwendung von Fähigkeiten, Fertigkeiten, Kenntnissen und Handlungsweisen unter Optimierung von Methoden des Erfahrungslernens und des handlungsorientierten Unterrichts (dazu: Klippert 1988: 75f.; Gudjons 1986: Kap. 4)

5. Bewertung / Reflexion
a) Kritische Reflexion des Prozesses der Kompetenzvermittlung:
 Entspricht das Ergebnis den gestellten Zielen und den Anforderungen an den Kompetenzerwerb?
b) Bewusstmachung impliziter Besonderheiten (z.B. der Unterschiede zu realen Lern-, Lebens- und Arbeitssituationen): *Entspricht der Lernerfolg den Gegebenheiten realer Situationen?*
c) Verdeutlichung des exemplarischen Charakters / Transfermöglichkeiten:
 Welche Herausforderungen lassen sich in ähnlicher Vorgehensweise bewältigen?

Abb. 9.13: Gestaltungslernen: Schrittfolgen – Leitfragen (nach Jung 1999a: 34f.)

☞ Damit umschreibt das Gestaltungslernen eine domänenübergreifende Methode des Kompetenzerwerbs, die überall dort ihre Verwendung finden sollte, wo gegebene Verhältnisse als ungeklärt, nicht sachgerecht und unzeitgemäß und deshalb herausfordernd erlebt werden. Mit der *Gestaltung von Lebens- Lern- und Arbeitssituationen* wird die höchste Ebene im gestuften Kompetenzerwerbsprozess angestrebt. Darauf zu verweisen ist, dass die entworfene Methode trotz ihrer sozialpsychologischen Wurzeln nicht auf (Um-)Gestaltung sozialer Situationen bezogen bleiben muss. Die generierte Schrittfolge eignet sich ebenso für Gestaltungsprozesse in anderen Domänen. Dabei ist die Gestaltungsbedürftigkeit der Situation domänenbezogen zu fixieren, ebenso wie das zur Bewältigung erforderliche Wissen, Können und Reflektieren domänenbezogen ist. Die angestrebte Bewältigung der Herausforderung, der Kompetenzerwerb, verläuft in der dargestellten Schrittfolge (Abb. 9.13).

9.11.2 Projektpädagogik und Kompetenzerwerb

Wie bereits verdeutlicht wurde, bleibt Kompetenzerwerb in formalen Bildungsprozessen im Bereich „des Könnens und Handelns" weitgehend auf simultanes Handeln begrenzt. Objektive Wirklichkeit kann zumeist nicht direkt (um-)gestaltet werden. Jedoch können unter Anwendung handlungsorientierter Methoden (Planspiel, Rollenspiel, Debatte, Zukunftswerkstatt usw.) die handlungsbezogenen Defizite weitgehend kompensiert und Ziele erreicht werden, die dem Anspruch des Kompetenzerwerbs entsprechen. Der Projektunterricht ist die Makromethode, die reales Handeln ermöglicht; er wird oftmals als „Idealform" des handlungsorientierten Unterrichts bezeichnet (z.B. Jank/Meyer 1994: 362). Die Lehr-/Lernprozesse werden so organisiert, dass Lernende zum Lösen komplexer Aufgabenstellungen befähigt werden, was sie zur Bewältigung von Lebenssituationen qualifiziert (Kaiser 1999: 329). Dabei wird das traditionelle Rollenverständnis zwischen Lehrenden und Lernenden zugunsten der Schaffung demokratischer Umgangsformen (Mitbestimmung und zunehmende Selbstbestimmung der Lernenden) überwunden (Kaminski 1999: 358). Grundsätzlich ginge es um die *„handelnd-lernende Bearbeitung einer konkreten Aufgabenstellung"* mit den Schwerpunkten Selbstplanung, Selbstverantwortung und praktischer Verwirklichung (Gudjons 1995: 147).[88] Bei soviel Lob stellt sich die Frage nach der besonderen Kompetenzförderlichkeit der Projektpädagogik, die es nachstehend zu verdeutlichen gilt.

---

[88] Aus der Perspektive von Selbstorganisation und Selbstverantwortung verweisen Sebill u.a. (2007) auf eine hohe Affinität zum Projektunterricht, der sich durch eine umfassende Übertragung von Lernverantwortung auf Lernende auszeichne.

Die Beantwortung dieser Frage erfordert eine vertiefte Auseinandersetzung mit der Projektpädagogik, die weit mehr umfasst, als die vereinfachende Bezeichnung *"Projektmethode"* zum Ausdruck bringt. Vielmehr umschreibt sie ein philosophisch begründetes, lerntheoretisch reflektiertes, in der Geschichte der Pädagogik genau zu lokalisierendes *didaktisches Modell*, welches auf dem *Pragmatismus* der amerikanischen Philosophierichtung des ausgehenden 19. Jahrhunderts basiert (Jung 1997: 10 ff.)[89]. Einen Beleg für die besondere Kompetenzförderlichkeit ist nur unter Einbeziehung wesentlicher Grundlagen zu führen.

Projektpädagogische Grundlagen
Die Bezeichnung »Projekt« basiert auf dem lateinischen Wort »proicere« (vorwerfen, entwerfen, hinauswerfen) und wird heute im Sinne von Plan, Planung, Entwurf und Vorhaben verwandt, wobei die Realisierung des Planes fester Bestandteil des Planungskonzepts ist (Kaiser 1989: 1272 f.).[90] Das aktuelle pädagogische Projektverständnis ist sehr eng mit der Philosophie des Pragmatismus verwoben, der eine handlungstheoretische Auffassung von Wissenschaft vertritt. Menschliches Handeln und die Bedeutung von Handlungsprozessen stehen im Mittelpunkt der Erkenntnisfindung und der Wert einer Erkenntnis wird am Nutzen gemessen, den dieser für das Handeln des Menschen und für die Praxis des Lebens besitzt (Jank/Meyer 1994: 119 f). John Dewey, Nestor der Projektpädagogik, entwickelte eine Erziehungstheorie aus Elementen des philosophischen Pragmatismus und des psychologischen Funktionalismus. In der Tradition des Pragmatismus besitzen philosophische Theorien einen instrumentellen Charakter. Erkenntnisse, die dem Anspruch auf Bewältigung von Lebenssituationen nicht gerecht werden, gelten als irrelevant und unüberprüfbar. Stattdessen bildet die Erfahrung die zentrale philosophisch-pädagogische Kategorie. *„Ein Gramm Erfahrung ist besser als eine Tonne Theorie, einfach deswegen, weil jede Theorie nur in der Erfahrung lebendige und der Nachprüfung zugängliche Bedeutung hat"* formulierte Dewey (2000/1915: 193) einst das Credo seiner Erziehungstheorie. Erfahrungen entstehen im Wirkungskreislauf zwischen dem Menschen und seiner Umwelt, also zwischen der subjektiven und objektiven Ebene. Konflikthafte Störungen des Interaktionsverlaufs (situative Herausforderun-

---

[89] Dadurch unterscheidet sie sich grundsätzlich von dem auf der *Kognitiven Lerntheorie* begründeten „Handlungsorientierten Unterricht" und dem auf der kulturhistorischen Schule der sowjetischen Tätigkeitspsychologie gegründeten *„Handelnden Unterricht"* (Gudjons 1986:54 f.).

[90] Damit lässt sich der Projektbegriff nicht auf pädagogische Lehr-Lernprozesse begrenzen. Projekte finden in unterschiedlichen gesellschaftlichen Bereichen ihre Anwendung, z.B. als Forschungsprojekt, Theaterprojekt, Kunstprojekt, Bauprojekt, Integrationsprojekt (Jung 2002: S. 1).

gen) werden unter Rückgriff auf ein Repertoire von Sinn und Verhaltensmustern durch Nachdenken und Probehandeln „projektiv" bewältigt (Knoll 1984: 664).[91] Darüber hinaus bilden die im Rahmen der Bewältigung von Situationen erworbenen Fähigkeiten und Fertigkeiten Instrumente des wirksamen Verstehens und Behandelns nachfolgender Situationen, sie sind transferierbar. Demzufolge dürften Lehr-/ Lernprozesse nicht nur auf eine „Diät aus vorverdauten Stoffen" reduziert werden (Dewey 1963: 58). Vielmehr müssen Erfahrungen vermittelt werden, die wiederum neue Erfahrungen ermöglichen (ebd. 40). Deshalb besteht die Kunst des Unterrichtens zum großen Teil darin, im Rahmen des permanenten situations- und handlungsbezogenen Prozesses der „Vermittlung denkender Erfahrung" Anregung und Unterstützung zu geben. Dabei seien die neuen Problemstellungen ausreichend groß zu machen, so dass sie das Denken anregen, sie aber wiederum so klein zu halten, dass sie die Lernenden nicht überfordern (Dewey 2000: 209f).

Lernpsychologische Grundlage für die Entwicklung kritischer Rationalität und demokratisch-sozialer Haltungen sind die Mit- und zunehmende Selbstbestimmung der Lernenden im Unterrichtsgeschehen. Diesen Anspruch einlösend, sind die angestrebten Lehr-Lernziele sowie die angewandten Vorgehensweisen und Methoden verhandelbar. Dabei dürfe jedoch keinesfalls das in das Curriculum eingegangene positive Wissen der Gesellschaft zugunsten der Vermittlung von Erfahrungswachstum vernachlässigt werden. Denken im so verstandenen Sinne heiße nach etwas Unbekanntem zu fragen, zu suchen, es forschend zu betrachten oder zu erkunden. Dabei sei eigenes Forschen jedoch keinesfalls ein Privileg von Forschern oder Studierenden. Vielmehr sei alles Denken Forschung und alle Forschung die eigene Leistung des Durchführenden, selbst wenn der Forschungsgegenstand „bereits der übrigen Welt restlos und zweifelsfrei bekannt" sei (Dewey 2000: 198).

Projektmerkmale

Die dargestellten Anforderungen an „das Denken" wurden von Dewey als „Methode der bildenden Erfahrung" auf den Unterricht übertragen. Bereits das in den 1890er Jahren für die Chicagoer Laborschule entworfene Unterrichtskonzept „active and social occupations" enthielt eine denktheoretisch fundierte „Methode des Projizierens" (Knoll 1984: 664). Deweys „learning by doing" (2000: 218) konstituierte sich über noch heute aktuelle Merkmale: Für den Erwerb von Erfahrungen war eine „geeignete Sachlage" erforderlich, die zum Denken anregte. Problemlösende Beobach-

---

[91] Denken konstituiert sich dabei als das mit Erfahrungen zusammenwirkende absichtliche Bemühen der Verknüpfung von Handlungen und Handlungsfolgen. Fehlt diese Verknüpfung, werden Handlungen zufällig und planlos. Erzieherisch wertvolle Erfahrungen führen über denkende Verknüpfungen von Handlungen und deren Folgen zu neuen und verbesserten Anschlusshandlungen und besitzen deshalb einen innovativen Charakter.

tungen waren anzustellen, Wissen zu erwerben, mögliche Lösungen auch über praktische Anwendungen zu erproben und die Sinnhaftigkeit „selbständig zu entdecken" und zu verstehen.

Auf die im Verlauf der amerikanischen Projektpädagogik entstehenden Akzentuierungen und Typisierungen sowie die handfesten Auseinandersetzungen ihrer Protagonisten hat der Autor an anderer Stelle verwiesen (Jung 1997: 14f.). Während die Konzeption des „Gründers" John Dewey Rationalität und Charakterbildung durch systematisches Lernen und konkretes Handeln favorisiert, betont der „Reformer" Kilpatrick Spontaneität, Bedürfnisbefriedigung und Aktivität (Knoll 1984: 667). Er ist es, der das Projektschema: *Purposing (Zielsetzung), Planning (Planung), Executing Ausführung) und Judging (Beurteilung)* entwickelt (dazu Bossing 1942: 124), das zweifelsohne die Verbreitung des „Learning by Doing" erleichtert, aber auch zur schematischen Vernutzung als „Projektmethode" beitrug (Kilpatrik 1935: 176ff.). Ebenfalls erweitert er den Projektbegriff über praktische Tätigkeiten hinausgehend auf die selbstorganisierte Bewältigung theoretischer Aufgabenstellungen („ernsthaftes absichtsvolles Tun"), was für die sozialwissenschaftliche Verwendung von größter Bedeutung ist. Danach definiert sich ein Projekt als „jedes von einer Absicht geleitete Sammeln von Erfahrungen, jedes zweckgerichtete Handeln, bei dem die beherrschende Absicht als innerer Antrieb (1.) das Ziel der Handlung bestimmt, (2.) ihren Ablauf ordnet und (3.) ihren Motiven Kraft verleiht" (Kilpatrick 1921 bei Bossing 1942: 117f.).

Hinsichtlich eines zeitgemäßen Projektverständnisses sind die von Herbert Gudjons (1986: 58 - 68) definierten *Merkmale des Projektunterrichts* von besonderer Bedeutung. Diese sollen eher als „einkreisende Umschreibungen" denn als ausschließliche Definitionen verstanden werden.[92] Während die Summe aller Merkmale den projektpädagogischen Maximalanspruch kennzeichnet, erzwingt die Realität von Lehr-/Lernprozessen (curriculare Vorgaben, begrenztes Zeitbudget, fremdbestimmte Prüfungsinhalte, räumlich-mediale Ausstattung usw.) zumeist Abweichungen vom Idealprogramm. Die Bezeichnung Projektorientierung reduziert bei Aufrechterhaltung der Intentionen den theoretischen Maximalanspruch auf den jeweilig praktizierbaren Realanspruch. Die Merkmale projektorientierter Lehr- und Lernverfahren (nach Jung 1997: 22f.) lassen sich in fünf Punkten präzisieren:

---

[92] Merkmale des handlungsorientierten Unterrichts: 1. Situations- und Umweltorientierung, 2. Orientierung an den Interessen der Beteiligten, 3. Selbstorganisation und Selbstverantwortung, 4. Gesellschaftliche Praxisrelevanz, 5. Zielgerichtete Projektplanung, 6. Produktorientierung, 7. Einbeziehung möglichst vieler Sinne, 8. Soziales Lernen, 9. Interdisziplinarität, 10. Grenzen des Projektunterrichts (ausführlich Gudjons 1986: 57-68).

Projektorientiertes Lehren und Lernen

zielt weniger auf die reine Vermittlung fachspezifischer Erkenntnisse als auf die Ermöglichung von problemorientiertem Handeln;

favorisiert mehr entdeckende als darstellende Lehrverfahren;

lässt die Lernenden die Ziele im Lehr-/Lernprozess weitgehend selbst finden;

befreit den Lehrenden von der alleinigen Verantwortung für die Steuerung des Lernprozesses und der Überprüfung der Lernergebnisse;

integriert handlungsbezogene Makromethoden und Kommunikationsformen (Planspiele, Rollenspiele, Erkundung usw.), bei denen der Lehrende auch zum Lernenden wird.

Lernergebnis und Verläufe

In projektpädagogischen Lehr-Lernarrangements wird das Lernergebnis in einem mitteilbaren Produkt vergegenständlicht und einer relativen Öffentlichkeit präsentiert. Die zu erschaffenden *Produkte* stellen nicht nur manuelle Handlungsergebnisse dar, sondern können auch „persönlich tiefgreifende Erfahrungen, Veränderungen von Haltungen und Einstellungen" (Gudjons 1986: 63f) im Sinne des erweiterten Projektverständnisses Kilpatricks sein. Ein zeitgemäßes Produktverständnis begründen Dunker/Götz (1984: 137) anhand einer Matrix, die das Spektrum in vier Quadranten (horizontal: innere/interne und äußere/externe; vertikal: abgeschlossene und offene Produkte) unterteilen (Jung 2007:140). Trotz der großen Vielfalt projektpädagogischer Lehr-Lern-Arrangements lassen sich Phasen definieren. In Auswertung realer Projektverläufe hatte Karl Frey (1995^6: 17 ff.) drei charakteristische Ablaufbeispiele definiert und diese hinsichtlich implizierter verlaufsbezogener Gemeinsamkeiten generalisiert (ebd. 21), woraus der nachstehende generalisierte Projektverlauf resultiert.[93]

Hinsichtlich der Sicherung der Lernergebnisse besitzen *Fixpunkte* eine große Bedeutung. Dazu wird die Betätigung in den arbeitsteiligen Arbeitsgruppen zur Darstellung und zum Austausch über den Lern- und Handlungsstand unterbrochen. Diese Information aller Teilnehmer über die aktuellen Arbeitsstände wird durch Fragen

---

[93] Der Autor hat die Verlaufsstruktur um den Punkt 6: Diskussion und Reflexion der Ergebnisse ergänzt (Jung 2007b: 142ff.). Dieser generalisierte Projektverlauf deckt sich weitgehend dem von Emer/Lenzen (2002: 120-129; Phasen: Initiierung, Einstieg, Durchführung, Präsentation, Auswertung) und dem vier Schritte Modell von Gudjons (1995: 147).

und Anregungen begleitet.[94] Erst durch richtige Gestaltung der Fixpunkte ist sicher zu stellen, dass die definierten Ziele von *allen* Lernenden erreicht werden und nicht nur ein Wissen und Können über Teilgebiete erzielt wird.

Generalisierter Projektverlauf

1. Phase Ausgangssituation und Projektinitiative: Den Beginn eines Projektes (oder einer projektorientierten Sequenz) bildet immer eine (interne oder externe) Projektinitiative.

2. Phase Beratung und Abstimmung über die Projektinitiative: Die Projektmitglieder beraten diese und verständigen sich über das angestrebte Ziel.

3. Phase Entwicklung der Betätigungsgebiete: Die Lernenden entwickeln Betätigungsgebiete, in dem sie ihr Vorhaben planen, ggf. eingrenzen und realisieren.

4. Phase Verlauf der Projektarbeit / Unterbrechung der Tätigkeit: Zur Reflexion und zum Austausch von Teilergebnissen wird die Betätigung unterbrochen (Fixpunkte einlegen).

5. Phase Produktpräsentation und Abschluss der Tätigkeit: In der Präsentationsphase werden die erzielten Ergebnisse und die Vorgehensweise ihrer Erreichung (öffentlich) präsentiert; voraus gegangen ist ein bewusst gesetzter Abschluss.

6. Phase: Diskussion und Reflexion: Abschließend werden die erzielten Ergebnisse und die eingeschlagene Wege diskutiert und reflektiert, z.B. Abweichungen von definierten Zielen, evtl. auftretende Konflikte, auch können fachwissenschaftliche Vertiefungen eingebracht werden.

Kompetenzdidaktische Bewertung
Wenn – in Anlehnung an das in der Klieme-Expertise (2003: 21, 74) verwandte Kompetenzverständnis – Lehr-Lernverfahren gesucht werden, in denen a) Kenntnisse, Fähigkeiten und Fertigkeiten erworben werden, um anstehende Probleme zu lösen, b) erforderliche motivationale, volitionale und soziale Bereitschaften und Fähigkeiten geweckt und bereitgestellt werden, c) erworbenes Wissen und Können in authentischen Lebenssituationen erprobt werden kann und d) anschlussfähiges Wissen und Können eigenständig erworben und erweitert werden kann, dann gerät die Projektpädagogik in den Fokus der Betrachtung.

---

[94] Ist ein Projekt nicht in einem zusammenhängenden Zeitraum realisierbar, ist es ratsam, jede neue Arbeitsphase mit einem Fixpunkt einzuleiten.

Obwohl diese eine lange Tradition besitzt, bietet sie Antworten auf zeitgemäße Fragestellungen und Herausforderungen. Von der Definition des Zieles ausgehend, werden komplexe Wege der Zielerreichung erprobt und erschlossen sowie erzielte Ergebnisse diskutiert und reflektiert. Dabei berücksichtigt sie dynamische Veränderungen, integriert neuartige Bedingungen und verfahrensgemäße Unsicherheiten. Die Projektpädagogik gestattet in allen Lernkontexten interaktive, zielorientierte, problemlösende und selbstorganisierte Arbeitsformen aus der Lernerperspektive (Hallet 2006: 60f.). Deshalb fällt die *kompetenztheoretische Bilanz der Projektpädagogik*[95] äußerst positiv aus:

Projektpädagogik: Kompetenztheoretische Bilanz

In der Projektinitiative sind motivierende, volitionale und problematisierende Verfahrensweisen, wie das Brainstorming oder die Moderatorentechnik von besonderer Bedeutung. Hier gilt es, Lernende für die anstehende Thematik zu sensibilisieren und für den gesamten Kompetenzerwerbsprozess zu motivieren.

In anschließenden Phasen ist beim Erwerb des Herausforderungen bewältigenden Wissens und Könnens die gesamte Vielfalt bekannter handlungsorientierter Mikro- und Makromethoden – weitgehend selbst gesteuert und selbst verantwortet – integrierbar.[96]

In der Reflexionsphase gilt es die gesetzten Ziele, die eingeschlagenen Wege und gewählten Verfahren, die erzielten Ergebnisse und den Gesamtprozess kritisch zu bewerten. Abweichungen von den definierten Zielen sind ebenso zu diskutieren und zu reflektieren wie auftretende Konflikte. Wenn der Lern- und Handlungsgegenstand nur Teilbereich der lebens- oder arbeitsweltlichen Wirklichkeit abdeckt, wären fachliche Vertiefungen vorzunehmen.

---

[95] Hinsichtlich des schwierigen Themas *schulischer Berufsorientierung* verweisen neueste Erkenntnisse darauf, dass Projektlernen – selbst wenn arbeitsweltliche und übergangsspezifische Inhalte nicht explizit im Projekttitel Berücksichtigung finden – Ausbildungsreife bewirken (Bürgstein 2010: 220ff)

[96] Selbst Lehrgangssequenzen sind möglich, wenn z.B. die Kompliziertheit der Fachinhalte ein Anheben der Wissensbasis aller erfordert. Selbstverständlich bilden entsprechende methodische Vereinbarungen dafür die Voraussetzung.

Methodische Generierungen

Projektverlauf	Kompetenzerwerb
1. Die Teilnehmer greifen ein problemhaltiges Thema oder Ereignis auf. Sie diskutieren darüber, auf der Grundlage ihres gegenwärtigen Wissensstandes und kommen zu dem Schluss, dass sie die Herausforderung annehmen und bewältigen wollen. Dazu benötigen sie zusätzliches Wissen und Können, was sie sich erarbeiten wollen.	1 Herausfordernde Lern-, Lebens- oder Arbeitssituation wahr- und annehmen
2. Sie verständigen sich über konkrete Ziele und Verfahrensweisen und entwickeln sinnvolle Betätigungsgebiete.	 2 Zielsetzung *Überwindung der Herausforderung* entwickeln
3. Dabei organisieren sie den Lernprozess im Rahmen der ihnen zu Verfügung stehenden Möglichkeiten selbstständig und eigenverantwortlich, nutzen die veranschlagte Zeit für Planungen, Erarbeiten und Reflexion des Lern- und Handlungsgegenstandes.	
4. Die Teilnehmenden setzen Lern- und Handlungsziele und vereinbaren den Arbeitsrahmen. Die Beschäftigung umfasst ein relativ offenes Betätigungsgebiet, welches in überschaubare Bereiche gegliedert wird.	 3 Erwerb/Aktualisierung und Weiterentwicklung kognitiver, sozialer, strategischer und handlungsbezogener Befähigungen
5. In gewissen Abständen werden alle Teilnehmer über den aktuellen Lernstand (Inhalt und Verfahren) informiert (Fixpunkte).	 4 zielgerichteter Einsatz vorhandener und entwickelter Potentiale
6. Die Teilnehmenden bereiten die während des Projektverlaufs auftretenden fachlichen, sozialen und individuellen Prozesse und Konstellationen auf.	
7. Sie entwickeln Methoden für die Auseinandersetzung mit den Aufgaben, den eigenen Betätigungswünschen sowie den auftretenden Problemen und versuchen so die (selbst-)gesetzten Ziele zu erreichen.	 5 Regulierung der ursächlichen Herausforderung (Bewältigung)
8. Das erforderliche Abwägen und Ausgleichen persönlicher und gruppenspezifischer Interessen, gegenseitiges Helfen, ggf. das Wahrnehmen und Regulieren von Spannungen und Konflikten, ermöglichen Formen des individuellen und sozialen Lernen.	 6 Reflexion der Bewältigungsschritte und der erzielten Ergebnisse
9. Die erzielten Ergebnisse werden als Lernprodukt gebündelt und allen Teilnehmenden präsentiert. Über den Grad der Zielerreichung und die eingeschlagenen Wege wird kritisch reflektiert.	

Abb. 9.14: Kompetenzerwerb und Projektverfahren

☞ Damit kann eine große Affinität zwischen den Effekten projektpädagogischer Lehr-Lernarrangements und den konstitutiven Merkmalen des Kompetenzerwerbs nachgewiesen werden. Mit der konsequenten Anwendung projektpädagogischer Verfahrensweisen scheint das Bestreben nach der Revision des bisherigen schulischen Leistungsverständnisses (Weinert: 1998: 102 ff.; Klafki 1996: 75 ff.) Konturen zu gewinnen.

☞ Projektpädagogische Lehr-Lernverfahren integrieren die als *positive Alternative* bezeichneten Hinwendungen: zur Prozessorientierung, zu Kriterien, die „an der Lösung gemeinsamer Aufgaben in lernenden Gruppen orientiert" sind, zu Verfahren, die „schrittweise Selbst- und Mitbestimmung der Lernenden einbeziehen" sowie die „Befähigung zu Selbstständigkeit, Selbststeuerung und Selbstbeurteilung fördern" (Bastian 1997: 234, s. Kap 9.2, S. 152).

☞ Deshalb muss die besondere Eignung der Projektpädagogik im Rahmen des Kompetenzerwerbs als belegt angesehen werden.

10 Überprüfung des Kompetenzerwerbs

10.1 Vorbemerkungen

Der Prozess der Erkenntnisfindung folgte drei sich wechselseitig bedingenden Perspektiven. Kompetenz und Kompetenzerwerb wurden erstens lebensweltlich-phänomenal – als menschheitsgeschichtlich bedeutsame Phänomene – erschlossen, welche die Grundlagen für Entwicklung, Gestaltung und Fortschritt bilden und Elemente von Kreativität beinhalten. Die zweite umfasste den Kompetenzerwerb als didaktisch-methodischen Aneignungsprozess (im Sinne eines „Herausforderungen-Bewältigen-Könnens"), der in angeleiteter oder selbst verantworteter Weise zu realisieren ist und das Instruierte als Hinführung zum Konstruierten bildet. Die dritte Perspektive umfasste die Überprüfbarkeit des Kompetenzerwerbs in beiden Bereichen, wobei die Kompetenzdiagnostik angesichts des durch die Klieme-Expertise initiierten pädagogisch-didaktischen Modernisierungsprogramms höchste Aktualität genießt.

Im Rahmen der inhaltlichen Auseinandersetzungen mit dem Kompetenzkonstrukt wurde ebenfalls deutlich, dass es weder einen einheitlichen Kompetenzbegriff noch Königswege der Operationalisierung und Messung von Kompetenz gibt (Baethge u.a 2006: 16). Ohne die Kompetenzdiagnostik und ihre Bedeutung in Zeiten internationaler Lernstandsuntersuchungen schmälern zu wollen, geht es um mehr als um die Operationalisierung und Messung von *kontextspezifischen kognitiven Leistungsdispositionen*. Vielmehr geht es darum, überaus komplexe und heterogene Bewältigungsphänomene konzeptionell zu fassen und zu bewerten, die sich als zielgerichtetes Zusammenwirken von unterschiedlichen Aspekten des *Wollens, Wissens, Könnens* und *Reflektierens* konstituieren und ein fruchtbares Handeln in offenen, komplexen und zum Teil ungeordneten Situationen erlauben. Die große Heterogenität und Komplexität resultiert daraus, dass die jeweiligen Bündelungen von Facetten angesichts der Verschiedenheit der verursachenden lebens-, arbeits- oder lernweltlichen Herausforderungen in unterschiedlichem Ausmaß und vielfältiger Ausprägung zusammenwirken. Damit sind sie von ihrer Zahl, ihrem Umfang und ihrer Intensität nicht zu begrenzen. Diese Besonderheiten der Bewältigungsprozesse erfordern es, den Kompetenzerwerb auf die jeweiligen Kontexte (Domänen, angestrebte Zielebene) zu beziehen. Hinsichtlich der Planung, Durchführung und Reflexion von Kompetenzvermittlungsprozessen erscheint grundsätzlich hilfreich, dem komplexen Geschehen eine gewisse Form zu geben, es durch exemplarische Schrittfolgen zu generalisieren und zu modellieren (Artikulation). Diese versuchen dem Vielfältigen und Komplexen eine Struktur zu geben, die aber keinesfalls als Rezeptur (sondern als Denk- und Planungsheuristik) zu verstehen ist. Entsprechendes besitzt im Rahmen der Kompetenzvermittlung eine große Bedeutung, bei Kompetenzentwicklungen reduziert es sich auf eine Analysehilfe der Durchführung und Bewertung. Eine besondere Herausforderung bildet die Überprüfung von Kompetenzerwerbsprozessen (dritte Perspektive), die auf allen drei oben umrissenen Ebenen stattfindet.

10.2 Lebens- und arbeitsweltliche Überprüfungen

Am einfachsten ist die Überprüfung aus der lebensweltlichen Perspektive. Diese umfasst sowohl die von Edelmann/Tippelt (2007: 138) offen gelegten non formalen/informellen Bereiche, als auch die auf Märkten angebotenen *Herausforderungsbewältigungen* jeglicher Art. Überprüft wird das Ergebnis des Wirkens von Kompetenzträgern hinsichtlich der Bewältigung von An- oder Herausforderungen, wobei Exklusivität und Intensität der Herausforderung, das anzuwendende Niveau von Fachwissen und anderen Wissensformen, die Nachhaltigkeit der Problemlösung sowie der Einsatz von Sach- und Hilfsmittel (Maschinen, Werkstätten, Labors) einbezogen werden.

Mögliche alltagstheoretische Kriterien der Kompetenzüberprüfung:

Wie gut, wie nachhaltig, zu welchem Preis und wie schnell konnte(n)

die Heizungsanlage instand gesetzt werden,

die sozialen Spannungen und Konflikte zwischen den Bediensteten einer sozialen Einrichtung beigelegt werden konnten,

die auf dem Markt angebotene private Rentenzusatzversicherung hinsichtlich der Kosten/des Nutzens (inkl. Einkommenssteuerermäßigungen) analysiert werden.

☞ Dabei werden die genutzten Kompetenzen nicht nur über die Qualität des domänenbezogenen Wissens und Könnens (Hard Skills) und ihren Preis bewertet. Als

Soft-Skills[97] bezeichnete Eigenschaften, wie z.B. die Bereitschaft zur Problemlösung, Mobilität, Flexibilität, Zuverlässigkeit und Kommunikationsfähigkeit, werden ebenfalls zur Kompetenzbewertung herangezogen. Die positive Sanktionierung erfolgt über das Maß an subjektiv empfundener Zufriedenheit und Kategorien wie: Anerkennung, Lob, Weiterempfehlung und zügige Bezahlung, woraus oftmals für den Kompetenzträger lohnende Folgeaufträge resultieren. Die Wirkung von Negativbewertungen ist entgegen gerichteter und braucht nicht näher erläutert zu werden.

In der Arbeitswelt – die hinsichtlich ökonomisch und technisch geprägter Gesetzmäßigkeiten als besonderer Lebensbereich verstanden wird – existieren unterschiedliche Arten der Kompetenzüberprüfung. Sie reichen von der Bewertung des Arbeitsergebnisses durch Eigenüberprüfung (Selbstkontrolle: Überprüfung von Funktion, Maßgenauigkeit und Preiseinhaltung im Rahmen eines zeitgemäßen Job Enlargements), über die traditionelle Kontrolle durch den Vorgesetzten, die Kundenbefragung, hinsichtlich ihrer Zufriedenheit über die Bewältigung der Herausforderung, den Service und die personalen Umgangsformen, bis hin zu vielfältigen arbeitswissenschaftlichen Instrumentarien. Einen umfassenden Überblick über die angewandten arbeitswissenschaftlichen Prinzipien, Formen und Modelle der Kompetenzüberprüfung leisten Erpenbeck/v. Rosenstiel (2007), die das breite und komplexe Feld in die Bereiche: a) Überprüfung von Einzelkompetenzen, b) Kompetenzkombinationen, Kompetenzbilanzen und c) übergreifende Kompetenzgitter differenzieren.[98]

10.3 Didaktisch-methodische Kompetenzüberprüfungen

Didaktisch-methodischer Kompetenzerwerb bezieht sich auf wesentliche fachliche Inhalte und zentrale Zusammenhänge in einer unterrichtlichen Domäne (Fach, Fachgebiet, Lernbereich). Er konstituiert sich in komplexer Wechselbeziehung zwischen kognitivem, affektivem und sozialem Lernen sowie dem domänenbezogenem Handeln. Die Besonderheiten kompetenzorientierter Lehr-Lernarrangements wurden in Kapitel 9 erschlossen. Sie basieren auf lernweltlichen Herausforderungen, integ-

---

[97] Als „Soft Skills" werden domänenübergreifende Kompetenzen bezeichnet, die insbesondere soziale, kommunikative, mentale und personale Kompetenzen umfassen. Sie manifestieren sich über die persönlichen Eigenschaften und Verhaltensweisen des Kompetenzträgers und werden von „Hard Skills" unterschieden, die die fachlichen Kenntnisse und Qualifikationen im Rahmen der beruflichen Handlungskompetenz beschreiben.

[98] Bei der Messung beruflicher Handlungskompetenz wird bisher primär auf die Selbstbeschreibung zurückgegriffen. Anzuzweifeln ist, ob die Testpersonen zur ungeschönten Beschreibung ihrer Stärken und Schwächen in der Lage sind (Kauffeld 2005: 60).

rieren motivationale und volitionale Bereitschaften, das zielgerichtete Anwenden und Erschließen von Wissen und Können sowie das Verwenden Problem lösender, entdeckender, entwickelnder usw. Verfahren. Damit definierten sie wesentliche Anforderungen an die Lehr-Lernarrangements und an die Überprüfungen der Ergebnisse. Die Anforderungen bilden Erwartungshorizonte für die Erfolgskontrolle, die sich auf die für die Lösung passenden Inhalte und Verfahrensweisen beziehen. Das geforderte Wissen und Können wurde im Unterricht erarbeitet und im Rahmen von Transferaufgaben auf andere Herausforderungen übertragen ggf. muss es im Rahmen spezieller Problemlösungsprozesse entwickelt werden. Wesentlich dabei ist, dass der Unterricht ein geändertes Planungshandeln umfasst und die Lern- und Prüfungsaufgabe dem umrissenen Format zu entsprechen haben. Trotz domänenspezifischer Unterschiede ist immer ein elaborierter Umgang mit dem Lerngegenstand gefordert, der sich auf die kompetenzspezifischen Anforderungen in der Domäne bezieht. Auf die politische Bildung bezogen, kennzeichnen Breit/Weißeno (2008: 402) derartige Lernaufgaben als die Summen des Erörterns unterschiedlicher Thesen, der Beurteilung politischer Situationen, der Auseinandersetzung mit Gesetztexten usw. Deutlich wird, dass bei kompetenzorientierten Lernaufgaben der Anregungsgehalt (motivationale und volitionale Aspekte) und das zu entwickelnde Lernpotential des *„Herausforderungen bewältigen können"* im Vordergrund stehen. Dem geänderten unterrichtlichen Planungs- und Durchführungsprinzip hat auch die Überprüfung des pädagogisch-didaktischen Kompetenzerwerbs zu entsprechen.[99]

☞ Jedoch wird die Überprüfung von Kompetenz als Leistungsdimension immer schwieriger, wenn das Ergebnis Leistungsstände ermittelt, die zur Zertifizierung und Klassifizierung dienen. Waren entsprechende psychologische Leistungstests und auch herkömmlich Prüfungen (schulische Abschlussprüfungen, Facharbeiterprüfungen, Laufbahnprüfungen) traditionell weitgehend kognitiv dominiert, in dem Wissenselemente abgefragt, reproduziert und übertragen wurden, kamen mit der Kompetenzorientierung Aspekte des Wollens, Handelns und Reflektierens zu einer größeren Geltung. Jedoch sind Prüfungssituationen – soweit es sich nicht um projektorientierte Prüfungen handelt – hinsichtlich des domänenbezogenen Handelns immer schwer kompetenzorientiert zu gestalten. Hier werden die erläuterten Besonderheiten von Lernherausforderungen nochmals hinsichtlich spezieller Prüfungsherausforderungen reduziert. Positiv bleibt zu registrieren, dass immer mehr Prüfungsord-

---

[99] Die auf über 60 Seiten dokumentierten Aufgabenbeispiele im Rahmen der Bildungsstandards Geographie (DGfG 2007: 30-92, dazu Kap. 8.3; 8.5) können für fachdidaktische Kompetenzüberprüfungen als beispielhaft angesehen werden.

nungen Projektprüfungen beinhalten, in denen es echte Lernherausforderungen zu bewältigen gilt.

☞ Einen Wandel hin zur Kompetenzorientierung kennzeichnen auch die von der KMK vereinbarten *Einheitlichen Prüfungsanforderungen für die Abiturprüfung* (EPA). Sie setzen einen Unterricht voraus, *„der selbstständiges Lernen, wissenschaftsorientiertes Arbeiten sowie die Entwicklung der Kommunikationsfähigkeit und der Kooperationsbereitschaft zum Ziel hat"*. Vorrangig zu praktizieren sind Unterrichtsverfahren, die zu problembezogenem Denken anregen, Formen des Lehrens und Lernens enthalten, die zur Selbständigkeit und zur Kommunikationsfähigkeit beitragen (KMK 2008: EPA). Die Anforderungen aller Prüfungsfächer sind in drei Anforderungsbereiche geteilt, wobei der geordnete Aufbau und der Anforderungsbereich III kompetenztheoretischen Ansprüchen gerecht wird.

Anforderungsbereich I	Anforderungsbereich II	Anforderungsbereich III
▪ Wiedergabe aus einem begrenzten Gebiet ▪ Beschreibung und Verwendung gelernter und geübter Arbeitsweisen ▪ sachgerechtes Verwenden von Begriffen ▪ ...	▪ selbständiges Ordnen, Bearbeiten und Erklären bekannter Sachverhalte ▪ selbständiges Anwenden und Übertragen des Gelernten auf vergleichbare Sachverhalte ▪ ...	▪ planmäßiges Verarbeiten komplexer Gegebenheiten ▪ selbständiges Auswählen und Anwenden geeigneter Arbeitsmethoden und Darstellungsformen in neuen Situationen und Beurteilung ihrer Effizienz ▪ ...

Abb. 10.1: Anforderungsbereiche EPAs (Beispiel Geographie, KMK 2005, Geo)

In den EPAs Sozialkunde/Politik korrespondieren die drei Anforderungsbereiche hinsichtlich der Leitziele *politische Mündigkeit und Demokratiefähigkeit* mit den vier Kompetenzbereichen a) Sach- und Analysekompetenz, b) Methodenkompetenz, c) Urteilskompetenz und d) Handlungskompetenz (KMK 2005 SoPo: 5), wobei die Methoden- und Handlungskomponenten das breite Spektrum des *Produktiven Gestaltens* und des *Simulativen Handelns* umfassen (ebd. 10).

Die EPAs Physik (2004: 3f.) definieren die vier Kompetenzbereiche: a) Fachkenntnisse: *Physikalisches Wissen erwerben, wiedergeben und nutzen;* b) Fachmethoden: *Erkenntnismethoden der Physik sowie Fachmethoden beschreiben und nutzen;* c) Kommunikation: *In Physik und über Physik kommunizieren* und d) Reflexion: *Über die Bezüge der Physik reflektieren*. Hinsichtlich der Anforderungsbereiche ergibt sich eine Matrix aus 12 Feldern, in denen der Kompetenzerwerb differenziert zu erfassen ist (ebd. 10 -13).

☞ Angesichts der positiven Beispiele bleibt zusammenzufassen: Didaktisch-methodische Kompetenzüberprüfungen sollen keine rein kognitiven Leistungsermittlungen darstellen. Vielmehr müssen sie Kompetenz mehrdimensional erfassen. Dabei fällt es nicht schwer, affektive, volitionale und reflektive Elemente in Lern- und Prüfungsaufgaben einzubeziehen. Für den Kompetenzerwerb im hier verwandten Sinne sind jedoch die Aspekte des *domänenbezogenen Handelns* konstitutiv. Auf sie kann auch im Rahmen von Überprüfungen nicht verzichtet werden. Deshalb sind Aufgabenstellungen zu kreieren, die die Lösung konkreter Handlungs- und Gestaltungsaufgaben erfordern. Dabei sind die Handlungselemente auf die Erstellung der Prüfungsleitung ausgerichtet und umfassen neben dem realen auch simultanes Handeln und gedankliches Probehandeln (s. Kap. 9.6; S.159).

Hinsichtlich des Bewertens realer Handlungen in Prüfungssituationen ist der erbringende Aufwand enorm. So sind z.B. in Assessment-Centern und Projektprüfungen die vollzogenen Gruppenleistungen individuell zu beurteilen. Neben dem Handlungsprodukt ist der prozessuale Verlauf Gegenstand der Beurteilung. Selbst bei der (intensiven und geschulten) individuellen Beobachtung einzelner Kompetenzträger, gibt es Probleme, da das Beobachtete nur die Performanz ausdrückt und das Eigentliche (die Tiefenebene) dem Beobachter verschlossen bleibt. Gleichwohl ist beobacht- und bewertbar, ob z.B.

- die in der Aufgabenstellung implizierte Herausforderung bewältigt wurde (das Ziel erreicht bzw. zu welchem Grad erreicht wurde),
- Wissen angeeignet und angewandt wurde,
- methodische Lösungswege, Handlungsweisen und Überprüfungen erschlossen und vollzogen wurden,
- im Gruppenprozess ziel- und richtungsweisend gewirkt wurde und in welchem Maß.

10.4 Grundlagen der Kompetenzdiagnostik

10.4.1 Vorbemerkungen

Im Rahmen der Diskussion der Klieme-Expertise wurden bereits einige kompetenzdiagnostische Grundlagen erläutert (s. Kap. 6.3). Ausgangspunkt bildete ein in Hinsicht auf seine Verwendung im Rahmen der *Charakterisierung von Ergebnissen von Bildungsprozessen* spezifizierter Kompetenzbegriff. Dieser verdichtet Kompetenz

Grundlagen der Kompetenzdiagnostik

auf den Kontext konkreter empirischer Fragestellungen und Untersuchungen und macht sie durch bekannte Verfahren messbar. Ebenfalls ermöglicht er notwendige Abgrenzungen zu nahen psychologisch-pädagogischen Konstrukten und gestattet die Ableitung konkreter Messmethoden für die empirische Erfassung. Dabei sind die Messverfahren eng mit den Zielen der Bildungsinstitution verknüpft und orientieren sich z.b. an den Bildungsstandards der Disziplinen (Hartig 2008: 15).

Angesichts der in Kapitel 3.3 beschriebenen dynamischen arbeits- und lebensweltlichen Veränderung erhält die Frage nach der Produktivität und Effizienz des Bildungswesens eine immer größere Bedeutung, weshalb von der Bildungsforschung erwartet wird, dass sie diese „gesellschaftliche Kernfrage" zu quantifizieren vermag. Der damit einhergehende Anforderungsdruck verdichtet sich, je mehr das Bildungssystem selbst zum Gegenstand des internationalen Wettbewerbs wird und je bescheidener sich die dabei erzielten Ergebnisse darstellen (Klieme u.a. 2007: 5). Gegenwärtig wird der Kompetenzdiagnostik eine Schlüsselfunktion in der Optimierung von Bildungsprozessen und der Weiterentwicklung des Bildungswesens zugestanden. Die entwickelten pädagogisch-psychologischen Verfahren sind vielfältig. Sie dienen der Grundlage für individuumsbezogene Förder- und Auswahlentscheidungen, der Benotung und Zertifizierung von Lernenden sowie der Evaluation von pädagogischen Maßnahmen und Institutionen und werden zu deren Qualitätsermittlung herangezogen (Hartig/Jude 2007:17).

1. Frage nach dem theoretischen Modell
„Wie lassen sich Kompetenzen, unter Berücksichtigung ihres Bezuges auf Anforderungen in spezifischen Situationen, angemessen modellieren?"
2. Frage nach dem Messmodell
„Wie lassen sich theoretische Kompetenzmodelle in psychometrischen Modellen abbilden, um die Kompetenzkonstrukte einer differenzierten Erfassung zugänglich zu machen?"
3. Frage nach den Messinventaren
„Wie lassen sich die Kompetenzmodelle und darauf basierende psychometrische Modelle in konkrete empirische Messverfahren übertragen?"
4. Frage nach der Interpretation der Messdaten
„Welche Arten von Informationen aus Kompetenzmessungen können von Akteuren im Bildungswesen auf welche Weise genutzt werden?"

Abb. 10.2: Leitfragen der Kompetenzdiagnostik (nach Schott/Ghanbari 2008: 19)

☞ Aufgaben und Programm der Kompetenzdiagnostik lassen sich durch diese vier Leitfragen bündeln, die das Diagnosekapitel (10.4) in lockerer Weise strukturieren.

Dabei soll Wesentliches hinsichtlich einer fachdidaktischen Verwendung aufbereitet und zusammengefasst werden.

10.4.2 Der Kontextbezug

Im Rahmen der Definition spezifischer Kompetenzkonstrukte bildet der Kontextbezug einen bedeutsamen Aspekt. Dieser definiert den Bereich von Situationen und Anforderungen, der sich auf ein spezielles Kompetenzkonstrukt bezieht und auch bei Messmodellen zu berücksichtigen ist. Während im lebensweltlichen Kompetenzerwerb die Bewertung der vollbrachten Leistung anhand der speziellen fachlichen Bewältigung der Herausforderung erfolgt, geht es im lernweltlichen um die Beurteilung von Effekten von Bildungsprozessen. Primäres Ziel von Bildungseinrichtungen ist es, Wissen und Können in speziellen Bereichen und auf bestimmten Ebenen zu vermitteln. Dabei verweisen die in Schulfächern angestrebten Standards und Kompetenzen (Allgemeinbildung), 350 definierten Ausbildungsberufsbilder (berufliche Bildung) und eine Vielzahl tertiärer Prüfungsordnungen auf die Verschiedenheit der Kontexte. Diese können auch innerhalb einer Domäne erheblich voneinander abweichen.[100] Das einzuhaltende evaluatorische Grundprinzip lautet in Hinsicht auf die Wirksamkeit der Maßnahmen, dass *„das erfasste Kriterium zur Einschätzung der Wirksamkeit möglichst gut auf die von der Maßnahme intendierte Wirkung passt"*. Wenn der Kontext zu beliebig definiert ist, birgt er die Gefahr einer „gewissen Willkür" in sich (Hartig 2008: 17f.). Ebenfalls kann ein zu eng ausgelegter Kontext Probleme bereiten. Als unzweckmäßig wird beurteilt, wenn die Herausforderungen in relevanten Situationen mit Aufgabeninhalten gleich gesetzt werden und z.B. in einem Schulleistungstest (Fremdsprache) das Vokabelwissen als Wortschatzkompetenz bezeichnet wird.[101] Deshalb muss der für die Definition eines Kompetenzkonstrukts relevante Kontext einerseits hinreichend konkret sein, andererseits nicht zu eng gefasst werden (ebd. 19 f.).

Hinsichtlich des Nutzens von Kompetenzkonstrukten für die Untersuchung von Ergebnissen von Bildungsprozessen gerät deren Eignung für die Ableitung konkreter Messmethoden in den Blickpunkt. Hier sind Definitionen erforderlich, *„aus welchem beobachtbaren Verhalten ... auf Unterschiede im zu messenden Konstrukt*

---

[100] Am Beispiel der naturwissenschaftlichen Domäne (Physik) wird der unterschiedliche Kontext (im Sinn der bewältigenden Situationen und Anforderungen) zwischen der Sekundarstufe I (Schulfach Physik) und dem ingenieurwissenschaftlichen Studiengang (Physiktechnik) leicht deutlich.

[101] Als weitere Negativbeispiele, in denen relevante Situationen mit Aufgabeninhalten gleich gesetzt werden, werden die Lückentest-Kompetenz, Dreisatz-Kompetenz und die Hauptstadt-Benennungs-Kompetenz benannt. Grundsätzlich dürfen „einfaches Sachwissen oder isolierte Fähigkeiten" nicht unnötigerweise als Kompetenz etikettiert werden (Hartig 2008: 19).

geschlossen werden" kann. Grundsätzlich wird in der Verwendung unscharfer Kategoriensysteme ein doppelter Nachteil erkannt. Einerseits bieten sie *„keine Hilfe bei der Begründung und Entwicklung von Messmethoden"*, andererseits kann ihre Verwendung zu *„Missverständnissen und falschen Erwartungen führen"*, da sie konsistent Begriffe verwenden, deren *„Inhalt eigentlich nicht feststeht und die voneinander nicht sauber abzugrenzen sind"* (ebd. 20).

Hingegen sind Unterrichts- und Ausbildungsinhalte primär auf die Vermittlung spezifischen Wissens und Könnens für definierte Kontexte ausgerichtet. Deshalb ist die Erfassung globaler, übergeordneter Kompetenzen als Evaluationskriterium *„sehr weit entfernt von den durch die evaluierten Maßnahmen primär intendierten Veränderungen"*.[102] Es wird dargelegt, dass ein Konstrukt an Präzision und Aussagekraft gewinnt, wenn es begrenzter angelegt ist. Hingegen verliert es durch eine zunehmende Breite an wissenschaftlichem Nutzen. Ein enges Verständnis von Diagnostik beinhaltet auch eine Trennung kognitiver und affektiver Aspekte. Als Argument für eine Trennung von kognitiven und motivationalen Kompetenzaspekten wird das Variieren von Motivation über den Zeitverlauf angesehen, während die kognitive Dimension als vergleichsweise stabil angesehen werden kann (ebd. 20).

10.4.3 Vokabular und Struktur

Das in der Kompetenzdiagnostik verwandte Vokabular und die angewandten Verfahrensweisen entstammen der pädagogisch-psychologischen Diagnostik. Die Bezeichnung *Assessment* (eng. Einschätzung, Beurteilung, Bewertung) bezieht sich auf Personen, Situationen und Organisationen. Ihre Verwendung umfasst unterschiedliche Fachzusammenhänge (assessment center, large scale assessment). Im empirischen Kontext wird Assessante als übergeordneter Begriff für die Beurteilung von Personen hinsichtlich bestimmter Merkmale und Eignungen (im Sinn von Diagnostik) verwandt. Die Bezeichnung umfasst sowohl (stark) standardisierte Testverfahren als auch weniger stark standardisierte Methoden wie Interviews, Portfolios oder biographische Befragungen (Hartig/Jude 2007: 18).

Die Bezeichnung *Test* umschreibt standardisierte Verfahren zur Untersuchung (Messung) von Persönlichkeitsmerkmalen, die auf unterschiedliche Personengruppen und eine Fülle von Bereichen bezogen werden können (Rost 2004: 17; Beller 2004: 47). Ziel ist es, möglichst quantitative Aussagen über den relativen Grad individueller Merkmalsausprägung zu treffen. Testverfahren umfassen sowohl Leistungstests, in

---

[102] Denn je globaler ein Kompetenzkonstrukt angelegt sei, desto vielfältiger wären die Ursachen für Unterschiede, die man mit diesem Konstrukt beobachten könne, was die Gefahr des „Vorbeimessens" in sich berge. (ebd. 21).

denen Problemstellungen zu lösen sind als auch Fragebögen, in denen subjektive Einschätzungen geäußert werden. Grundsätzlich wird zwischen Leistungs- und Persönlichkeitstests unterschieden (dazu Bortz/Döring 2006: 189f.). Im diagnostischen Kontext wird die Bezeichnung auf Leistungstext verwandt, wobei Verfahren zur Selbsteinschätzung als Fragebögen bezeichnet werden (Hartig/Jude 2007:18).

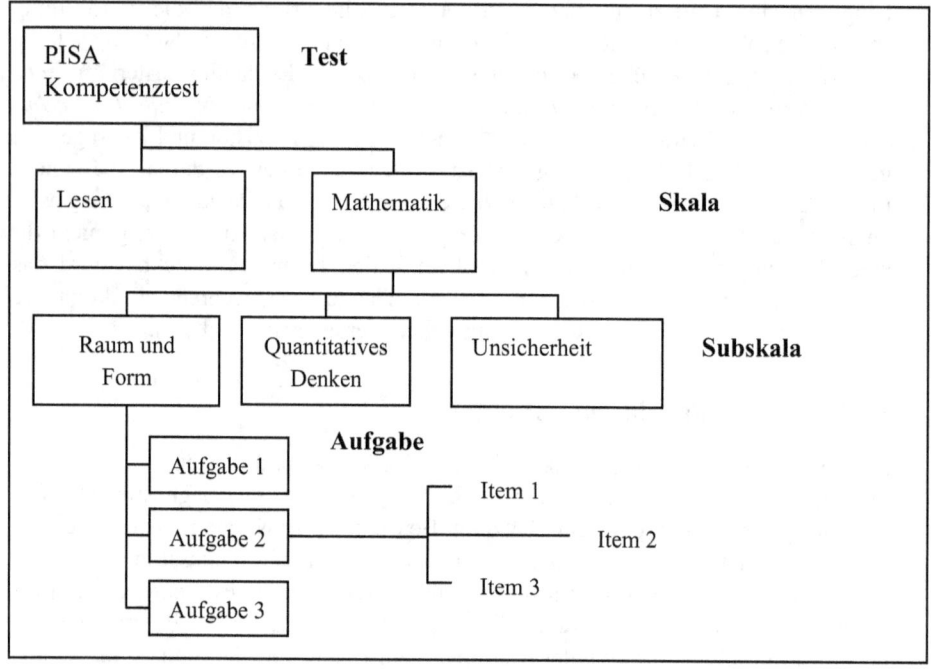

Abb. 10.3: Hierarchische Teststruktur (PISA-Testinhalte, nach Hartig/Jude 2007:18)

Die Begriffe *Skala, Subskala, Aufgaben* und *Item* beschreiben Testteile, die in hierarchischer Beziehung zueinander stehen. Dabei kann ein Test mehrere Merkmale oder Konstrukte umfassen. Hingegen umfasst eine *Skala* in der Regel nur ein Merkmal, das in einem Messwert ausgedrückt werden kann. Jedoch kann eine Skala auch Subskalen enthalten, die differenziert Facetten des Merkmals messen.[103] Unterhalb der Subskala stellt die Aufgabe eine inhaltlich zusammenhängende, nicht teilbare Einheit dar. In ihr wird ein Problem oder eine bestimmte Materialeinheit

---

[103] Die Subskalen können sowohl zu der übergeordneten Skala zusammengefasst als auch separat ausgewertet werden (ebd.).

(z.B. Lesetext) vorgegeben. Darunter stellt das Item die kleinste Analyseeinheit dar (Frage, Teilfrage).[104]

10.4.4 Gütekriterien

Testkonstrukteure müssen Vorstellungen darüber haben, was *gute Tests* auszeichnet (Rost 2004: 33). Deshalb unterliegen alle diagnostischen Verfahren den definierten Qualitätsanforderungen der klassischen Testtheorie. Nur wenn die definierten Gütekriterien erfüllt sind, können die erzielten Ergebnisse zur Untersuchung wissenschaftlicher Fragestellungen herangezogen werden. Die in der pädagogisch-psychologischen Diagnostik üblichen Gütekriterien (dazu: Beller 2004: 54 ff.; Rost 2004: 33-42; Bortz/Döring 2006: 193-206) sind auch in der Kompetenzdiagnostik relevant, wobei gewisse Besonderheiten zu beachten sind.[105]

Gütekriterien	Anspruch / Inhalt
Objektivität	Die Objektivität eines Tests gibt an, in welchem Ausmaß die Testergebnisse unabhängig vom Testanwender sind. Sie ist in Schulleistungsuntersuchungen gegeben, wenn für alle Lernenden gleiche Aufgabenstellungen, Bearbeitungszeiten Erläuterungen der Aufgaben, Arbeitsmaterialien u.ä. gelten; die Auswertung und Interpretation erfolgen nach klaren Kriterien, die unabhängig von der Person des Auswertenden sind.
Reliabilität	Die Reliabilität eines Tests kennzeichnet den Grad der Genauigkeit, mit dem das geprüfte Merkmal gemessen wird. Sie umschreibt die Zuverlässigkeit einer Messung. Reliabel ist ein Test oder eine Skala, wenn nur geringe Messfehler auftreten. Es gibt verschiedene Methoden, die Reliabilität zu überprüfen (z.B. durch Cronbachs Alpha, Halbtest Reliabilität).
Validität	Die Validität eines Tests gibt an, wie gut ein Test in der Lage ist, das zu messen, was er zu messen vorgibt. Sie gibt die Gültigkeit eines Messinstruments an. Die Validität lässt sich an Außenkriterien überprüfen, z.B. lassen sich die Aufgaben fachbezogener Leistungstexts mit der schulformbezogenen Curricula validieren.

Abb. 10.4: Gütekriterien empirischer Untersuchungen (Lehmann/Hoffmann 2009: 235 ff.)

---

[104] Hinzuzufügen bleibt, dass Testaufgaben aus mehreren Items bestehen können und in Fragebögen, die keine Aufgaben enthalten, Items direkt einer Skala untergeordnet werden (ebd. 19).

[105] Zur ausführlichen Darstellung s. Hartig/Jude 2007:19-23, Leutner u.a. 2008: 178ff.

Aus der Perspektive der Kompetenzdiagnostik bleibt Verschiedenes zu ergänzen.

☞ So gilt die **Objektivität** als notwendige Voraussetzung für die Reliabilität und Validität einer Untersuchung. Als geläufige Strategie, die Objektivität eines diagnostischen Verfahrens zu sichern, wird auf eine gründliche Standardisierung und Dokumentation aller Schritte der Testdurchführung, Auswertung und Dokumentation verwiesen. Für standardisierte Tests mit zumeist geschlossenen Antwortformaten stellt der Nachweis der Objektivität keine besondere Herausforderung dar. Die Definition von Kompetenz als *kontextabhängiges, realitätsnahes Konstrukt* erfordert hingegen den Einbezug einer größeren Breite von Methoden. Deshalb werden zur empirischen Erfassung von pädagogischen Kontexten auch Datenquellen herangezogen, von denen auf interindividuelle Unterschiede in den Kompetenzen geschlossen werden kann (Verhaltensbeobachtungen, Beurteilung von frei formulierten Texten, Portfolios). Deren Auswertung erfolgt über offene Antwortformate (s. Kap 10.4.7), die der Einschätzung des beobachten Verhaltens durch den Beurteiler bedürfen. Hier ist der Frage nach der Objektivität eine größere Bedeutung zuzumessen (Hartig/Jude 2007: 20).

☞ In Hinblick auf die **Reliabilität** (Messgenauigkeit) wird unter Bezug zur klassischen Testtheorie (dazu Bortz/Döring 2006: 193-206) davon ausgegangen, dass einem einzelnen Messwert ein „wahrer Wert" im interessierten Material zugrunde liegt, dessen Messung jedoch fehlerbehaftet erfolgt. Dabei gilt es einzuschätzen, welcher Anteil einer beobachteten Streuung des bei einem Test ermittelten Messwertes auf die Unterschiede im Merkmal zurückzuführen sind. Hierzu wird die Bestimmung der *inneren Konsistenz* häufig angewandt. Es wird davon ausgegangen, dass dem jeweiligen Test ein einziges qualifizierbares Merkmal zu Grunde liegt, was bei Kompetenztests wegen des Bezugs auf spezifische Anforderungskontexte nicht gegeben ist. Deshalb wird hinsichtlich der Verwendung von Koeffizienten wie dem Cronbachs Alpha oder die Halbwert-Reliabilität eine gründliche Prüfung empfohlen. Zu prüfen sei, ob diese geeignete Maße für die Bestimmung der Messgenauigkeit von Kompetenztests darstellen.[106] Die mehrfache Messung mit demselben Test wird als geläufige Methode zur Einschätzung der Reliabilität bei eindimensionalen Konstrukten bezeichnet (Hartig/Jude 2007: 21f.).

---

[106] Wenn Modelle aus einem eindimensionalen Merkmal abgeleitet sind, gilt dieser Anspruch auch für Reliabilitätsmaße, die nach der Item-Response-Theorie (IRT) ermittelt wurden. Diese modellieren Antwortwahrscheinlichkeiten für die Items eines Tests als Funktion der zu messenden Merkmale (Hartig/Jude 2007: 21f.).

Grundlagen der Kompetenzdiagnostik

☞ Die *Validität* (Gültigkeit) stellt das wichtigste Kriterium für die Beurteilung diagnostischer Verfahren dar. Sie fragt danach, ob der Test auch das misst, was er zu messen vorgibt.[107] Dabei haben sich unterschiedliche Methoden herausgebildet:

Die *Konstruktvalidität* soll die Frage, was der Test misst, auf der Basis theoretischer Annahmen über das Konstrukt beantworten. Aus ihnen werden Vorhersagen abgeleitet, wie die Messwerte des Konstrukts mit anderen Variablen zusammenhängen sollen. Die Gesamtheit der Aussagen über die Beziehungen verschiedener Konstrukte wird in einem so genannten nomologischen Netzwerk zusammengefasst.[108] Die Konstruktvalidität erfolgt über die empirische Prüfung der aus dem Netzwerk abgeleiteten Vorhersagen. Hinsichtlich der Bedeutung und Verwendung im Rahmen der Kompetenzdiagnostik wird darauf verwiesen, dass im Einzelfall zu prüfen sei, ob für *„ein einzelnes kontextabhängig definiertes Konstrukt ein elaboriertes nomologisches Netzwerk zu konstruieren"* sei.[109]

Die *Kriterienvalidität* zielt auf die praktische Bewährung des Tests. Sie zentriert sich um die Frage, „inwieweit mit einem Test Verhalten außerhalb der Testsituation vorher gesagt werden kann". Diese Validitätsebene ist für die Erfassung von Kompetenz von zentraler Bedeutung, denn Kompetenzkonstrukte zielen auf die Bewältigung realer (Lern-, Lebens- und Arbeits-)Situationen. Deshalb erscheint es bereits bei der Entwicklung von Kompetenztests unumgänglich, möglichst frühzeitig Untersuchungsdesigns und Kriterien zu entwickeln, die die Vorhersagegüte einbeziehen (ebd. 22 f.).

Gegenüber der *Konstrukt- und Kriteriumsvalidität* wird die *Inhaltsvalidität* in der pädagogisch-psychologischen Diagnostik eher vernachlässigt. Sie bezieht sich darauf, dass der Testinhalt den zu erforschenden Gegenstandsbereich (interessierten Merkmals- und Verhaltensbereich), der das zu messende Konstrukt definiert, gut repräsentiert. Dieses Kriterium ist wegen der Situations- und Merkmalsbezogenheit im Rahmen von Kompetenzmessungen als überaus bedeutsam zu erachten. Seine

---

[107] So sollte ein Aufmerksamkeitstext die Aufmerksamkeit der Versuchsperson messen und nicht deren feinmotorische Aktivitäten (Beller 2004: 56).

[108] Dieses umfasst die Gesamtheit der auf theoretischer Ebene angenommenen Zusammenhänge zwischen dem interessierten Konstrukt und anderen theoretischen Konstrukten (Nomologie: Lehre von den Denkgesetzen).

[109] Dies wird für gut beforschte homogene Konstrukte wie z.B. die Lesekompetenz als vorstellbar angesehen, nicht aber für breit gefasste Kompetenzkonstrukte. Deshalb wird eine Konstruktvalidierung im Sinne der Prüfung eines nomologischen Netzwerkes für Kompetenzkonstrukte als weniger angemessen bezeichnet als für primär theoretische Konstrukte (ebd. 22f.).

Sicherstellung erfolgt über das Urteil von Experten[110] für die Domäne. Für das Bildungswesen bedeutet dies, dass die erforderlichen Lernziele und definierten Standards im Testinhalt abzubilden sind (ebd. 23).

10.4.5 Kriteriumsorientierte Testwertinterpretation

Bei der Erfassung von Kompetenzen stellt die Notwendigkeit, auf der Basis der Messwerte kriteriumsbezogene Aussagen treffen zu können, eine weitere Anforderung dar. Die *kriteriumsbezogene Testinterpretation* zielt (im Unterschied zu der bezugsnormorientierten) auf die Interpretation des Testergebnisses, in dem sie fragt, ob ein bestimmtes vorher definiertes Kriterium erreicht wird. In der pädagogischen Diagnostik kann ein derartiges Kriterium z.B. durch Bildungsstandards definiert werden. Die Erreichung des Kriteriums erfolgt dann unabhängig davon, wie viele der weiteren untersuchten Personen das Kriterium füllen (Bezugsnorm unabhängig).

Die kriteriumsorientierte Testwertinterpretation bildet die wesentliche Voraussetzung für die Bestimmung von Kompetenzniveaus. Diese beschreiben, welche konkreten Anforderungen eine Testperson mit einer bestimmten Kompetenzausprägung wahrscheinlich bewältigen kann und welche (noch) nicht. Da bei Kompetenzen, im Unterschied zu anderen Fähigkeits- oder Leistungskonstrukten, ein enger Bezug zu konkreten Situationen und Handlungskontexten besteht, ist dieses Merkmal als konstitutiv zu bewerten. Erst über eine kriterienbezogene Testwertinterpretation können substanzielle Aussagen über die gesamte Population getroffen werden. So wird z.B. im Rahmen des System-Monitorings gefragt: Ob ein Bildungsstandard in einer bestimmten Jahrgangsstufe in einem Bundesland erreicht wurde (ebd. 24 f).

Da sie Beschreibung von Aufgabenschwierigkeiten und Personalmerkmalen auf derselben Skala erlauben, werden zur Definition und Beschreibung von Kompetenzniveaus häufig Messmodelle der *Item-Response-Theorie* (IRT, dazu Rost 2004: 133f; Bortz/Döring 2006: 206-213)[111] verwandt. Mit der IRT (auch probabilistische Testtheorie) sollen Leistungen der Lernenden festgestellt werden, wobei die zu Verfügung stehenden Fähigkeiten nicht direkt beobachtbar sind (latent traits). Hingegen lässt sich beobachten und messen, wie sie auf vorgegebene Items reagieren, ob und wie sie z.B. die Aufgaben eines Tests lösen können. Ob eine Herausforderung be-

---

[110] Die Inhaltsvalidität eines Tests kann nicht numerisch bestimmt werden, sondern beruht auf subjektiven Einschätzungen. Deshalb beschreibt sie eher eine Zielvorgabe als ein Testgütekriterium (Bortz/Döring 2006: 200).

[111] Während die klassische Testtheorie (KTT) ein Ergebnis unmittelbar als (fehlerbehaftete) Merkmalsausprägung betrachtet, geht die IRT davon aus, dass die Testergebnisse lediglich Indikatoren latenter Dimensionen und Verhaltensdispositionen darstellen (Bortz/Döring 2006: 206).

wältigt werden kann (ein Item gelöst wird oder nicht), hängt einerseits von der Kompetenz (den Fähigkeiten) der Person und andererseits von den Anforderungen (Schwierigkeit des Items) ab. Wenn sich beide Aspekte (Kompetenz, Schwierigkeit) auf derselben Dimension verorten lassen, gilt, dass eine Person dann ein Item lösen kann, wenn ihr Kompetenzniveau über dem Schwierigkeitsniveau der Aufgabenstellung liegt. Der Annahme der klassischen Testtheorie entsprechend, besteht ein deterministischer Zusammenhang in der Weise, dass „eine Person alle Items löst, die unterhalb ihres Fähigkeitsniveaus liegen und keines oberhalb". In den entsprechenden (probabilistischen) Modellen (z.b. der Rasch-Skalierung)[112] wird von Lösungswahrscheinlichkeiten ausgegangen. Dabei wird der direkte Zusammenhang zwischen Fähigkeit und Schwierigkeit zugunsten eines tendenziellen aufgegeben: *„Je fähiger eine Person ist, desto größer ist die Wahrscheinlichkeit, Items verschiedener Schwierigkeitsstufen zu lösen".* Diese Wahrscheinlichkeit nimmt mit zunehmender *Schwierigkeit ab.*[113]

10.4.6 Strategien der Testkonstruktion

Die Konstruktion und Entwicklung von Testinstrumenten zentriert sich um die Frage, *„wie die Test- und Aufgabeninhalte definiert, eingrenzt und ausgewählt werden".* Die tatsächlich verwandten Inhalte definieren die Natur des gemessenen Konstrukts. Grundsätzlich sind vier Strategien zur Ableitung der Testinhalte zu unterscheiden: Externale Konstruktion, deduktive Konstruktion, induktive Konstruktion und Kriteriensampling, ebenso werden Mischformen verwandt (dazu Hartig/Jude 2007: 27-29).

☞ Hinsichtlich der Besonderheiten der Kompetenzdiagnostik wird das *induktive Vorgehen* als wenig zweckmäßig erachtet. Darauf verwiesen wird, dass durch das faktorenanalytische Vorgehen eine Selektion von Aufgaben stattfindet, die auch eine

---

[112] Der Vorteil der Rasch-Skalierung besteht darin, dass sich die Fähigkeiten von Personen und die Schwierigkeiten von Items auf derselben Dimension abbilden lassen. Diese Methode wurde bei PISA erfolgreich angewandt. Dabei werden Items bestimmten RASCH-Werten zugeordnet (die im Wesentlichen im Bereich von 60 bis 140 liegen). Die unterschiedlichen Niveaus können inhaltlich interpretiert werden. Die verwandten Items sind daraufhin zu untersuchen, welche Anforderungen sie beinhalten (z.B. Beherrschen der Grundrechenarten, Anwenden einfacher Kalküle etc.; vgl. Klieme, Neubrand & Lüdtke 2001; http://127.0.0.1:8080/mediawiki/statwiki/index.php/RASCH-Skalierung).

[113] Mit diesen Modellen verträglich ist der beobachtbare Umstand, dass zuweilen sehr fähige Personen auch manches einfache Item nicht bewältigen und manch "blindes Huhn auch ein Korn findet" http://mars.wiwi.hu-berlin.de/mediawiki/statwiki/index.php/Item-Response-Theorie.

Veränderung des gemessenen Konstrukts bedeuten,[114] was im Rahmen der Diagnose theoretisch eindimensional angenommener Konstrukte noch akzeptierbar sei. Hingegen stellen deduktive Aufgabenauswahl und das Kriterumssampling viel versprechende Testentwicklungsmethoden der Kompetenzdiagnostik dar.

☞ Das *deduktive oder rationale Verfahren* geht von einem Konstrukt aus, das theoretische Annahmen darüber enthält, wie sich Personen in bestimmten Bereichen beschreiben und unterscheiden lassen. Aus diesem werden mögliche beobachtbare Indikatoren abgeleitet, durch die sich die implizierten interindividuellen Unterschiede (des Konstrukts) möglichst stark abbilden lassen. Darüber hinaus kann die theoretische Auswahl der Indikatoren durch Expertenurteile abgesichert werden. Damit stellt eine *„deduktive Testkonstruktion einen anspruchsvollen und viel versprechenden Ansatz dar, wenn eine hinreichend theoretische Fundierung existiert"*. Die ausgewählten Indikatoren bilden ein Messinstrument für das zu beforschende Konstrukt, was in anschließenden Untersuchungen zu validieren ist. Es wird auch als geeignet angesehen, mehrdimensionale Konstrukte auf der Personenseite erfassen zu können (ebd. 27).

☞ Beim Kriteriensampling wird der interessierte Verhaltensbereich aus einer möglichst repräsentativen Stichprobe von Verhaltensweisen ausgewählt, die in Testaufgaben überführt werden. Es stellt ein für die Kompetenzdiagnostik nahe liegendes Verfahren dar (ebd. 28f.), was gelegentlich als optimale Vorgehensweise zur Entwicklung von Kompetenztests bezeichnet wird (z.B. McCelland 1973). Jedoch fällt auf, dass das Kriteriensampling im Vergleich zur deduktiven Aufgabenauswahl kein in sich geschlossenes theoretisches Konstrukt erfordert. Vielmehr kann die Auswahl auf einer repräsentativen Stichprobe exemplarischer Verhaltensweisen beruhen, was angesichts der Vielfältigkeit und Komplexität des Kompetenzkonstrukts (Herausforderungen, Handlungs- und Reflexionsweisen, Domänen, Kontexte, Facettenbündelungen usw.) als vorteilhaft anzusehen ist. Hinsichtlich pädagogisch didaktischer Kompetenzmessungen erscheint jedoch das deduktive Verfahren richtungsweisend, auch deshalb, weil die fachdidaktischen Kompetenzmodelle den theoretischen Hintergrund (das Modell) für das Messkonstrukt liefern.

10.4.7 Antwortformate und Aufgabenmerkmale

Testaufgaben enthalten einerseits zu lösende Problemstellungen (Stimulus), andererseits Vorgaben an die zu testende Person hinsichtlich des Formats der erwünschten

---

[114] Der Ausschluss eines Items mit einer geringen Faktorladung erfolgt unter der Prämisse, dass das Item nicht dasselbe Konstrukt misst. Diese Argumentation ist nicht angemessen, wenn die ausgewählten Aufgaben für einen bestimmten Situationsbereich als relevant zu betrachten sind (ebd. 29).

Aufgaben. Grundsätzlich werden geschlossene und offene Antwortformate unterschieden.

In geschlossenen Antwortformaten werden mehrere Lösungen vorgegeben, aus denen die getestete Person eine oder mehrere auswählen muss (multiple choice). Die Lösung umfasst die Auswahl der richtigen Antwortalternative. Ebenfalls können Problemstellungen und Lösungen vorgegeben werden, die richtig zueinander zuzuordnen sind (z.B. Fremdsprachenvokabeln mit Übersetzungen).

In offenen Antwortformaten wird die Antwort frei produziert und schriftlich dokumentiert. Der Grad der Korrektheit (Qualität der Lösung) ist vom Beurteiler festzustellen, was valide Kriterien, geschulte Beobachtungen und sorgfältige Dokumentationen erfordert.

Beide Formate bilden Pole in einem Kontinuum, das von der vollkommenen Geschlossenheit, über kurze offene Antworten (Lückentest oder einfache Rechenaufgaben) bis zu komplexen offenen Formaten wie Aufsätzen, Versuchsbeschreibungen und projektorientierten Aufgaben reicht (Hartig/Jude 2007: 29f.).

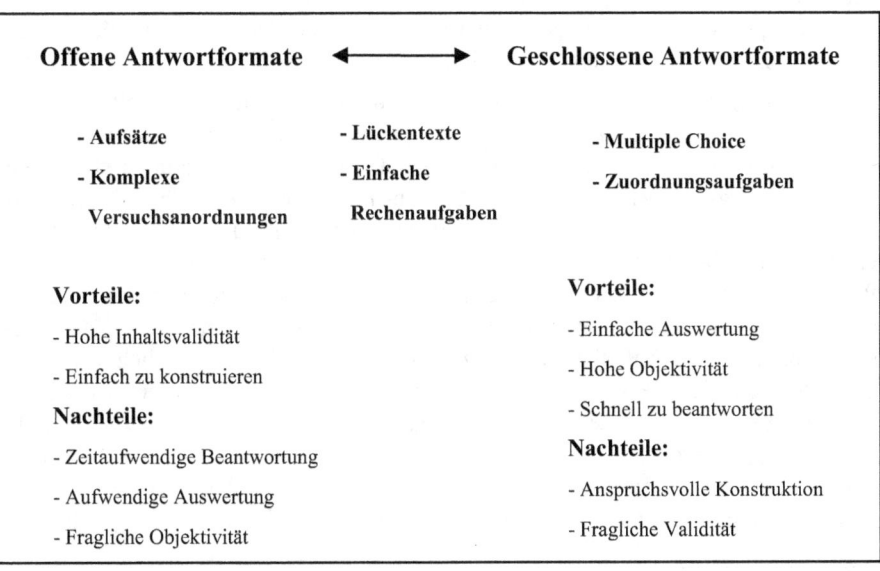

Abb. 10.5: Kontinuum von Antwortformaten (nach Hartig/Jude 2007: 30)

☞ Anzumerken bleibt, dass *geschlossene Antwortformate* eine zeitökonomische Beantwortung, Auswertung und eine hohe Auswertungsobjektivität ermöglichen. Als problematisch erweist sich, dass komplexe Konstrukte über geschlossene Formate (multiple choice Items) nur schwer zugänglich sind und es immer viel leichter ist, eine zutreffende Antwort zu erkennen, als eine richtige Lösung zu produzieren.

☞ Bei der Kompetenzerfassung stellt sich auch immer die Frage, ob von den vorgegebenen Antwortkategorien einer künstlichen Situation auf die Bewältigung realer Situationen geschlossen werden kann, das Instrumentarium valide ist. Deshalb sind zur Übersetzung eines theoretischen Konstrukts in eine Aufgabe des geschlossenen Antwortformats gründliche theoretische Vorarbeiten notwendig.

☞ Hingegen sind *Aufgaben des offenen Formats* einfacher zu konstruieren. Sie ermöglichen es eher, komplexes Verhalten auf reale Situationen zu übertragen. Angesichts der implizierten Freiheitsgrade der getesteten Personen erfordern Beantwortung und Auswertung einen hohen zeitlichen und konzeptionellen Aufwand, der trotz allem zu einer fraglichen Objektivität führt.

☞ Deutlich wurde auch, dass sich im Rahmen vom technologiebasierten Assessment von Kompetenzen, geschlossene Formate direkt in computerisierte Testversionen übertragen lassen (dazu: Jurecka/Hartig 2007), bei denen die Markierung der Items per Mausklick vollzogen wird, das Einlesen der Bögen entfällt und die Auswertung einprogrammiert ist (Hartig/Jude 2007: 30f.).[115]

Da sich Kompetenzen als kontextspezifische kognitive Leistungsdispositionen definieren, die sich auf bestimmte situative Anforderungen beziehen, ist es aus der diagnostischen Perspektive wichtig, entsprechende Situationen systematisch zu beschreiben. Es gilt zu wissen, welche Situationsmerkmale eine erfolgreiche Bewältigung erschweren bzw. erleichtern. Die Kenntnis über die situative Charakteristik des erfolgreichen Handelns ermöglicht ein tiefes Verständnis der zugrunde liegenden Prozesse und des interessierenden Kompetenzkonstrukts. Deshalb ist die Beschreibung relevanter Situationsmerkmale in die zur Erfassung eines Kompetenzkonstrukts eingesetzten Aufgaben einzubeziehen. Diese werden hinsichtlich schwierigkeitsbestimmender Merkmale beschrieben, über die sich die Anforderungshöhe der Textaufgaben und damit deren Lösungswahrscheinlichkeit beeinflussen lassen. Definition und Zuordnung solcher Aufgabenmerkmale setzen theoretische Annahmen voraus, „welche Prozesse bei der Aufgabenbearbeitung ablaufen und wie diese durch situative Merkmale beeinflusst werden" (ebd. 31).[116]

---

[115] Bei der Verwendung offener Formate im technologiebasierten Assessment werden derzeit positive technologische Entwicklungen erwartet.

[116] Die Prüfung dieser Annahmen über die Vorhersage von Aufgabenschwierigkeiten wird als eine Prüfung der Validität des Messinstruments angesehen (ebd.).

Die schwierigkeitsbestimmenden Aufgabenmerkmale sind auch für die Definition von Kompetenzniveaus bedeutsam. Gelingt es, die beobachtbaren Schwierigkeitsunterschiede von Testaufgaben durch verschiedene Aufgabenmerkmale darzustellen, können diese zur Beschreibung unterschiedlicher Niveaustufen des gemessenen Konstrukts herangezogen werden. Resümierend wird eine möglichst frühzeitige Berücksichtigung von systematischen Beschreibungen von Situationen bzw. Testaufgaben hinsichtlich schwierigkeitsbestimmender Merkmale als lohnend beurteilt.[117]

10.4.8 Psychometrische Modelle

Aus der theoretischen Modellierung von Kompetenz ergeben sich Anforderungen an das Messmodell im Sinne der Frage: Wie lassen sich theoretische Kompetenzmodelle in psychometrischen Messmodelle überführen, um die Kompetenzkonstrukte einer psychometrischen Erfassung zugänglich zu machen (Klieme/Leutner: 2006: 885). Bei der Auswertung pädagogisch-psychologischer Tests werden qualifizierende und/oder klassifizierende Aussagen über interessierte Merkmalausprägungen der getesteten Personen getroffen. Im einfachsten Fall geschieht dies durch eine Zusammenfassung der Aufgaben- und Itemergebnisse zu einem einzelnen Testwert, der jede Person als „mehr" oder „weniger" kompetent kennzeichnet. Die dabei angewandte Auswertungsroutine basiert auf bestimmten Annahmen über die Zusammenhänge des zu messenden Merkmals und dem beobachtbaren Testverhalten. So beruht die Zusammenfassung der Ergebnisse aller Aufgaben zu einem gemeinsamen Testwert auf den Annahmen, dass a) „das zu messende Merkmal als ein einzelnes quantitatives Kontinuum beschrieben werden kann und b) das Lösen oder Nichtlösen aller Aufgaben auf interindividuelle Unterschiede im Merkmal" zurückzuführen ist. Annahmen wie diese konstituieren das jeweilige psychometrische Modell, dessen Funktion darin besteht, die angenommenen Zusammenhänge zwischen den Merkmalen und dem Testverhalten zu beschreiben und in Einklang mit diesen Auswertungsroutinen abzuleiten. Anhand derer werden „auf der Basis des beobachtbaren Testverhaltens die individuellen Testwerte der getesteten Person ermittelt" (Hartig/Jude 2007: 32).

Interessierende Merkmale, die nicht unmittelbar zu beobachten sind, sondern im Kontext des psychometrischen Modells über das Testverhalten (beobachtete Variablen, Indikatoren) erschlossen werden müssen, werden als *latente Variablen* bezeichnet. Für deren Ermittlung werden „*auf der Basis der Werte einer Person in den*

---

[117] Die Aussage bezieht sich sowohl auf die Definition und Beschreibung des Kompetenzkonstrukts als auch auf die Testentwicklung (ebd. 31f.).

beobachteten Variablen und unter Annahme der im psychometrischen Modell formulierten Zusammenhänge" Schätzungen vorgenommen (ebd.). Dabei wird das in einem Test beobachtete Verhalten kategorisiert (z.b. in richtige und falsche Antworten). Darüber hinaus werden Wahrscheinlichkeitsaussagen hinsichtlich der Wahrscheinlichkeit richtiger Antworten in Abhängigkeit von den latenten (Fähigkeits-) Variablen formuliert. Nunmehr lassen sich die Beziehungen zwischen den Merkmalen und dem Testverhalten im psychometrischen Modell über die mathematische Zusammenhänge (Funktionen) beschreiben. Da sich ein großer Teil mit Antworten (responses) auf einzelne Items befasst, wird das Vorgehen als *Item-Response-Theorie* (IRT) bezeichnet (s. Kap. 10.4.5).

☞ Die IRT-Modelle, die derzeit am häufigsten verwandt werden, beinhalten zur Modellierung von interindividuellen Unterschieden eine kontinuierliche latente Variable (eindimensionales Modell). Für die Kompetenzdiagnostik bedeutet dies, dass die zu erfassenden Unterschiede auf einem einzelnen Kontinuum beschrieben werden. Der Vorteil dieser eindimensionalen Modelle besteht darin, dass Analyse und Ergebnisinterpretation relativ einfach sind. Jedoch ist das dahinter stehende Kompetenzmodell ebenfalls einfach, denn alle Personen und Merkmale werden auf einem einzelnen Kontinuum (von niederer bis hoher Kompetenz, von niederer bis hoher Aufgabenschwierigkeit) verortet. Sollen differenzierte Aussagen über Kompetenzen oder Teilkompetenzen der untersuchten Personen im Rahmen komplexer Kompetenzkonstrukte erhoben werden, sind mehrdimensionale IRT-Modelle zu verwenden. Sie enthalten mehrere latente Variablen, anhand derer eine in einem Test zu erfassende Kompetenz (über Teilkompetenzen) differenzierter modelliert werden kann. Bei der Auswertung von Tests, können mehrdimensionale IRT-Modelle verwandt werden, um Zusammenhänge zwischen verschiedenen Kompetenzkonstrukten zu untersuchen, die jeweils durch separate latente Dimensionen modelliert werden (ebd. 33).[118]

10.4.9 Die Modellierung von Kompetenzniveaus

Angesichts des Selbstverständnisses des Bandes (Grundlagenwerk) soll sich im Weiteren auf die eindimensionale Modellierung von Kompetenz begrenzt werden. Diese wird ohne Abstufung auf einem einzelnen Kontinuum abgebildet, welches niedere, mittlere und hohe Kompetenz darstellt. Die inhaltliche Dimensionierung korrekt zu beschreiben ist Aufgabe des zu Grunde gelegten Kompetenzniveaumo-

---

[118] Mehrdimensionale IRT-Modelle kamen in großem Maßstab bei PISA zur Anwendung, in dem die Daten unterschiedlicher Bereiche (Lesekompetenz, mathematische Kompetenz, naturwissenschaftliche Kompetenz gemeinsam in einem mehrdimensionalen Modell analysiert wurden; ebd. 33f.).

Grundlagen der Kompetenzdiagnostik

dells (s. Kap. 6.2, S. 92). Es setzt die Werte der kontinuierlichen Skala in Bezug zu den realisierten Anforderungen. Die Definition von Kompetenzniveaus ermöglicht, die ermittelten Kompetenzen der untersuchten Personen nicht nur hinsichtlich sozialer Bezugsnormen darzustellen. Über Aussagen, welche spezifische Anforderungen Schüler mit einem bestimmten Kompetenzniveau bewältigen können (und welche nicht), können *kriterienorientiert Testwertinterpretationen* vorgenommen werden (ebd. 34). Diese sind für Untersuchungen relevant, in denen der *Output von Bildungsprozessen* gemessen wird. Der Bezug der gemessenen Kompetenzen auf spezifische Anforderungen *„erlaubt Vergleiche zwischen dem empirisch beobachteten Leistungsniveau und dem als Ergebnis eines Bildungsprozesses angestrebten Niveau"*, das z.B. durch Bildungsstandards formuliert wird (Klieme u.a. 2007:12).

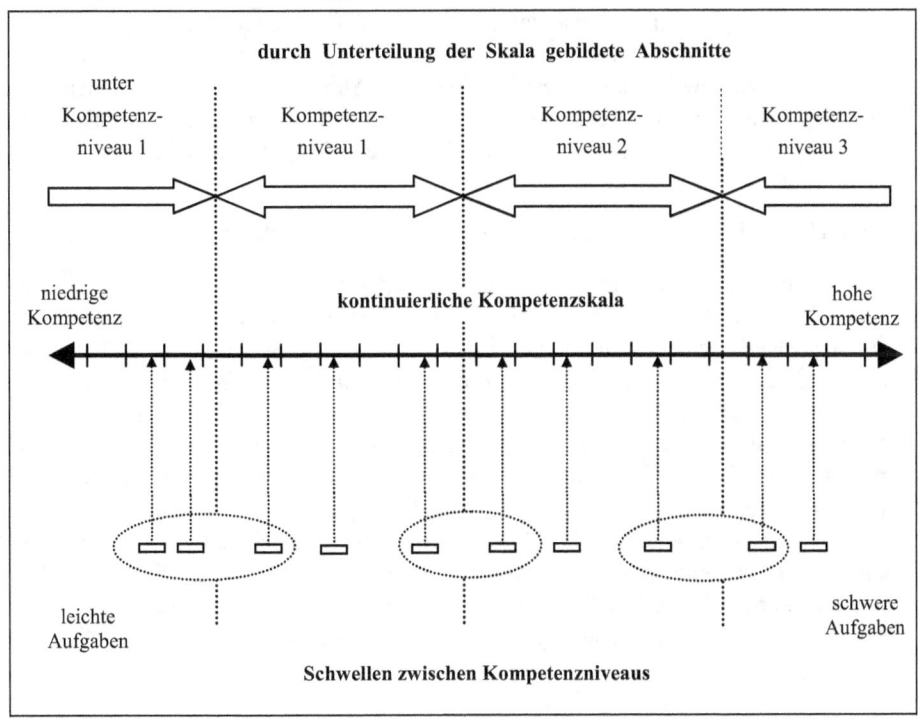

Abb. 10.6: Kontinuierliche Kompetenzskala/Kompetenzniveau/Aufgabenschwierigkeit (nach Hartig/Klieme 2006: 135)

Die Bedeutung der IRT-Techniken im Rahmen moderner Methoden der Definition von Kompetenzniveaus wurde bereits angesprochen. Ihr Vorteil liegt darin begründet, dass *„gemeinsame Skalen für die Kompetenz der getesteten Personen und die Schwierigkeiten der eingesetzten Testaufgaben konstruiert werden können".* Dies erfolgt über die Formulierung der Zusammenhänge zwischen der zu messenden Kompetenz und den Antwortwahrscheinlichkeiten für die verwandten Aufgaben. Entsprechende Zusammenhänge werden in einfachen IRT-Modellen wie dem dichotomen Rachmodell illustriert. Dieses verortet die Schwierigkeit einer Aufgabe dort, wo eine Person mit einer entsprechenden Kompetenz die Aufgabe mit einer Wahrscheinlichkeit von 50 % zu lösen vermag (Hartig/Jude 2007: 34).[119]

☞ Die entscheidende Frage bei der Definition von Kompetenzniveaus ist, wo die Grenzen zwischen den Niveaus zu ziehen sind. Innerhalb des definierten Niveaus (Skalenabschnitt) werden dann keine weiteren Differenzierungen vorgenommen. Die Nähe zur unteren Schwelle ist für die inhaltliche Charakterisierung des Kompetenzniveaus von Bedeutung. Diese definiert die Aufgaben, die von Personen entsprechender Kompetenz mit hinreichender Wahrscheinlichkeit gelöst werden können und von Personen mit einem darunter liegenden Kompetenzniveau nicht.

10.4.10 Beispiel: Arbeits- und Berufsfindungskompetenz

Intention und Bedeutung der *Arbeits- und Berufsfindungskompetenz* wurden in Kap. 5.4 (S. 82 ff.) umfangreich beschrieben, wobei die im Rahmen der Bewältigung der ersten Schwelle erworbenen Kompetenzen für die Bewältigung weiterer Übergänge als grundlegend anzusehen sind. Aufgrund der vorhandenen theoretischen Fundierung und umfangreicher thematischer Erfahrungen wurde die Testkonstruktion deduktiv entwickelt. Die für das Modell konstitutiven Indikatoren wurden im Zusammenhang mit der Messung von *beruflich-orientierten Selbstkonzepten* im Rahmen des Forschungsprojekts *Förderung von Ausbildungsfähigkeit und Berufsfindungsprozessen in Ganztagsschulen* (Schlemmer u.a. 2008: 83-99) entwickelt. Die Fortschritte im Erkenntnisprozess wurden in verschiedenen Veröffentlichungen dokumentiert (aktuell Oesterle 2009: 134 ff.). Nachstehend soll die kompetenzdiagnostische Erweiterung des Forschungsgegenstandes dokumentiert werden.

---

[119] Dabei erlaubt der funktionale Zusammenhang zwischen Kompetenz und Lösungswahrscheinlichkeit, Punkte auf der Kompetenzskala zu bestimmen, bei denen die Lösungswahrscheinlichkeit einen höheren Wert als 50 % annimmt.

Grundlagen der Kompetenzdiagnostik 205

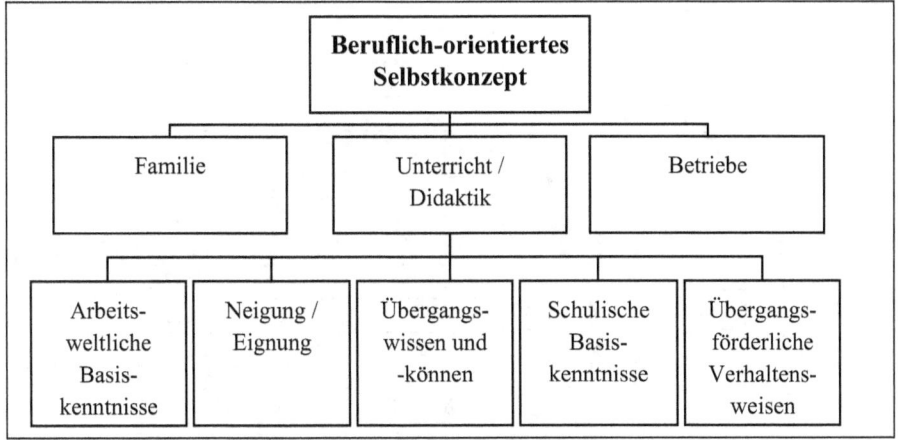

Abb. 10.7: Struktur beruflich-orientiertes Selbstkonzept (Oesterle 2009: 134)

Beruflich-orientierte Selbstkonzepte an der „ersten Schwelle"[120] konstituieren sich im Zusammenwirken familiärer Sozialisationseinflüsse, schulischer Bildungsbestrebungen und erster betriebliche Erfahrungen (Erkundungen, Praktika usw.). Die dargebotene Struktur eines mehrdimensionalen hierarchischen Selbstkonzepts umfasst drei Ebenen. Auf der unteren Ebene addieren sich fünf Subskalen, von denen drei (arbeitsweltliche Basiskenntnisse, Neigungen und Eignungen sowie Übergangswissen und -können) weitgehend unterrichtlichen Einflüssen (Fach Berufsorientierung) unterliegen, auf die sich im Weiteren zu konzentrieren ist.

☞ Sozialwissenschaftliche Messinstrumente, die in Form von Itembatterien dargeboten werden, dienen der Erfassung komplexer Konstrukte, die alle interessierenden Dimensionen des Konstrukts berücksichtigen. In der folgenden Abbildung wird die Kette der Ableitungen hin zum Instrument zur Erfassung eines beruflich-orientierten Selbstkonzepts veranschaulicht.

Durch die konformistische Faktorenanalyse konnten fünf Feindimensionen/ Subskalen extrahiert werden. Die erklärte Gesamtvarianz lag bei 59,8%. Darüber hinaus wurde für jeden Faktor ein Cronbachs Alpha-Koeffizient von $\alpha > 0.80$ errechnet.

---

[120] Dieses Selbstkonzept umfasst die Gesamtheit der Gedanken und Einstellungen über die eigenen Fähigkeiten im Rahmen arbeits- und berufsbezogener Übergänge (Schwerpunkt erste Schwelle) und bezieht Eignungs- und Neigungsvermutungen ein.

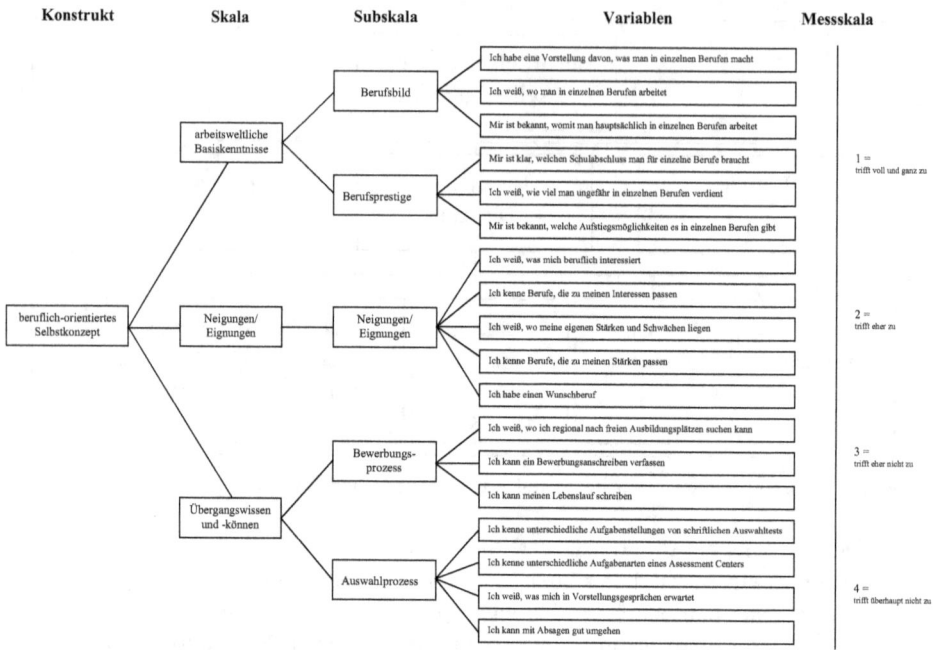

Abb. 10.8: Vom Begriff zum Messmodell (Schmidt 2010)

Hinsichtlich der Überleitung zum Kompetenztest bleibt zu verdeutlichen:

Selbst für den Fall, dass eigene Kompetenzen eingeschätzt werden, können Selbstkonzepterfassungen den Ansprüchen empirischer Kompetenzdiagnostik nicht gerecht werden. Während Selbstkonzeptskalen auf die Gesamtheit der subjektiven Gedanken und Einstellungen über die eigenen Fähigkeiten zielen, handelt es sich bei der Kompetenzdiagnostik um objektive Messverfahren, die das Wissen, Können und Reflektieren des Kompetenzträgers unter Beweis zu stellen haben.[121]

Deshalb bedarf es keiner Hinterfragungen, ob denn Selbsteinschätzungen dasselbe messen wie objektive Tests, selbst wenn das „Selbsteingeschätzte" häufig auch als „wahrgenommene Kompetenz" (perceived competence) oder Selbstkonzept (self-concept), jedoch nicht als Kompetenz bezeichnet wird.

---

[121] In Untersuchungs-Settings, in denen der Einsatz von Tests aus konzeptionellen, ökonomischen oder organisatorischen Gründen nicht möglich ist, „sehen Forschende in Selbstbeschreibungen den einzigen Weg, sich interessierenden Kompetenzen empirisch zu nähern". Als Beispiel wird die Evaluation von Bildungsveranstaltungen benannt, in denen die Nutzer um die Einschätzung der erworbenen Kompetenzen gebeten werden (Hartig/Jude 2007:25).

Grundlagen der Kompetenzdiagnostik

Der Unterschied zwischen empirischer Selbstkonzepterfassungen und Kompetenzdiagnostik liegt darin, dass sich Kompetenz in leistungsbezogenen Tests bewähren muss, während Selbstkonzeptfacetten über Selbsteinschätzungen in Fragebögen erhoben werden. Sie dokumentieren auf sich selbst bezogene (angenommene) Kompetenzen, die durch soziale Erwünschtheit, Über- und Unterschätzungen beeinflusst werden.

Es fällt immer leichter etwas einschätzend zu meinen, als es unter Testbedingungen zu realisieren. Deshalb stellt das Selbstkonzept ein *„eigenes, extensiv beschriebenes und beforschtes"* psychologisch-pädagogisches Konstrukt dar (Hartig/Jude 2007: 25f.).[122]

Aus den genannten Gründen ist es zweifelhaft, die Selbstbeschreibung als einzigen methodischen Zugang zur Kompetenz zu nutzen. Neben sich ergebenden Validitätsfragen existieren Attributions- und Beschönigungstendenzen, die stark von den erwarteten Konsequenzen abhängen. Grundsätzlich fällt es schwer, zu einer ungeschönten und realistischen Bewertung eigener Stärken und Schwächen in der Lage zu sein. Die erzielten Ergebnisse müssen im Zusammenhang mit Kategorien wie Selbstvertrauen und Selbstwertgefühl bewertet werden (Kauffeld 2005: 60f.).

In Aufrechterhaltung der *deduktiven Testkonstruktion*[123] des Messmodells *beruflich orientierter Selbstkonzepte* und der Einschätzung, dass das Selbstkonzept eine im kognitiven und affektiven Bereich zu verortende konstitutive Teilmenge von Kompetenz bildet, ist das Messinstrument in kompetenzbezogene Testaufgaben zu überführen. Für die kompetenzdiagnostische Messung der Arbeits- und Berufsfindungskompetenz ergibt sich die in Abb. 10.9 dokumentierte Teststruktur:

---

[122] Diesem Verständnis folgend, wurde das Selbstkonzept als differentialpsychologisches Persönlichkeitskonstrukt und Voraussetzung für kompetentes Verhalten erschlossen (s. Kap. 9.3; S. 153 ff.), wobei ein direkter Zusammenhang (positive Korrelation) zur Kompetenz (als Befähigung zur Bewältigung) angenommen wird.

[123] Bei hinreichender theoretischer Fundierung bildet diese einen anspruchsvollen und viel versprechenden Ansatz. Die ausgewählten Indikatoren ermöglichen es, ein Messinstrument für das zu beforschende Konstrukt zu konstituieren, was in anschließenden Untersuchungen zu validieren ist. Entsprechende Testkonstruktionen werden auch als geeignet angesehen, mehrdimensionale Konstrukte auf der Personenseite erfassen zu können (dazu Hartig/Jude 272007: 27).

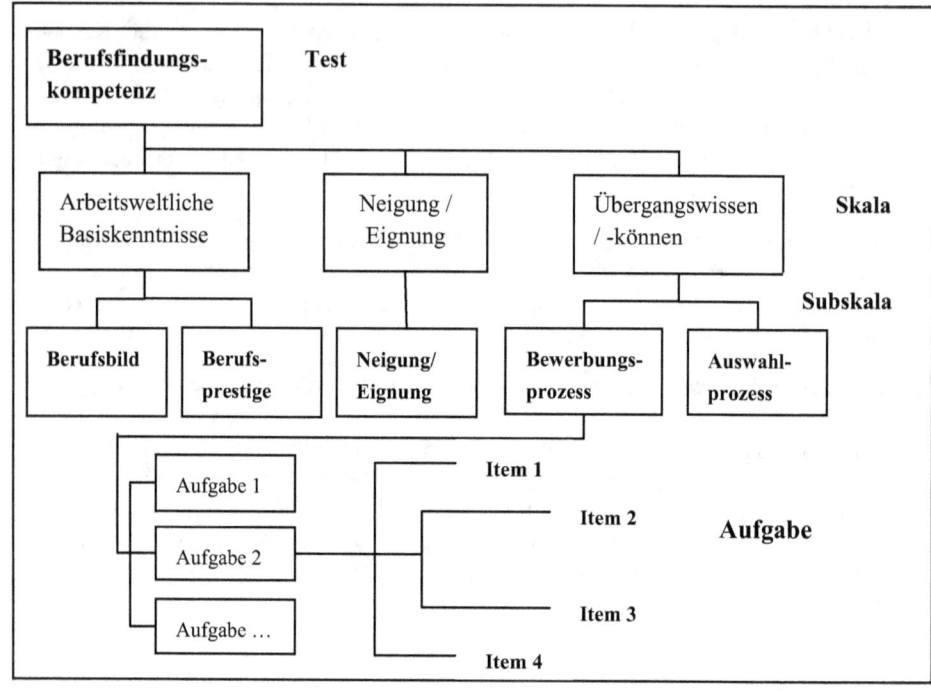

Abb. 10.9: Teststruktur: Arbeits- und Berufsfindungskompetenz

☞ Grundsätzlich könnten alle verwandten Selbstkonzeptvariablen in Kompetenzaufgaben überführt werden, was für Tester und Probanden einen großen Aufwand erfordert. Ebenfalls würde eine genaue Erläuterung den Rahmen dieser Dokumentation sprengen. Deshalb soll der Vorgang am Beispiel der Subskala *Bewerbungsprozess* und des 2. Items „*Ich kann Bewerbungsschreiben verfassen*" nachstehend exemplarisch verdeutlicht werden. Zu den beiden anderen Items ist anzumerken:

Item 3: „*Ich kann meinen Lebenslauf schreiben*" kann über die Aufgabenstellung „*Verfassen Sie ein Bewerbungsschreiben für die vorliegende Stellenausschreibung*" in eine Kompetenzaufgabe übergeleitet werden. Auf diese Weise (tatsächliches Verfassen) könnten entsprechende Übergangskompetenzen unter Beweis gestellt und auch differenziert ausgewertet werden. Jedoch implizieren Aufgabenstellung und Bewertung alle Nachteile des offenen Formates. Der damit verbundene Aufwand wäre zwar als Leistungstext (auf der Klassenebene) leistbar, jedoch nicht im Umfang nationaler und internationaler Vergleichstests. Im *geschlossenen Format* wäre es hingegen leicht, inhaltliche und selbsteinschätzende Items mit Antwortalternativen zu ergänzen, um so zumindest das Bewerbungswissen überprüfen zu können.

Item 1: *„Ich weiß, wo ich regional nach freien Ausbildungsplätzen suchen kann"* unterliegt ebenfalls dem Spannungsverhältnis zwischen offenem und geschlossenem Format. Da die Fragestellung eindeutig auf die Wissensdimension zielt, sind in beiden Formaten Benennungen des Richtigen möglich. Das so erzielte Ergebnis als Kompetenzdiagnostik zu bezeichnen wäre vermessen, zu sehr dominiert die Wissensdimension anstatt des zielgerichteten Zusammenwirkens von Aspekten des Wollens, Wissen, Handelns und Reflektierens.

Selbst elaborierte Falldarstellungen, die versuchen die Komplexität der Lebens- oder Arbeitswelt kompetenztheoretisch exakt abzubilden, enthalten die in Kap. 9.6 dargestellten lernweltlichen Eingrenzungen, zudem dominieren hermeneutische Aspekte (Textverstehen). Alleine in Assessment-Centern oder Projektprüfungen könnten ganzheitliche Formen des Kompetenzerwerbs überprüft werden.

10.4.11 Testaufgabe

Nachstehend wird im Rahmen der Aufgabe 2 (Item 2) ein fehlerhaftes Bewerbungsschreiben präsentiert, dessen Fehler in vier Bereichen/Abschnitten zu ermitteln und in ein geschlossenes Format zu überführen sind. Jeder Abschnitt enthält das doppelte Maß an Fehlermöglichkeiten, als tatsächliche Fehler enthalten sind.

☞ Testaufgabe zur Subskala Bewerbungsprozess - Item 2:

„Ich kann ein Bewerbungsanschreiben verfassen"

Fehlersuche im Anschreiben

Nadine möchte Bürokauffrau werden. Während sie ihr Anschreiben erstellt hat, musste sie sich an viele formale und inhaltliche Richtlinien halten. Dabei sind ihr ein paar typische Fehler unterlaufen. Findest Du sie?

Nadine Musterfrau
Am Musterplatz 5
12345 Musterstadt
☏ 12345 / 00000
✉ hellokitty@web.de

Beispiel GmbH & Co. KG
Personalabteilung
Frau Beispiel
In der Beispielstr. 5
12345 Beispielstadt

1

Musterstadt, 25. November 2009

Betr.: Bewerbung um einen Ausbildungsplatz als Bürokauffrau

Sehr geehrte Damen und Herren,

durch die Stellenausschreibung auf Ihrer Homepage habe ich erfahren, dass Sie Bürokaufleute ausbilden. Gerne möchte ich zum 1. September 2010 eine Ausbildung bei Ihnen beginnen und möchte mich deshalb kurz vorstellen.

2

Zurzeit besuche ich die 10. Klasse der Musterrealschule in Musterstadt, die ich voraussichtlich im Juli 2010 mit dem Realschulabschluss beenden werde.
Im vergangenen Jahr konnte ich mir Einblicke in kaufmännische Bereiche durch eine industrielle Übungsfirma verschaffen. Zu meinen Tätigkeitsfeldern gehörten die Aufgabengebiete Rechnungs- und Personalwesen sowie Waren-Wirtschaft.
Darüber hinaus konnte ich bereits erste praktische Erfahrungen während eines einwöchigen Praktikums als Bürokauffrau bei den Stadtwerken Musterstadt sammeln.
Diese interessanten und lehrreichen Erfahrungen haben mich überzeugt, dass der Beruf der Bürokauffrau meinen Interessen und Fähigkeiten sehr gut entspricht. Daher bin ich sicher den Anforderungen, die der Beruf mit sich bringt, voll und ganz gewachsen zu sein.
Als positive Eigenschaften für die Ausbildungszeit bringe ich Zuverlässigkeit, Selbstständigkeit, Teamgeist und Engagement mit.

3

Ich hoffe mit dieser kurzen Vorstellung Ihr Interesse geweckt zu haben und freue mich über eine Einladung zu einem persönlichen Gespräch.

Mit freundlichen Grüßen

Nadine Musterfrau

4

Anlagen
Lichtbild,
Lebenslauf,
Dritte Seite,
Zeugniskopien

Aufgabe: Fehlersuche im Anschreiben

Fehlersuche in Abschnitt 1:
Kreuze an! Mehrere Antworten sind möglich! ☼
- ☐ Absenderanschrift
- ☐ E-Mail-Adresse
- ☐ Empfängeranschrift
- ☐ Betreffzeile

Fehlersuche in Abschnitt 2:
Kreuze an! Mehrere Antworten sind möglich! ☼
- ☐ Anrede
- ☐ Einleitung
- ☐ Schriftart
- ☐ Blocksatz

Fehlersuche im Abschnitt 3:
Kreuze an! Mehrere Antworten sind möglich! ☼
- ☐ Schriftgröße
- ☐ Zeilenabstand
- ☐ Rechtschreibung
- ☐ persönliche Eignung

Fehlersuche im Abschnitt 4:
Kreuze an! Mehrere Antworten sind möglich! ☼
- ☐ Schluss
- ☐ Verabschiedung
- ☐ Unterschrift
- ☐ Anlagen

☼ *Achtung: fehlerhafte Ankreuzungen führen zu Punktabzug!*

Auflösung: Fehlersuche im Anschreiben

Abschnitt 1:

☒ E-Mail-Adresse
☞ Keinen seriösen Namen angegeben;
☒ Betreffzeile
☞ Das Kürzel „Betr." ist eine veraltete Bezeichnung und wird weggelassen.

Abschnitt 2:

☒ Anrede
☞ Wenn in der Anschrift ein Ansprechpartner genannt wird, sollte dieser auch in der Anrede persönlich angesprochen werden.
☒ Schriftart
☞ Keine klassische Schriftart wie z.B. Arial oder Times New Roman verwandt.

Abschnitt 3:

☒ persönliche Eignung
☞ Persönliche Fähigkeiten, die so genannten Soft Skills, sollten immer mit Beispielen belegt werden (z.B. Tätigkeit in einem Jugendausschuss, Schülermitverantwortung).
☒ Rechtschreibfehler
☞ Tippfehler bei „Bürokauffrau".

Abschnitt 4:

☒ Unterschrift
☞ Handschriftliche Signatur fehlt;
☒ Anlagen
☞ Anlagen sollten linksbündig sitzen.

In der Auswertung ergeben sich für Aufgabe 2 maximal 8 Punkte (für 8 richtige Aussagen), die sich hinsichtlich von Nicht- und Falschankreuzungen reduzieren. Bei einer angenommenen Gleichwertigkeit der Aufgaben und Subskalen (pro Subskala 3 Aufgaben mit je 8 Punkten) ergäbe sich hinsichtlich der Kompetenzniveaus eine kontinuierliche Kompetenzskala von 120 Punkten, die sich in 30er Niveauschritten einteilen lässt. Natürlich wären auch andere Kompetenzstrukturen möglich.

Kompetenzniveau	unter I	I	II	III
Leistungspunkte	0 - 30	31 - 60	61 - 90	91 - 120

Abb. 10.2: Modell kontinuierliche Kompetenzstruktur

10.5 Zusammenfassung

Zentrale Fragestellungen der Kompetenzdiagnostik beziehen sich (Klieme/Leutner 2006: 882)

- auf die Entwicklung theoretischer Modelle,
- deren Überführung in psychometrische Messmodelle,
- die Übertragung in konkrete Messverfahren und
- die Auswertung und Nutzung der diagnostischen Informationen.

Im Rahmen vergleichender Schulleistungsuntersuchungen (large scale assessment) wird Kompetenz anhand standardisierter Tests gemessen (Hartig/Klieme 2006: 132).[124] Die Grundlage dazu bilden theoretische Modelle, auf denen die Entwicklung der Messinstrumente beruht, wobei zwei Formen von Kompetenzmodellen (Strukturmodell, Niveaumodell) zu unterscheiden sind (s. Kap. 6.2, S. 92f.).

Auf *Kompetenzstrukturmodelle* bezogen, ergibt sich das nachstehend zusammengefasste Verfahren (Hartig/Klieme 2006: 132)

☞ Die in der *Dimensionsanalyse* verwandten Kriterien und Methoden ähneln denen, wie sie bei der Analyse von Intelligenz oder allgemeiner Persönlichkeitsstrukturen zum Einsatz gelangen. Dabei bilden die korrelativen Zusammenhänge zwischen unterschiedlichen Messvariablen (z.B. Aufgaben eines Leistungstests) die empirische Ausgangslage der Fragestellungen.

---

[124] Die das Kompetenzkonstrukt betreffenden Besonderheiten wurden in Kap. 6.3 erläutert.

☞ Einzelne Messungen, die hohe Zusammenhänge untereinander haben, werden mittels faktorenanalytischer Verfahren zusammengefasst und *„dahingehend interpretiert, dass sie ‚dasselbe' Merkmal erfassen"* (dazu: Raithel 2006: 112). Geringere Interkorrelationen verweisen hingegen auf verschiedene Merkmale.

☞ Im Rahmen des bei Intelligenz- und Persönlichkeitsmessungen zur Generierung von Theorien bewährten Verfahrens werden die aus der Faktorenanalyse hervorgehenden Dimensionen als Hinweise auf *latente Variablen* gesehen (Bühl 2008: 531 ff.). Diese existierten auch unabhängig von den vorgenommenen Messungen und beschreiben reale psychische Größen. Eine bereits vorherige Existenz latenter Variablen erlaubt die Ableitung von Erwartungen über die Zusammenhangsstruktur spezifischer Messungen. Die Richtigkeit des angenommenen Modells kann z.B. durch lineare Strukturgleichungsmodelle überprüft werden (dazu: Backhaus et al. 2005: 341 ff.).

Entgegen den hohen Anforderungen, die an die Kompetenzdiagnostik gestellt werden, fallen Urteile über den „aktuellen Stand" eher ernüchternd aus. So resümieren Jude/Klieme (2008: 7), „dass den hohen Erwartungen an die Kompetenzdiagnostik in pädagogischen Handlungsfeldern derzeit noch unzureichende theoretische Grundlagen — sei es in der Psychologie, in der Erziehungswissenschaft oder in den Fachdidaktiken — und Messverfahren gegenüber stehen".

Jedoch stimmen die (Zwischen-)Ergebnisse des DFG in der Veröffentlichung befindlichen Schwerpunktprogramms Kompetenzdiagnostik (SPP 1293) erwartungs- und hoffnungsvoll.

11 Literatur

Achtenhagen, Frank/ Baethge, Martin (2007): Kompetenzdiagnostik als Large-Scale-Assessment im Bereich der beruflichen Aus- und Weiterbildung. In: Prenzel, Manfred/ Gogolin, Ingrid/Krüger, Heinz-Hermann (Hrsg.): Kompetenzdiagnostik, Zeitschrift für Erziehungswissenschaft, Sonderheft 8/2007.

Achtenhagen, Frank/ Winther, Esther: Wirtschaftspädagogische Forschung zur beruflichen Kompetenzermittlung. In: Jude, Nina/ Hartig, Johannes/ Klieme, Eckhard (Hrsg.) (2008): Kompetenzerfassung in pädagogischen Handlungsfeldern. Theorien, Konzepte und Methoden, Berlin, S. 115-139.

Adorno, Theodor (1971): Erziehung zur Mündigkeit. Vorträge und Gespräche mit Helmut Becker 1959-1969; Hrsg. v. Gerd Kadelbach, Frankfurt am Main.

Anderson, L.W/ Krathwohl D.R (2001): A Taxonomy for Learning, Teaching and Assessing. A Revision of Bloom's Taxonomy of Educational Objectives. Addison Wesley Longman.

Arenhövel, Mark ([9]1995): Zivilgesellschaft. In: Drechsler/Hilligen/Neumann (Hrsg.) Gesellschaft und Staat - Lexikon der Politik München, S. 907 f.

Arnold, Rolf (1998): Kompetenzentwicklung. Anmerkungen zur Proklamation einer Konzeptionellen Wende in der Berufs- und Erwachsenpädagogik. In: Zeitschrift für Berufs- und Wirtschaftspädagogik, Band 94, Heft 4. Stuttgart, S. 497 – 504.

Baake, Dieter (1980): Kommunikation und Kompetenz – Grundlagen einer Didaktik der Kommunikation, München.

Backhaus, Klaus/ Erichson, Bernd/ Plinke Wulff/ Weiber, Rolf (2000): Multivariate Analysemethoden. Eine anwendungsorientierte Einführung, Berlin/Heidelberg/New York.

Bader, Reinhard/Müller, Martina (2002): Leitziel der Berufsbildung: Handlungskompetenz – Anregung zur Ausdifferenzierung des Begriffs. In: BbSch 54, 6/2002 S. 176-182.

Baethge, Martin (1988): Die Herausforderung der gesellschaftlichen und ökonomischen Entwicklung für die politische Bildung. In: Materialien zur Politischen Bildung. „Politische Bildung 2000" Dokumente der Tagung Königswinter, Leverkusen.

Baethge, Martin (1999): Subjektivität als Ideologie. Von der Entfremdung in der Arbeit zur Entfremdung auf dem (Arbeits-)Markt? In Schmidt, G. (Hrsg.): Kein Ende der Arbeitsgesellschaft – Arbeit, Gesellschaft und Subjektivität im Globalisierungsprozess, Berlin, S. 29- 44.

Baethge, Martin/ Achtenhagen, Frank/ Arends, Lena/ Babic, Edwin/ Baethge-Kinsky, Volker/ Weber Susanne (2006): Berufsbildungs-Pisa. Machbarkeitsstudie, Göttingen.

Baethge, Martin/ Achtenhagen, Frank (2009): Der mögliche Beitrag eines Berufsbildungs-PISA zur Bildungsberichterstattung. In: Tippelt, Rudolf (Hrsg.): Steuerung durch Indikatoren. Methodologische und theoretische Reflektionen zur deutschen und internationalen Bildungsberichterstattung, Opladen, S. 55-72.

Bastian, Johannes (1997): Projektunterricht und Leistung –Widersprüche verändern die Praxis. In: ders./ Gudjons, H./Schnack, J./ Speth, M. (Hrsg.): Theorie des Projektunterrichts, Hamburg, S. 231-244.

Beck, Ulrich (1997): Kinder der Freiheit: Wider das Lamento über den Werteverfall. In ders. Kinder der Freiheit, Frankfurt, S. 9-33.

Beck, Ulrich (1986): Risikogesellschaft – Auf dem Weg in eine andere Moderne, Frankfurt.

Becher, Günter (2008): Soziale, moralische und demokratische Kompetenzen fördern. Ein Überblick über schulische Förderkonzepte, Weinheim.

Beer, Wolfgang (1998): Politische Bildung im Epochenwechsel – Grundlagen und Perspektiven, Weinheim/München.

Bell, Daniel (1975): Die nachindustrielle Gesellschaft, Frankfurt.

Beller, Sieghard (2004): Empirisch forschen lernen. Konzepte, Methoden, Fallbeispiele und Tipps, Bern.

Bertelsmann Stiftung (2004) (Hrsg.): Politische Partizipation in Deutschland, Gütersloh.

BIBB (2009): Liste der staatlich anerkannten Ausbildungsberufe, Stand 01.08.2009. URL: http://www2.bibb.de/tools/aab/aabberufeliste.php/(22.12. 2009).

Blankertz, Herwig (1974): Curriculumforschung - Strategien, Strukturierung, Konstruktion, Essen.

BLK-Projekt Leistungspunktesystem 3 24.11.2004 Universität Hannover (AP 2) Anhang I: Erläuterungen zur Beschreibung und Abstrahierung von intendierten Lernzielen.

URL: http://www4.tu-ilmenau.de/lps/hannover/lernziele_erlaeuterungen.pdf.

Blömeke, Sigrid (2002): Universität und Lehrerausbildung, Bad Heilbrunn.

11 Literatur

Bloom, Benjamin (1972): Taxonomie von Lernzielen im kognitiven Bereich. Weinheim.

Bohliner, Sandra (2007/2008): Kompetenzen als Kernelemente des Europäischen Qualifikationsrehamens. In: Europäische Zeitschrift für Berufsbildung, EZfB, Nr. 42/43, S. 112-130.

Bortz, Jürgen/ Döring, Nicola (^{4}2006): Forschungsmethoden und Evaluation für Human und Sozialwissenschaftler, Heidelberg.

Bossing, Nelson (1977): Die Projektmethode (orig. Progressive Methods of Teaching, © Bosten 1942). In: Kaiser, Annemarie / Kaiser, Franz-Josef: Projektstudium und Projektarbeit in der Schule, Bad Heilbrunn, S. 113-133.

Botkin, James W./ Elmandjra, Mahdi/ Malitza, Mircea (1979): Das menschliche Dilemma Zukunft und Lernen. Club of Rome, Bericht für die achtziger Jahre, Wien.

Brand, Willi/ Hofmeister, Wiebeke/ Tramm, Tade (2005): Auf dem Weg zu einem Kompetenzstufenmodell für die berufliche Bildung – Erfahrungen aus dem Projekt Ulme. In: bwp Nr. 8. www.bwpat.de

Breit, Gotthard/ Weißeno, Georg (2008): Von der traditionellen Aufgabenkultur zu kompetenzorientierten Lernaufgaben. In: Weißeno, Georg (Hrsg.): Politikkompetenz. Was der Unterricht zu leisten hat, Bonn, S. 402-419.

Breuer, Klaus/ Wosnitza, Marold (2004): Befähigungen zur Selbstregulation in der Entwicklung während der Ausbildung. In: Pilz, Matthias (Hrsg.): Sozialkompetenzen zwischen theoretischer Fundierung und pragmatischer Umsetzung. 13. Hochschultage Berufliche Bildung 2004. Band 14. Bielefeld.

Brockhaus in vier Bänden (2004): Partizipation, Mannheim, S. 3569.

Brunstein, Joachim C./ Spörer, Nadine (^{2}2001): Selbstgesteuertes Lernen. In: Rost, Detlef: Handwörterbuch Pädagogische Psychologie, Weinheim.

Bucher, Anton A. (1995): Die Moraltheorie von Lawrence Kohlberg als Paradigma für Moraltheologie und religiös-sittliche Erziehung. In: Eid, V./Elsässer, A./Hunold, G. W. Moralische Kompetenz - Chancen der Moralpädagogik in einer pluralen Welt, Mainz, S. 37-75.

Bühl, Achim (^{11}2008): SPSS 16. Einführung in die moderne Datenanalyse, München.

Bürgstein, Matthias (2010): Projektlernen – Von der Idee zur Wirklichkeit. Eine empirische Untersuchung zur schulischen Umsetzung des Projektgedankens unter besonderer Berücksichtigung der berufsorientierenden Lernwirksamkeit. Bisher unveröffentliche Dissertation, Karlsruhe.

Bundesinstitut für Berufsbildung (BIBB)(2009): Liste der staatlich anerkannten Ausbildungsberufe, Stand 01.08.2009. URL: http://www2.bibb.de/tools/aab/ aabberufeliste.php/ (22.12.2009)

Bybee, R.W. (2007): Achieving scientific literacy: from purposes to practices, Portsmouth.

Chomsky, Noam (1969): Aspekte der Syntax-Theorie, Frankfurt am Main.

Clement, Ute/ Piotrowski, Anke (2008) (Hrsg.): Kompetenz zwischen Potential und Standard, Stuttgart.

Conell M.W/ Sheridan K./ Gardner H: (2003): On abilities and domains. In: Sternberg, R.J/ Grigorenko, E.L. (Hrsg.): The psychologie of abilities, competencies and expertise. Cambridge. Cambridge University Press. S. 126-155.

DEGÖB - Deutsche Gesellschaft für ökonomische Bildung (Hrsg.) (2004): Kompetenzen der ökonomischen Bildung für allgemein bildende Schulen und Bildungsstandards für den mittleren Schulabschluss.

URL: http://www.degoeb.de/ (18.03.2009).

DEGÖB - Deutsche Gesellschaft für ökonomische Bildung (Hrsg.) (2006): Kompetenzen der ökonomischen Bildung für den Grundschulabschluss.

URL: http://www.degoeb.de/ (18.03.2009).

DEGÖB - Deutsche Gesellschaft für ökonomische Bildung (Hrsg.) (2009): Kompetenzen der ökonomischen Bildung für den Abschluss der gymnasialen Oberstufe. URL: http://www.degoeb.de/ (18.03.2009).

Deusinger, Ingrid: (1986): Frankfurter Selbstkonzept Skalen (FSKN), Göttingen.

Deutsche Gesellschaft für Geographie (Hrsg.) (^{4}2007): Bildungsstandards im Fach Geographie für den mittleren Schulabschluss – mit Aufgabenbeispielen, Berlin.

Deutscher Bildungsrat 1974: Empfehlungen der Bildungskommission. Zur Neuordnung der Sekundarstufe II. Stuttgart.

Deutsches PISA - Konsortium (Hrsg.) (2001): PISA 2000 – Basiskompetenzen von Schülerinnen und Schülern im internationalen Vergleich, Opladen.

Deutsches PISA - Konsortium (Hrsg.) (2002): PISA 2000 – Die Länder der Bundesrepublik im Vergleich, Opladen.

Dewey, John (1963): Erfahrung und Erziehung (orig. Experience and Education, © New York, Tiffin / Ohio 1938 und 1958). In: Dewey, J. / Handlin, O. / Correll, W., Reform des Erziehungsgedankens, Weinheim, S. 29-99.

Dewey, John (2000): Demokratie und Erziehung - Eine Einleitung in die philosophische Pädagogik, herausgegeben und übersetzt von E. Hylla, Braunschweig / Berlin /

11 Literatur

Hamburg 1949; orig. Democracy and Education, New York © 1915, aktuell herausgegeben von Oelkers, Jürgen, Weinheim.

Dieterich-Schöpff, Juliane (2008): Kompetenzen ordnen. In: Clement, Ute / Piotrowski, Anke (Hrsg.): Kompetenz zwischen Potential und Standard, Stuttgart, S. 34-46.

Dubs, Rolf (1993): Selbständiges (eigenständiges oder selbstgeleitetes) Lernen: Liegt darin die Zukunft? In Zeitschrift für Berufs und Wirtschaftspädagogik, Band 89, H 2 S. 113-117

Dubs, Rolf (1995): Konstruktivismus: Einige Überlegungen aus der Sicht der Unterrichtsgestaltung, in Zeitschrift für Pädagogik, 41, S. 889 – 903.

Dubs, Rolf (2000): Lernfeldorientierung: Löst dieser neue curriculare Ansatz die alten Probleme der Lehrpläne und des Unterrichts an Wirtschaftsschulen? In ZBW Beiheft 15, Lernfeldorientierung in Theorie und Praxis, Stuttgart, S. 15 -32.

Dunker, Ludwig/ Götz, Bernd (1984): Projekt - Unterricht als Beitrag zur inneren Schulreform - Begründungen, Erfahrungen, Vorschläge für die Durchführung von Projektwochen, Ulm.

Durkheim, Émile (1984): Erziehung, Moral und Gesellschaft, Vorlesung an der Sorbonne 1902/1903, Frankfurt.

Edelmann, Doris/ Tippelt, Rolf (2007): Kompetenzentwicklung in der beruflichen Bildung und Weiterbildung. In: Prenzel, Manfred/ Gogolin, Ingrid/ Krüger, Heinz-Hermann (Hrsg.): Kompetenzdiagnostik, Zeitschrift für Erziehungswissenschaft, Sonderheft 8/2007.

Emer, Wolfgang/ Lenzen, Klaus-Dieter (2002): Projektunterricht gestalten – Schule verändern, Hohengehren.

Enggruber, Ruth (2000): Sozialkompetenz als Ziel politischer Bildung mit sozial- und lernbenachteiligten Jugendlichen. In: Jung, Eberhard/ Retzmann, Thomas (Hrsg.): Politische Bildung an beruflichen Schulen – Globale Herausforderungen, neue Medien und individuelle Benachteiligung, Bielefeld, S. 120-131.

Erpenbeck, John/ v. Rosenstiel, Lutz (Hrsg.) (^{2}2007): Handbuch Kompetenzmessung. Erkennen, verstehen und bewerten von Kompetenzen in der betrieblichen, pädagogischen und psychologischen Praxis, Stuttgart.

Euler, Dieter (1997a): Sozialkompetenz – eine „Ungefährqualifikation" oder Kernelement einer zukunftsorientierten Bildung? In: Drees, Gerhard/ Frauke, Ilse (Hrsg.): Arbeit und Lernen 2000: berufliche Bildung zwischen Aufklärungsanspruch und Verwertungsinteresse an der Schwelle zum dritten Jahrtausend, Bielefeld, S. 105 – 142.

Euler, Dieter (1997b): Sozialkompetenz als didaktische Kategorie - vom 'didaktischen Impressionsmanagement' zu einem Forschungsprogramm. In: Dubs, R. / Luzi, R. (Hrsg.): 25 Jahre Institut für Wirtschaftspädagogik Universität St. Gallen - Schule in Wissenschaft, Politik und Praxis, St. Gallen, S. 279 - 317.

Euler, D. (2003): Potentiale von Modellversuchprogrammen für die Berufsbildungsforschung In: Zeitschrift für Berufs- und Wirtschaftspädagogik Bd. 99. (Heft 2) HS. 201-211.

Euler, Dieter /Pätzold, Günter (2004): Selbst gesteuertes und kooperatives Lernen in der beruflichen Erstausbildung (SKOLA), Gutachten und Dossiers zum BLK-Programm, Heft 120, Bonn.

EZfB (2007/08): Europäische Zeitschrift für Berufsbildung, Nr. 42/43 – 2007/3 • 2008/1

Franke, Guido (2005): Facetten der Kompetenzentwicklung, Bielfeld.

Frei, Felix/ Duell, Werner/ Baitsch, Christof (1984): Arbeit und Kompetenzentwicklung, Theoretische Konzepte zur Psychologie arbeitsimmanenter Qualifizierung, Bern/Stuttgart/Wien.

Frei, Felix/ Hugentobler, Margit/ Alioth, Andreas/ Duell, Werner/ Ruch, Luzian (1993): Die kompetente Organisation: Qualifizierende Arbeitsgestaltung – die europäische Alternative, Stuttgart.

Frey, Karl (^{6}1995): Die Projektmethode (mit Beiträgen von U. Schäfer), Weinheim/Basel, © 1982.

Funke Joachim (2006): Intelligenz. In: ders./ Frensch, Peter A.: Handbuch der allgemeinen Psychologie– Kognition. Göttingen.

Geißler, Karlheinz A. (1974): Berufserziehung und kritische Kompetenz. Ansätze einer Interaktionspädagogik, München.

GPJE (2004): Gesellschaft für Politikdidaktik und politische Jugend- und Erwachsenenbildung: Nationale Bildungsstandards für den Fachunterricht in der Politischen Bildung an Schulen – Ein Entwurf, Schwalbach/Ts.

Gräsel, Cornelia/ Wild, Elke: Lehrer und Schüler beim Übergang von der Grundschule in die weiterführende Schule — neue Perspektiven und Befunde. In: Unterrichtswissenschaft. Zeitschrift für Lernforschung. 37. Jahrgang/2009 Heft 4, S. 290-293.

Gudjons, Herbert (1986): Handlungsorientiert lehren und lernen - Projektunterricht und Schüleraktivität, Bad Heilbrunn.

Gudjons, Herbert (^{4}1995): Pädagogisches Grundwissen, Bad Heilbrunn.

11 Literatur

Gudjons, Herbert (^{5}1997; © 1986): Handlungsorientiert lehren und lernen: Projektunterricht und Schüleraktivität, Bad Heilbrunn.

Habermas, Jürgen (1974): Können komplexe Gesellschaften eine vernünftige Identität ausbilden? In: Zwei aus Anlass der Verleihung des Hegel-Preises 1973 der Stadt an Jürgen Habermas gehaltene Reden, Frankfurt/M.

Habermas, Jürgen (1990): Vorbereitende Bemerkungen zu einer Theorie der kommunikativen Kompetenz. In ders./Luhmann, N. (Hrsg.): Theorie der Gesellschaft oder Sozialtechnologie. Was leistet die Systemforschung Frankfurt, S. 101-141.

Hallet, Wolfgang (2006): Didaktische Kompetenzen: Lehr- und Lernprozesse erfolgreich gestalten, Stuttgart.

Hartig, Johannes/ Klieme, Eckhard (2006): Kompetenz und Kompetenzdiagnostik. In: Schweizer, Karl (Hrsg.): Leistung und Leistungsdiagnostik. Heidelberg.

Hartig, Johannes/Jude, Nina (2007): Empirische Erfassung von Kompetenzen und psychometrische Kompetenzmodelle. In Hartig, Johannes / Klieme, Eckhard (Hrsg.): Möglichkeiten und Voraussetzungen technologiebasierter Kompetenzdiagnostik, BMBF Bd. 20, S. 17-36

Hartig, Johannes (2008): Kompetenzen als Ergebnisse von Bildungsprozessen. In: Jude, Nina/ Hartig, Johannes/ Klieme Eckhard (Hrsg.): Kompetenzerfassung in pädagogischen Handlungsfeldern. Theorien, Konzepte, Methoden, Bonn/Berlin, BMBF Bd. 26, S. 13-24.

Heursen, Gerd (1989): Kompetenz – Performanz. In: Lenzen, Dieter (Hrsg.): Pädagogische Grundbegriffe, Hamburg, S. 877 – 884.

Hilligen, Wolfgang (1985): Zur Didaktik des politischen Unterrichts, Bonn.

Himmelmann, Gerhard (2001): Demokratie Lernen: als Lebens-, Gesellschafts- und Herrschaftsform, Schwalbach.

Ritter, Joachim/ Gründer, Karlfried (Hrsg.): Historisches Wörterbuch der Philosophie (1976): Kompetenz, Darmstadt Bd. 4, S. 918-934.

Hoff, Ernst (1998): Verantwortungsbewusstsein und Industriearbeit im Zeichen der Umweltkrise. In: Blickle, G. (Hrsg.): Ethik in Organisationen. Konzepte, Befunde, Praxisbeispiele, Göttingen, S. 71-92.

Hoff, Ernst (1999): Kollektive Probleme und individuelle Handlungsbereitschaft. Zur Entwicklung von Verantwortungsbewusstsein. In: Grundmann, M. (Hrsg.): Konstruktivistische Sozialisationsforschung. Frankfurt am Main.

Hofmeister, W. (2005): Erläuterungen der Klassifikationsmatrix zum ULME – Kompetenzstufenmodell. In: bwp@ Nr. 8, S.1-21.

Höhne, Thomas (2006): Wissensgesellschaft. In: Dzierzbicka, Agnieszka/ Schirlbauer Alfred (Hrsg.): Pädagogisches Glossar der Gegenwart. Von Autonomie bis Wissensmanagement. Wien. S. 297-305.

Hohner, Hans - U./ Hoff, Ernst-H. (1983): Prävention und Therapie. Zur Modifikation von objektiver Kontrolle und Kontrollbewußtsein. In: psychosozial 20, Präventive Intervention im Betrieb, Reinbek, S. 30-47.

Homann, K./ Blome-Drees, F.: Wirtschafts- und Unternehmensethik. Göttingen.

Hufer, Klaus-Peter (2008): Funktionalität statt Aufklärung? Politische Erwachsenenbildung und die Konjunktur von Kompetenz. I:n *Kursiv* Journal für politische Bildung, 3/2008, S. 12-17.

Humboldt, Wilhelm v. (1836): Über die Verschiedenheit des menschlichen Sprachbaues und ihrem Einfluss auf die geistige Entwicklung des Menschengeschlechts, Berlin

Institut für ökonomische Bildung der Universität Oldenburg (IÖB; Kaminski, Hans / Hübner, Manfred/ Brettschneider Volker) (2004): Stellungnahme zum Entwurf „Bildungsstandards für den Fachunterricht in der Ökonomischen Bildung des allgemeinen Schulwesens für den mittleren Schulabschluss der DEGÖB vom Februar 2004, Oldenburg.

Jank, Werner/Meyer, Hilbert (^{3}1994): Didaktische Modelle, Frankfurt/Main.

Jude, Nina/ Hartig, Johannes/ Klime Eckhard (Hrsg.) (2008): Kompetenzerfassung in pädagogischen Handlungsfeldern, Theorien, Konzepte, Methoden, Berlin.

Jung, Eberhard (1986): Die Vermittlung arbeitswissenschaftlicher Erkenntnisse in beruflichen Schulen, Magisterarbeit unveröffentlicht, Darmstadt.

Jung, Eberhard (1993): Politische Bildung in Arbeit und Beruf - Die Gestaltung von Arbeits- und Lebenssituationen, Bern.

Jung, Eberhard (1997): Projekt - Projektunterricht: mehr als eine Methode, Schwalbach.

Jung, Eberhard (1999a): Gestaltungskompetenz an Arbeitplätzen der Zukunft. Anforderungen an die berufliche Bildung. In: ders. / Vorstand der Arbeitsgemeinschaft Berufliche Bildung e.V. (Hrsg.), Aktuelle Herausforderungen an die arbeits- und berufsbezogene Politische Bildung, Neusäß, S. 12 – 42.

Jung Eberhard (1999b): Aspekte der Kompetenzvermittlung im Lernfeld Arbeitslehre in Didaktik der Berufs- und Arbeitswelt, DBA Hft 1-2/99, S. 9-23

Jung, Eberhard (2000): Arbeits- und Berufsfindungskompetenz. In: Schlösser, H. J., Deutsche Gesellschaft für ökonomische Bildung (Hrsg.), Berufsorientierung und Arbeitsmarkt, Bergisch-Gladbach, S. 93 – 126.

Jung, Eberhard (2001): Zentrale Herausforderungen an die sozialwissenschaftlich orientierte Politische Bildung. In: ders. (Hrsg.): Neue Akzente in der Lehrerbildung. Herausforderungen – Ideen - Konzepte für das Fach Politik, Schwalbach Ts. 2001, S. 10-20.

Jung, Eberhard (2002a): Die Vermittlung von unternehmerischem Denken und Handeln. Was können allgemein bildende schulen Leisten? In: Weber, B. (Hrsg.), Eine Kultur der Selbständigkeit in der Lehrerbildung Bergisch-Gladbach, S. 142 -160.

Jung, Eberhard (2002b), Das Bildungsziel Zivilität in der politischen Bildung, in: ders., Retzmann, T. (Hrsg.), Interkulturalität und Zivilgesellschaft in der arbeits- und berufsbezogenen politischen Bildung, Bielfeld 2002, S. 92 – 125.

Jung, Eberhard (2005a): Die Bedeutung des berufspädagogischen Kompetenzmodells für die aktuelle Kompetenzdiskussion und Gestaltung von Curricula. In: Unterricht - Arbeit und Technik 26/2005, S. 52 – 56.

Jung, Eberhard (2005b): Politikunterricht an berufsbildenden Schulen. In: Sander Wolfgang: Handbuch der Politischen Bildung, Schwalbach / Ts. Neuauflage, S. 221 - 240.

Jung, Eberhard (2005c): Nationale Bildungsstandards als fachdidaktische Herausforderung. In: Des. Standards für die politische Bildung: Zischen Weltwissen und Lebenshilfe, Wiesbaden, S. 4-14.

Jung, Eberhard (2006a): Aspekte einer ganzheitlichen Kompetenzvermittlung. In: Unterricht - Arbeit und Technik 32/2006, S. 53-56.

Jung, Eberhard (2006b): Möglichkeiten der Überprüfung von Kompetenzmodellen in der ökonomischen Bildung. In: Weitz, Bernd. O./ Deutsche Gesellschaft für ökonomische Bildung (Hrsg.): Kompetenzentwicklung ,-förderung und -prüfung in der ökonomischen Bildung, Bergisch Gladbach, S. 33-60.

Jung, Eberhard (2007a): Von der Kompetenzfacette zum Kompetenzmodell – eine kritische Rezeption der aktuellen Diskussion. In: Oberliesen, Rolf/ Schulz, Heinz-Dieter (Hrsg.): Kompetenzen für eine zukunftsfähige arbeitsorientierte Allgemeinbildung. Reihe: Forum Arbeitslehre, Hohengehren, S. 113 – 137.

Jung Eberhard (2007b): Das Projekt. In: Retzmann, Thomas (Hrsg.), Methodentraining für den Ökonomieunterricht, Schwalbach Ts., S. 135-154

Jung, Eberhard (2008a): Fähigkeiten und Fertigkeiten. In: Hedtke, Reinhold/ Weber, Birgit (Hrsg.): Wörterbuch ökonomische Bildung, Schwalbach/TS, S. 122-123.

Jung, Eberhard (2008b): Reife, Fähigkeit oder Kompetenz? Über die pädagogisch-didaktische Bedeutung von Leitbegriffen im Arbeits- und Berufsfindungsprozess. In: Schlemmer, Elisabeth/ Gerstberger, Herbert (Hrsg.), Wiesbaden, S. 131-148.

Jung, Eberhard (2008c): Kompetenzorientierung. In: Hedtke, Reinhold/ Weber, Birgit (Hrsg.): Wörterbuch Ökonomische Bildung. Schwalbach/Ts, 2008, S. 194f.

Jung (2008d): Mündigkeit. In: Hedtke, Reinhold/Weber, Birgit (Hrsg.): Wörterbuch Ökonomische Bildung, Schwalbach/Ts, 2008, S. 237f.

Jung, Eberhard (2009a) : Partizipationskompetenz: Bildungsziel der Ökonomischen Bildung. In: Seeber, G. (Hrsg.): Befähigung zur Partizipation - gesellschaftliche Teilhabe durch ökonomische Bildung, Schwalbach/Ts 2009, S. 11-26.

Jung, Eberhard (2009b): Übergangskategorie Ausbildungsfähigkeit. In: Gewerkschaft Erziehung und Wissenschaft, Hauptvorstand (Hrsg.): Zukunft in die Schule holen – Lebensplanung, Arbeits- und Berufsorientierung, Bielefeld, S. 36-43.

Jung, Eberhard (2009c): Kompetenzmodelle und Bildungsstandards zur ökonomischen Bildung vor dem Hintergrund der Expertise „Zur Entwicklung nationaler Bildungsstandards" — Replik und Ansätze zur weiteren Diskussion. In: Theuerkauf, Helmut E./ Meschenmoser, Helmut/ Meier, Bernd/ Zöllner, Hermann: Qualität technischer Bildung. Kompetenzmodelle und Kompetenzdiagnostik, Berlin, S. 195-209.

Jung Eberhard/ Oesterle, Aline (2009): Von der Problemstellung zum Forschungsdesign: Die Entwicklung von Ausbildungsfähigkeit und beruflich orientierter Selbstkonzepte. In: Seeber, Günther (Hrsg.): Forschungsfelder der Wirtschaftsdidaktik. Herausforderungen, Methoden, Gegenstandsbereiche, Schwalbach/Ts, S. 161-178.

Jung, Eberhard/ Oesterle, Aline (2010): Beruflich-orientierte Selbstkonzepte und Kompetenzerwerb am Übergang Bildungs-/Ausbildungssystem. In: Sauer-Schiffer, Ursula/ Brüggemann, Tim (Hrsg.): Der Übergang Schule – Beruf. Beratung als pädagogische Intervention, Bd. 3, Beiträge zur Beratung in der Erwachsenenbildung und außerschulischen Jugendbildung, Münster, S. 181-200.

Jurecka, Astrid/ Hartig, Johannes (2007): Computer- und netzwerkbasiertes Assessment. In: Hartig, Johannes/ Klieme, Eckhard (Hrsg.): Möglichkeiten und Voraussetzungen technologiebasierter Kompetenzdiagnostik, BMBF Bd. 20, S. 37-48.

Kaiser, Franz-Josef (1989): Projekt. In: Lenzen, D./ Rost, F. (Hrsg.) Pädagogische Grundbegriffe, Bd. 2, Reinbek 1989 © 1983, S. 1272 – 1281.

Kaiser, Franz-Josef (1999): Projektarbeit. In: ders., Pätzold, G: Wörterbuch der Berufs- und Wirtschaftspädagogik. Bad Heilbrunn, S. 329f.

Kaiser, Franz-Josef (2003): Grundannahmen eines Lernkonzepts für die ökonomische Bildung unter besonderer Berücksichtigung selbstorganisierten und selbstgesteuerten Lernens. In: Kaiser/Kaminiski (Hrsg.): Wirtschaftsdidaktik, S. 125-149.

11 Literatur

Kaminski, Hans (1999): Projektmethode. In: Mickel, W.W (Hrsg.): Handbuch zur politischen Bildung, Schwalbach/Ts, S. 358-362.

Kaminski, Hans/ Eggert, Karin (2008): Konzeption für die ökonomische Bildung als Allgemeinbildung von der Primarstufe bis zur Sekundarstufe II. Unter Mitarbeit von Karl-Josef Burghard, im Auftrag des Bundesverbands deutscher Banken, Berlin, IÖB – Oldenburg.

Kauffeld, Simone (2005) Fachliche und überfachliche Weiterbildung: Welche Investitionen zahlen sich für berufliche Handlungskompetenz aus? In: Frey, A/ Jäger, R.S./ Renold, U. (Hrsg) Kompetenzdiagnostik – Theorien und Methoden zur Erfassung und Bewertung von beruflichen Kompetenzen, Landau, S. 57-75.

KecuBHTW (2006): Kerncurriculum „Lernbereich Beruf-Haushalt-Technik-Wirtschaft/ Arbeitslehre". Verfügbar unter http://www.sowi-online.de/journal/2006-3/kecubht0820 06.htm [14.10.2009].

Kilpatrick, William Heard (1935): Die Projekt-Methode: Die Anwendung des zweckvollen Handelns im pädagogischen Prozeß © 1918. In: Dewey, John/ Kilpatrick/ William Heard (1935): Der Projekt-Plan - Grundlegung und Praxis S. 161-179.

Kiper, Hanna (2003): Literacy versus Curriculum? In: Moschner, Barbara, u.a. (Hrsg.) 2003: PISA 2000 als Herausforderung – Perspektiven für Lehren und Lernen, Hohengehren, S. 65-87.

Klafki, Wolfgang (1985): Neue Studien zur Bildungstheorie und Didaktik, Beiträge zur kritisch-konstruktiven Didaktik, Weinheim.

Klafki, Wolfgang (1990): Allgemeinbildung für eine humane, fundamentaldemokratisch gestaltete Gesellschaft. In: Bundeszentrale für politische Bildung, Umbrüche in der Industriegesellschaft, Bd. 284, S. 297-310.

Klafki, Wolfgang (^{5}1996): Neue Studien zur Bildungstheorie und Didaktik, Weinheim/Basel.

Klemm, Klaus/ Rolff, Hans-Günter/ Tilmann, Klaus-Jürgen (^{2}1986): Bildung für das Jahr 2000 - Bilanz der Reform, Zukunft der Schule, Reinbek.

Klieme, Neubrand & Lüdtke 2001; http://127.0.0.1:8080/mediawiki/statwiki/index.php/RASCH-Skalierung).

Klieme, Eckhard/ Avenarius, Hermann/ Blum, Werner/ Döbrich, Peter/ Gruber, Hans/ Prenzel, Manfred/ Reiss, Kristina/ Riquarts, Kurt/ Rost, Jürgen/ Tenorth, Heinz-Elmar/ Vollmer, Helmut, J. (2003): Zur Entwicklung nationaler Bildungsstandards – Eine Expertise, Berlin/Bonn. BMBF Bd. 1.

Klieme, Eckhard/ Leutner, Detlev (2006): Kompetenzmodelle zur Erfassung individueller Lernergebnisse und zur Bilanzierung von Bildungsprozessen. Beschreibung eines neu eingerichteten Schwerpunktprogramms der DFG. In: Zeitschrift für Pädagogik 52/2006, S. 876-903.

Klime, Eckhard/ Hartig, Johannes (2007): Kompetenzkonzepte in den Sozialwissenschaften und im erziehungswissenschaftlichen Diskurs. In: Prenzel, Manfred/ Gogolin, Ingrid/ Krüger, Heinz-Hermann (Hrsg.), Kompetenzdiagnostik, Zeitschrift für Erziehungswissenschaft, Sonderheft 8/2007.

Klippert, Heinz (1988): Durch Erfahrung lernen - Ein Prinzip (auch) für die politische Bildung. In: Bundeszentrale für politische Bildung, Schriftenreihe Bd. 258, Erfahrungsorientierte Methoden der politischen Bildung, Bonn, S. 75-93.

KMK (1991): Rahmenvereinbarung über die Berufsschule. Beschluss der Kultusministerkonferenz vom 14/15.03. 1991. In : Zeitschrift für Berufs- und Wirtschaftspädagogik 87. S 590-593.

KMK (1995): Pressemitteilung Kultusministerkonferenz, 274. Plenarsitzung der Ständigen Konferenz der Kultusminister und -senatoren der Länder in der Bundesrepublik Deutschland am 30.11./01.12.1995 in Mainz, Plenum 1, Bonn, 01.12. 1995, S.10-12.

KMK (1996): Handreichung für die Erarbeitung von Rahmenplänen der Kultusministerkonferenz für den berufsbezogenen Unterricht in der Berufschule und ihre Abstimmung mit Ausbildungsordnungen des Bundes für anerkannte Ausbildungsberufe. Bonn.

KMK (2000): Selbstgesteuertes Lernen in der Weiterbildung. Beschluss der KMK vom 14.04.2000 URL: http://www.kmk.org/fileadmin/veroeffentlichungen_ beschluesse/2000/2000_04_14_Selbstgesteuertes_Lernen.pdf (24.02.2010)

KMK (2004): Einheitliche Prüfungsanforderungen in der Abiturprüfung Physik URL: http://www.kmk.org/fileadmin/veroeffentlichungen_beschluesse/1989/1989_ 12_01-EPA-Physik.pdf (24.02.2010)

KMK (2005): Einheitliche Prüfungsanforderungen in der Abiturprüfung Geografie.http://www.kmk.org/fileadmin/veroeffentlichungen_beschluesse/1989/1989_12_ 01-EPA-Geographie.pdf (24.02.2010)

KMK (2005): Einheitliche Prüfungsanforderungen in der Abiturprüfung Sozialkunde/Politik,http://www.kmk.org/fileadmin/veroeffentlichungen_beschluesse/1989/ 12_01-EPA-Sozialkunde-Politik.pdf (Zugriff 24.02.2010)

KMK (2008): Vereinbarung über Einheitliche Prüfungsanforderungen in der Abiturprüfung . URL: http://www.kmk.org/fileadmin/veroeffentlichungen_beschluesse/ 2008/2008_10_24-VB-EPA.pdf (24.02.2010)

Knoll, Michael (1984): Paradoxien der Projektpädagogik - Zur Geschichte und Rezeption der Projektmethode in den USA und in Deutschland. In: Zeitschrift für Pädagogik, 5/84, S. 663 – 674.

Köck, Peter ([5]1994): Kompetenz. In: ders./ Ott, Hans, Wörterbuch für Erziehung, Donauwörth.

Kohlberg, Lawrence (1974): Zur kognitiven Entwicklung des Kindes, Frankfurt.

Köller, Olaf 2009: Von Kompetenzbereichsmodellen zu Kompetenzstufenmodellen und ihrer Validierung – Herausforderungen im Spannungsfeld zwischen Fachdidaktiken und empirischer Bildungsforschung. In: Theuerkauf, Walter, E./ Meschenmoser, Helmut/ Meier, Bernd/ Zöller, Hermann (Hrsg.) Qualität Technischer Bildung – Kompetenzmodelle und Diagnostik, Berlin 2009, S. 38-55.

Krampen, Günther (1982): Differentialpsychologie der Kontrollüberzeugung („Locus of Controll"), Göttingen.

Krathwohl, David/ Bloom, Benjamin/ Masia, Bertram (1975): Taxonomie von Lernzielen im affektiven Bereich, Weinheim.

Krol, Gerd-Jahn/ Loerwald, Dirk/ Zoerner, Andreas (2006): Ökonomische Bildung, Praxiskontakte und Handlungskompetenz. In: Weitz, Bernd. O./ Deutsche Gesellschaft für ökonomische Bildung (Hrsg.): Kompetenzentwicklung ‚-förderung und -prüfung in der ökonomischen Bildung, Bergisch Gladbach, S. 61-109.

Kron, Friedrich W. ([2]1994): Grundwissen Didaktik, München.

Kuhn, Hans-Werner/ Hufer Klaus-Peter (2007): Partizipation. In: Weißeno, Georg/ Hufer, Klaus-peter/ Kuhn, Hans-Werner/ Massing, Peter/ Richter, Dagmar (Hrsg.): Wörterbuch. Politische Bildung, Schwalbach/Ts, 265ff.

Lane, Robert E. (1966): The Decline of Politics an Ideology in a Knowledgeable Society, Americon Sociological Review 21, S. 650 ff.

Laskowski, Annemarie (2000): Was den Menschen antreibt. Entstehung und Beeinflussung des Selbstkonzepts, Frankfurt.

Lehmann, Rainer/ Hoffmann, Ellen (Hrsg.) 2009: BELLA - Berliner Erhebung arbeitsrelevanter Basiskompetenzen von Schülerinnen und Schülern mit Förderbedarf, Münster.

Lempert, Wolfgang (1974): Berufliche Bildung als Beitrag zur gesellschaftlichen Demokratisierung. Vorstudien für eine politisch reflektierte Berufspädagogik, Frankfurt.

Lempert, Wolfgang/ Thomssen, Wilke (1974): Berufliche Erfahrung und gesellschaftliches Bewusstsein, Stuttgart.

Lenzen Dieter (1973): Didaktik der Kommunikation, Frankfurt.

Lenzen, Dieter (1976): Struktur, Strukturalismus und strukturale Theorie der Erziehung und des Unterrichts. In ders. (Hrsg.): Die Struktur der Erziehung und des Unterrichts - Strukturalismus in der Erziehungswissenschaft? S. 8-18.

Lersch, Rainer (2007): Kompetenzfördernd unterrichten – 22 Schritte von der Theorie zur Praxis. In Pädagogik H. 12/2007 S. 36-43.

Lersch, Rainer (2008): Kompetenzförderung im Politikunterricht – Die Perspektive der Allgemeinbildung. In: *Kursiv* Journal für politische Bildung, 3/2008, S. 40-50.

Leutner, Detlev/ Fleicher, Jens/ Spoden, Christian/ Wirth, Joachim (2007): Landesweite Lernstandserhebungen zwischen Bildungsmonitoring und Individualdiagnostik. In: Prenzel, Manfred/ Gogolin, Ingrid/ Krüger, Heinz-Hermann (Hrsg.), Kompetenzdiagnostik, Zeitschrift für Erziehungswissenschaft, Sonderheft 8/2007.

Leutner, Detlev/ Hartig, Johannes/ Jude, Nina (2008): Measuring Competencies: Introduction to Concepts and Questions of Assessment in Education. In: Hartig, Johannes/ Klieme, Eckhard/ Leutner, Detlev: Assessment of Competencies in Educational Contexts, Washington/Göttingen, S. 178-192.

Lewin, Kurt (1963): Feldtheorie in den Sozialwissenschaften. Cartwright, C. (Hrsg.), ins Deutsche übertragen von A. Lang und W. Lohr, Bern (c New York 1951).

Lichtenstein, E. (1971): Bildung. In: Ritter, Joachim (Hrsg.): Historisches Wörterbuch der Philosophie Darmstadt, S. 921 – 937.

Linten, Markus/ Prüstel, Sabine (2008): Auswahlbiografie Kompetenz in der beruflichen Bildung. Begriffe, Erwerb, Erfassung, Messung. Bonn. Bundesinstitut für Berufsbildung.

Lüttringhaus, Maria (2000): Stadtentwicklung und Partizipation, Bonn.

Machlub, Fritz (1962): The Production and Distribution of Knowledge in the United States, Princeton.

Mandl, Heinz (1997): Wissen und Handeln: Eine theoretische Standortbestimmung. In: Ders. (Hrsg.) Schwerpunktthema Wissen und Handeln. Bericht über den 40. Kongress der Deutschen Gesellschaft für Psychologie in München 1996, Göttingen S. 3 -13.

Mandl, Heinz/ Friedrich, H. F/ Horn, A. (1994): Psychologie des Wissenserwerbs. In: Weidenmann, B./ Krapp, A. (Hrsg.) Pädagogische Psychologie, Weinheim, S. 143-218.

Massing, Peter (2007): Bildung. In: Weißeno/ Hufer/ Kuhn/ Massing/ Richter (Hrsg.) Wörterbuch der politischen Bildung, Schwalbach/Ts. 2007, S. 39 - 47.

MBJS-Brandenburg, Ministerium für Bildung, Jugend und Sport, Land Brandenburg (2006): Rahmenlehrplan für den Unterricht Politische Bildung in der gymnasialen Oberstufe im Land Brandenburg.

Maurer, Alfons (1995): Das humanwissenschaftliche Gespräch zum Verständnis sittlicher Kompetenz. In: Eid, V./ Elsässer, A./Hunold, G. W. Moralische Kompetenz - Chancen der Moralpädagogik in einer pluralen Welt, Mainz, S. 11-36.

McClelland, D. C. (1973): Testing for competence rather than for „intelligence", American Psychologist 28, S. 1-14.

Meschenmoser, Helmut (2009): Nationale und internationale Kompetenzbereichs- und Kompetenzstufenmodelle zur technischen Allgemeinbildung. In: Theuerkauf, Walter E./Meschenmoser, Helmut/ Meier, Bernd/ Zönner, Hermann: Qualität Technischer Bildung: Kompetenzmodelle und Kompetenzdiagnostik, Berlin. S: 11-37.

Meyer, Hilbert (^{6}1994): Unterrichtsmethoden I – Theorieband, Frankfurt am Main.

Michel, Gerhard (1977): Kompetenz. In: Wörterbuch der Pädagogik, Bd. 2 Freiburg.

Moore, M. R. (1967): A proposed taxonomy of the perceputal domain and some suggested applications (Tech. Rep. No TR-67-3) Princeton, N.Y.

Moschner, Barbara (2003): Wissensprozess und Didaktik. In ders. u.a.: PISA 2000 als Herausforderung – Perspektiven für Lehren und Lernen, Hohengehren, S. 53-64.

Moschner, Barbara/ Kiper, Hanna/ Kattmann, Ulrich (Hrsg.) (2003): PISA 2000 als Herausforderung – Perspektiven für Lehren und Lernen, Hohengehren.

Mulder, Martin (2007): Kompetenz – Bedeutung und Verwendung des Begriffs in der beruflichen Erstausbildung und Weiterbildung. In: Europäische Zeitschrift für Berufsbildung 40/2007.

Negt, Oskar 1998: Zur Geschichte der Arbeit, in Kahsnitz, Dietmar/ Ropohl, Günter/ Schmid, Alfons. Handbuch zur Arbeitslehre, München, S. 27-37.

Negt, Oskar (1997): Kindheit und Schule in einer Welt der Umbrüche, Göttingen

Neubauer, Aljoscha C. (2005):Intelligenz. In: Weber, Hannelore/ Rammsayer, Thomas (Hrsg.): Handbuch der Persönlichkeitspsychologie und Differentiellen Psychologie. Göttingen/ Bern/ Wien/Toronto/Seattle/Oxford/ Prag, S.323.

Nickolaus, Reinhold (2004): Soziale Kompetenzentwicklung in der beruflichen (Aus)bildung – Annahmen zu Möglichkeiten der Förderung und empirische Befunde zur Entwicklung. In: Pilz, Matthias: Sozialkompetenzen zwischen theoretischer Fundierung und pragmatischer Umsetzung. 13. Hochschultage Berufliche Bildung 2004. Band 14. Bielefeld.S. 29-46.

Nölle, Ines/ Hörstermann, Thomas/ Krolak-Schwerdt/ Gräsel Cornelia: Relevante diagnostische Informationen bei der Übergangsempfehlung — die Perspektive der Lehrkräfte. In: Unterrichtswissenschaft. Zeitschrift für Lernforschung. 37. Jahrgang/2009 Heft 4, S. 290-293.

Oberliesen, Rolf/ Zöllner, Hermann (2007): Kerncurriculum „Beruf-Haushalt-Technik-Wirtschaft/ Arbeitslehre", ein interdisziplinäres curriculares Reformprojekt – Leitideen, Entwicklung, Konzeption. In: Oberliesen, Rolf/ Schulz, Heinz-Dieter (Hrsg.): Kompetenzen für eine zukunftsfähige arbeitsorientierte Allgemeinbildung, Baltmannsweiler, S. 168-204.

Oesterle, Aline (2009): Die Förderung von Ausbildungsfähigkeit und beruflichorientierten Selbstkonzepten aus fachdidaktischer Perspektive. In: Seeber, Günther (Hrsg.): Befähigung zur Partizipation. Gesellschaftliche Teilhabe durch ökonomische Bildung. Schwalbach/Ts.

Oser, Fritz/ Biedermann, Horst (2006): Partizipation – ein Begriff, der ein Meister der Verwirrung ist. In: Quesel, Carsten/ Oser, Fritz (Hrsg.): Die Mühen der Freiheit. Probleme und Chancen der Partizipation von Kindern und Jugendlichen, Zürich, S. 17-37.

Pätzold, Günter (1999): Berufliche Handlungskompetenz. In: Kaiser/Pätzold (Hrsg.) Wörterbuch der Berufs- und Wirtschaftspädagogik, Bad Heilbrunn, S. 57f.

Pilz, Matthias (Hrsg.) (2004): Sozialkompetenzen zwischen theoretischer Fundierung und pragmatischer Umsetzung, Bielefeld.

Pilz; Matthias (2004): Sozialkompetenzen: Exemplarische Anmerkungen zu den Herausforderungen im Kontext der Umsetzung bildungspolitischer Ansprüche in die Praxis beruflicher Lehr- Lernprozesse. In: Pilz, Matthias: Sozialkompetenzen zwischen theoretischer Fundierung und pragmatischer Umsetzung. 13. Hochschultage Berufliche Bildung 2004. Band 14, Bielefeld, S. 7-27.

Prenzel, Manfred/ Gogolin, Ingrid/ Krüger, Heinz-Hermann (Hrsg.): Kompetenzdiagnostik, Zeitschrift für Erziehungswissenschaft, Sonderheft 8/2007.

Quesel, Carsten/Oser, Fritz (Hrsg.) (2006): Die Mühen der Freiheit. Probleme und Chancen der Partizipation von Kindern und Jugendlichen, Zürich 2006.

Raithel, Jürgen (2006): Quantitative Forschung. Ein Praxiskurs, Wiesbaden.

Raithel, Jürgen/Dollinger, Bernd/ Hörmann, Georg (^{2}2007): Einführung Pädagogik. Begriffe, Strömungen, Klassiker, Fachrichtungen. Wiesbaden.

Rauner, Felix (2008): Forschungen zur Kompetenzentwicklung im gewerblich technischen Bereich. In: Jude, Nina/ Hartig, Johannes/ Klieme Eckhard (Hrsg.): Kompetenzerfassung in pädagogischen Handlungsfeldern. Theorien, Konzepte, Methoden, Bonn/Berlin, S. 79-114.

11 Literatur

Reich, Robert B.: Die neue Weltwirtschaft. Frankfurt 1993, The Work of Nations, © New York 1991.

Reetz, Lothar (1999): Kompetenz. In: Kaiser/Pätzold (Hrsg.) Wörterbuch der Berufs- und Wirtschaftspädagogik, Bad Heilbrunn, S. 245f.

Reinhardt, Sibylle (1997): Didaktik der Sozialwissenschaften, Opladen.

Retzmann, Thomas (2000): Förderung des ökologischen Verantwortungsbewusstsein mit der Produktlinienanalyse. In: Jung, Eberhard/ Retzmann, Thomas: Politische Bildung an beruflichen Schulen: Zwischen individueller Benachteiligung und globaler Herausforderung Bielefeld 2000, S.63-81.

Rothe-Jüchlen, Tillmann (2009): Eckpunkte einer modernen Geographiedidaktik. Hintergründe und Denkfiguren, Seelze-Velber, S. 126-135.

Richter, Dagmar (2007): Welche politischen Kompetenzen sollen Grundschülerinnen und –schüler erwerben? In: Dies. (Hrsg.): Politische Bildung von Anfang an. Demokratie Lernen in der Grundschule, Schwalbach/Ts, S. 36-53.

Rolff, Hans-Günther (1989): Schule und gesellschaftlicher Wandel. In: Bundeszentrale für politische Bildung (Hrsg.).: Aus Politik und Zeitgeschehen. 27/89. Bonn.

Rost, Jürgen (^{2}2004): Lehrbuch Testtheorie – Testkonstruktion, Bern.

Roth Heinrich (1971): Pädagogische Anthropologie, Bd. II, Entwicklung und Erziehung – Grundlagen einer Entwicklungspädagogik, Hannover.

Rotter, Julian B. (1954): Social learning and clinical psychology, New York.

Rudzio, Wolfgang (1996): Das politische System der Bundesrepublik Deutschland, Opladen.

Schlemmer, Elisabeth/ Rottmann, Joachim/ Jung, Eberhard (2008): Förderung von Berufsorientierung an Ganztagsschulen – ein interdisziplinäres Forschungsfeld. In: Jung, Eberhard (Hrsg.): Zwischen Qualifikationswandel und Marktenge – Konzepte und Strategien einer zeitgemäßen Berufsorientierung, Hohengehren S. 83-99.

Schlösser, Hans-Jürgen/ Schuhen, Michael (2006): Bildungsstandards in der ökonomischen Bildung. In: Weitz, Bernd. O./ Deutsche Gesellschaft für ökonomische Bildung (Hrsg.): Kompetenzentwicklung ,-förderung und -prüfung in der ökonomischen Bildung, Bergisch Gladbach S. 3-32.

Schmidt, Aline (2010): Entwicklung von beruflich-orientierten Selbstkonzepten von Haupt- und Realschüler/-innen. Vortrag auf dem DGfE-Kongress in Mainz vom 14.-17. März 2010 im Rahmen des Foschungsforums „Chancen und Restriktionen im Übergang Schule/ Beruf".

Schmitz, U. / Schultetus, W. (1992): Berufliche Qualifikationen. In: IfaA-Schriftenreihe des Instituts für angewandte Arbeitswissenschaften, Lean Production: Idee – Konzept – Erfahrungen in Deutschland. Köln, S. 43–49.

Schober, Karen (1997): Berufswahlverhalten. In: Kahsnitz, Dietmar/ Ropohl, Günter/ Schmid, Alfons: Handbuch zur Arbeitslehre, München/Wien, S. 103 – 122.

Schott, Franz/ Ghanbari, Shahram Azizi (Hrsg.): Kompetenzdiagnostik, Kompetenzmodelle, komptenzorientierter Unterrricht: Zur Theorie und Praxis überprüfbarer Bildungsstandards, Münster.

Schöne, Claudia/ Dickhäuser Oliver/ Spinath, Birgit/ Stiensmeier-Pelster, Joachim (2002): Skalen zur Erfassung des schulischen Selbstkonzepts (SESSKO), Göttingen.

Schubert, Klaus/ Klein, Martina (2001): Partizipation. In: Das Politiklexikon, 2-Aufl., Bonn, S. 219.

Schultze, Rainer-Olaf (2001): Partizipation. In: Nohlen, Dieter (Hrsg.), Kleines Lexikon der Politik, München, S. 363-365.

Schweres, Manfred/Laske, Stephan (1985): Arbeitswissenschaft. In: Bundesanstalt für Arbeitsschutz: Handbuch zur Humanisierung der Arbeit. Band I, Bremerhaven. S. 365-397.

Sembill, Detlef/ Wuttke, Eveline/ Seifried, Jürgen/ Egloffstein, Marc/Rausch, Andreas: Selbstorganisiertes Lernen in der beruflichen Bildung – Abgrenzungen, Befunde und Konsequenzen. In: bwp http://bwpat.de/ausgabe13/Sembill_tal_bwpat13.shtml.

Simpson, E. J. (1966): The classification of educational objectives, pychomotor domain, Illinois Teacher of Home Economocs, 10, S. 110-144.

Sloane, Peter F.E./ Dilger, Bernadette (2005): Prüfungen und Standards in der beruflichen Bildung. The competence clash – Dilemmata bei der Übertragung des Konzepts der nationalen Bildun

gsstandards auf die berufliche Bildung. In: bwp 8/2005 http://www.bwpat.de/ausgabe8/sloane_dilger_bwpat8.shtml

Spöttl, Georg/ Musekamp, Frank (2009): Berufsstrukturen und Messen beruflicher Kompetenz. In: Berufsbildung (Heft 119), S. 20-23.

Steinmann, Bodo (1997): Das Konzept 'Qualifizierung für Lebenssituationen` im Rahmen der ökonomischen Bildung heute. In: Kruber, Hans-Peter, Deutsche Gesellschaft für ökonomische Bildung e.V. (Hrsg.), Konzeptionelle Ansätze ökonomischer Bildung, Bergisch Gladbach, S. 1 – 22.

11 Literatur

Straka, Gerald A. (2005): Von der Klassifikation von Lernstrategien im Rahmen selbstgesteuerten Lernens zur mehrdimensionalen und regulierten Handlungsepisode, ITB Forschungsbereich v18/2005 Bremen.

Tomaszewski, Tadeusz (1978): Tätigkeit und Bewusstsein. Beiträge zur Einführung in die polnische Tätigkeitspsychologie. Weinheim/Basel.

Volpert, Wolfgang (1975): Die Lohnarbeitswissenschaft und die Psychologie der Arbeitstätigkeit. In: Groskurth, Peter/ Volpert, Wolfgang: Lohnarbeitspsychologie. Berufliche Sozialisation: Emanzipation zur Anpassung. Frankfurt am Main.

Vonken, Matthias (2005): Handlung und Handlungskompetenz. Theoretische Perspektiven für die Erwachsenen- und Berufspädagogik. Wiesbaden.

Weber, Birgit (2005): Bildungsstandards, Qualifikationserwartungen und Kerncurricula: Stand und Entwicklungsperspektiven der ökonomischen Bildung. In: Weitz, Bernd. O., Deutsche Gesellschaft für ökonomische Bildung, Standards in der ökonomischen Bildung, Bergisch Gladbach, S. 17-49.

Weinert Franz E. (1982): Selbstgesteuertes Lernen als Voraussetzung, Methode und Ziel des Unterrichts, Unterrichtwissenschaft, H.2, S. 99-102.

Weinert, Franz E.(1998): Neue Unterrichtskonzept zwischen gesellschaftlicher Notwendigkeiten, pädagogischen Visionen und psychologischen Möglichkeiten. In: Bayrisches Staatsministerium für Unterricht, Kultur, Wissenschaft und Kunst (Hrsg.): Wissen und Werte für die Welt von morgen München, S. 101-125.

Weinert Franz E. (1999): Konzepte der Kompetenz. Paris OECD.

Weinert, Franz E. (2001): Leistungsmessungen in Schulen, Weinheim/Basel.

Weißeno, Georg (Hrsg.) 2008: Politikkompetenz – Was der Unterricht zu leisten hat, Bonn.

Weißeno, Georg/ Detjen, Joachim/Juchler, Ingo/Massing, Peter/Richter, Dagmar (2010): Konzepte der Politik – Ein Kompetenzmodell, Bonn.

Wittwer, Wolfgang/ Staak, Yvonne (2007): Entwicklung von Veränderungskompetenz in der Ausbildung fördern – Geschlechtsspezifische Strategien, BiBB; BWP 6/2008. S. 13 -17.

Wollersheim, Heinz-Werner (1993): Kompetenzerziehung - Befähigung zur Bewältigung, Frankfurt.

Womack, James P./ Jones, Daniel T./ Roos, Daniel (^{7}1992): Die zweite Revolution in der Autoindustrie, Frankfurt/New York.

Zeitschrift für Berufs und Wirtschaftspädagogik (ZBW) (1998): Kompetenzentwicklung in der Berufserziehung, Beiheft 14, Stuttgart.

Zimmermann, B. J. (2006): Integrating Classical Theories of Self-Regulated Learning: A Cyclical Phase Approach to Vocational Education. In: EULER, D./ LANG, M./ PÄTZOLD, G. (Hrsg.): Selbstgesteuertes Lernen in der beruflichen Bildung. Zeitschrift für Berufs- und Wirtschaftspädagogik. Beiheft 20. Stuttgart, 38-48.

12 Index

A
Arbeits- und Berufsfindungskompetenz 7, 73, 81, 82, 83, 204, 207, 208, 222
Assessment 7, 83, 87, 93, 188, 191, 200, 209, 215, 224, 228
Aufgaben 4, 13, 16, 18, 21, 24, 30, 34, 35, 42, 49, 54, 56, 67, 70, 75, 78, 83, 92, 94, 95, 100, 125, 130, 132, 141, 142, 145, 150, 167, 168, 181, 182, 189, 192, 193, 196, 197, 198, 199, 200, 201, 204, 213

B
Bewältigung 1, 3, 6, 10, 11, 12, 13, 14, 17, 22, 23, 24, 25, 26, 27, 28, 31, 33, 35, 37, 46, 55, 56, 58, 75, 81, 82, 84, 88, 90, 93, 94, 95, 98, 99, 101, 109, 110, 124, 133, 134, 145, 147, 149, 156, 158, 161, 163, 165, 166, 167, 169, 172, 174, 175, 176, 177, 181, 184, 185, 190, 195, 200, 204, 207, 233
Bildungsbegriff 96, 97, 105
Bildungserwerb 4, 97
Bildungsprozess 4, 6, 147
Bildungsstandards 5, 7, 87, 88, 90, 91, 92, 93, 129, 130, 132, 133, 134, 140, 142, 186, 189, 196, 203, 218, 220, 222, 223, 224, 225, 231, 232, 233
Bildungssystem 4, 7, 47, 48, 189

D
Didaktik 1, 2, 5, 6, 147, 155, 163, 171, 215, 221, 222, 225, 227, 229, 231
Domäne 8, 25, 35, 37, 73, 89, 90, 100, 106, 130, 137, 143, 155, 185, 190, 196
domänenspezifisch 12, 47, 134, 140

F
Fachkompetenz 57, 58, 59, 61, 62, 68

Fähigkeiten 9, 10, 13, 19, 20, 21, 22, 23, 26, 28, 29, 41, 49, 54, 58, 59, 62, 64, 67, 68, 70, 74, 75, 76, 77, 82, 83, 88, 89, 93, 94, 95, 97, 99, 103, 113, 115, 118, 125, 127, 130, 131, 139, 143, 145, 149, 152, 156, 158, 159, 161, 163, 171, 173, 176, 179, 190, 196, 197, 205, 206, 212, 223
Fertigkeiten 2, 9, 10, 13, 19, 21, 22, 23, 26, 28, 29, 44, 49, 58, 59, 70, 88, 89, 93, 94, 115, 118, 126, 156, 161, 163, 169, 173, 176, 179, 223
geschlossene Antwortformate 194, 199

G
Gestaltungslernen 171, 172, 173, 174
Gütekriterien 68, 193

H
Handlungsfähigkeit 1, 22, 26, 54, 55, 57, 58, 75, 84, 97, 99, 106, 121, 130, 131, 139, 157, 159
Handlungskompetenz 18, 54, 55, 56, 57, 58, 59, 60, 61, 62, 63, 64, 65, 69, 70, 94, 100, 185, 187, 215, 225, 227, 230, 233
Handlungsorientierung 100, 157, 159
Humanressource 47, 65

I
Input-Orientierung 91
Instruktion 4, 5, 97, 100, 145, 146, 164
Instruktivistische Lernkonzepte 146
Intelligenz 2, 1, 2, 7, 51, 69, 94, 95, 96, 213, 220, 229
Intensifikationspotentiale 44, 45
Item 92, 192, 194, 196, 197, 198, 202, 208, 209

Item-Response-Theorie 194, 196, 202, 204

K

Kenntnisse 2, 3, 9, 13, 19, 21, 37, 40, 44, 47, 49, 58, 59, 83, 94, 103, 108, 116, 131, 141, 156, 179, 185
Klassische Testtheorie 193, 194, 197
Klieme-Expertise 5, 7, 8, 18, 64, 69, 82, 87, 88, 92, 98, 114, 129, 139, 142, 145, 167, 179, 183, 188
Kommunikative Kompetenz 52, 53, 63
kompetente Akteure 17
Kompetenz 1, 2, 1, 2, 3, 4, 5, 6, 7, 8, 9, 10, 13, 18, 19, 20, 21, 22, 23, 24, 26, 27, 28, 29, 37, 39, 40, 41, 44, 46, 49, 50, 51, 52, 53, 54, 55, 56, 57, 58, 60, 61, 62, 63, 64, 65, 66, 67, 69, 70, 71, 73, 74, 75, 77, 80, 82, 83, 84, 88, 89, 90, 93, 94, 95, 96, 97, 98, 99, 100, 101, 102, 105, 106, 107, 110, 111, 113, 114, 115, 116, 118, 126, 127, 129, 139, 141, 143, 145, 149, 154, 155, 156, 163, 165, 171, 172, 182, 183, 186, 188, 190, 194, 195, 197, 201, 202, 204, 207, 213, 215, 217, 218, 219, 220, 221, 222, 223, 227, 228, 229, 231, 232, 233
Kompetenzbegriff 1, 2, 5, 6, 8, 9, 11, 18, 20, 41, 49, 53, 88, 95, 96, 106, 183, 188
Kompetenzdiagnostik 2, 49, 93, 95, 101, 106, 109, 142, 183, 188, 189, 191, 193, 194, 195, 197, 198, 202, 206, 207, 209, 213, 214, 215, 219, 221, 224, 225, 226, 228, 229, 230, 232
Kompetenzdimensionen 18, 25, 26, 58, 68, 70
Kompetenzentwicklung 1, 4, 5, 13, 19, 23, 27, 28, 29, 31, 34, 36, 45, 46, 47, 48, 68, 87, 92, 102, 119, 121, 122, 123, 124, 145, 163, 165, 171, 215, 219, 220, 223, 227, 229, 230, 231, 233
Kompetenzentwicklungsmodelle 107
Kompetenzentwicklungsprozesse 32, 46, 146, 172

Kompetenzerwerb 1, 2, 3, 4, 5, 6, 7, 8, 12, 13, 18, 25, 26, 29, 34, 35, 42, 45, 47, 55, 56, 66, 73, 74, 82, 84, 88, 97, 100, 101, 102, 105, 106, 109, 110, 113, 114, 118, 119, 126, 130, 138, 140, 143, 145, 146, 147, 149, 151, 152, 155, 157, 158, 159, 161, 163, 164, 165, 166, 167, 168, 171, 172, 173, 174, 181, 183, 185, 188, 190, 224
Kompetenzfacetten 7, 14, 26, 27, 28, 98, 99, 100, 105, 143, 165
Kompetenzförderliche Situationen 11
Kompetenzgesellschaft 6, 37, 39, 41, 42, 44
Kompetenzkonstrukt 7, 17, 39, 53, 64, 87, 93, 183, 190, 191, 213
Kompetenzkonzept 24, 74, 79
Kompetenzmodell 24, 25, 26, 61, 62, 64, 67, 68, 69, 73, 99, 109, 130, 131, 132, 134, 137, 138, 139, 141, 202, 223, 233
  Geographie-Kompetenzmodell 134
  KecuBHTW-Kompetenzmodell 137
  Kompetenzmodell der ökonomischen Bildung 132
  Kompetenzmodell der politischen Bildung 130
Kompetenzmodelle 92, 109
Kompetenzniveau 18, 47, 70, 97, 143, 197, 203, 204, 213
Kompetenzniveaumodell 92
Kompetenzorientierung 155, 186, 187, 224
Kompetenzstrukturmodell 93
Kompetenzstufe 89, 107, 109
Kompetenzstufenmodell 107, 110, 217, 221
Kompetenzträger 11, 17, 24, 49, 74, 124, 145, 151, 185, 188
Kompetenzvermittlung 4, 5, 34, 100, 102, 114, 145, 165, 168, 169, 172, 173, 184, 222, 223
Kompetenzverständnis 6, 7, 10, 13, 19, 25, 27, 51, 53, 68, 73, 82, 84, 89, 107, 145, 157, 159, 163, 179
Kompetenzzuwachs 156, 163, 164, 167, 168, 169

12 Index

Können 1, 2, 4, 8, 9, 11, 12, 13, 14, 17, 23, 25, 27, 28, 29, 34, 35, 38, 39, 45, 46, 48, 56, 64, 80, 81, 82, 83, 85, 89, 90, 97, 98, 99, 100
Konstruktion 4, 5, 64, 90, 97, 145, 146, 164, 197, 216
Konstruktivistische Lernkonzepte 146
Kontrollbewusstsein 151, 153, 154, 155
Kriteriensampling 197, 198

L
Lehr-/Lernprozess 146, 178

M
Messmethoden 189, 190
Messmodell 189, 201
Methode 105, 122, 123, 124, 170, 171, 172, 174, 176, 194, 197, 222, 225, 233
Methodenkompetenz 58, 59, 60, 61, 62, 63, 67, 68, 187
Moralische Kompetenz 52

N
Normen 14, 20, 22, 28, 32, 51, 78, 80, 82, 103, 105, 156, 166

O
Objektivität 193, 194, 200
offene Antwortformate 194, 199
Operative Kompetenz 52
Output-Orientierung 90

P
Partizipationskompetenz 7, 73, 77, 79, 80, 224
Performanz 20, 21, 22, 50, 51, 53, 67, 188, 221
Performanzebene 113, 114
Personalkompetenz 18, 19, 58, 59, 62, 89
Projektpädagogik 171, 174, 175, 177, 179, 180, 182, 227

Q
Qualifikation 2, 18, 20, 21, 23, 24, 41, 44, 50, 51, 56, 69
Qualifikationsbegriff 1, 18, 21, 41
Qualifikationskonzept 24

R
Reliabilität 193, 194

S
Schlüsselqualifikation 41, 44
Selbstkonzept 67, 68, 151, 152, 155, 205, 207, 218
Selbsttätigkeit 4, 41, 141, 159
Skala 92, 93, 192, 193, 203
Sozialkompetenz 7, 54, 58, 59, 61, 62, 65, 67, 68, 73, 75, 76, 77, 84, 219, 220

T
Taxonomie affektiver Bereich 115, 117
Taxonomie kognitiver Bereich 115
Taxonomie von Anderson und Krathwohl 118
Test 191, 192, 193, 194, 195, 197, 202
Testkonstruktion 197, 198, 204, 207, 231
Testverfahren 64, 89, 90, 91, 94, 106, 191
Tiefenstruktur 20, 22, 50, 51, 113

V
Validität 193, 194, 195, 200
Verstehen 27, 52, 77, 78, 83, 99, 102, 106, 108, 110, 116, 119, 120, 121, 128, 131, 142, 154

W
Werte 10, 12, 14, 22, 24, 28, 32, 39, 68, 78, 82, 103, 116, 117, 135, 201, 203, 233
Wissen 1, 2, 3, 4, 9, 10, 11, 12, 14, 17, 21, 22, 23, 25, 26, 27, 28, 29, 30, 33, 34, 35, 37, 38, 39, 40, 41, 45, 46, 48, 50, 52, 53, 55, 56, 57, 58, 59, 64, 67, 69, 70, 77, 78, 81, 82, 83, 85, 87, 89, 90, 92, 93, 94, 95, 97, 98, 99, 100, 101, 102, 103, 104, 106, 107, 108, 110, 111, 115, 118, 119, 120, 121, 124, 125, 126, 127, 128, 129, 133, 134, 138, 140, 143, 145, 146, 148, 149, 151, 153, 154, 156, 158, 160, 161, 163, 164, 165, 166, 167, 168, 173, 174, 176, 177, 179, 181, 186, 187, 188, 190, 206, 228, 233
Wissensdimension 118, 125, 126, 140

Wissensgesellschaft 37, 38, 39, 41, 42, 222

Wollen 10, 12, 13, 37, 46, 55, 56, 75, 81, 82, 99, 100, 102, 107, 110, 111, 156, 158, 165, 167